贵州民营经济发展研究

——基于 2004～2018 年主要经济数据分析

汤美润 著

中国财经出版传媒集团

经济科学出版社
Economic Science Press

图书在版编目（CIP）数据

贵州民营经济发展研究：基于2004－2018年主要经济数据分析/汤美润著．－－北京：经济科学出版社，2022.7

ISBN 978－7－5218－3784－1

Ⅰ.①贵…　Ⅱ.①汤…　Ⅲ.①民营经济－经济发展－研究－贵州　Ⅳ.①F127.73

中国版本图书馆 CIP 数据核字（2022）第 108294 号

责任编辑：赵泽蓬
责任校对：蒋子明
责任印制：邱　天

贵州民营经济发展研究
——基于 2004～2018 年主要经济数据分析
汤美润　著
经济科学出版社出版、发行　新华书店经销
社址：北京市海淀区阜成路甲 28 号　邮编：100142
总编部电话：010－88191217　发行部电话：010－88191522
网址：www. esp. com. cn
电子邮箱：esp@ esp. com. cn
天猫网店：经济科学出版社旗舰店
网址：http://jjkxcbs. tmall. com
中煤（北京）印务有限公司印装
787×1092　16 开　17 印张　430000 字
2022 年 8 月第 1 版　2022 年 8 月第 1 次印刷
ISBN 978－7－5218－3784－1　定价：59.00 元
（图书出现印装问题，本社负责调换。电话：010－88191510）
（版权所有　侵权必究　打击盗版　举报热线：010－88191661
QQ：2242791300　营销中心电话：010－88191537
电子邮箱：dbts@ esp. com. cn）

前　言

　　2018 年 11 月 1 日，习近平总书记在民营企业座谈会上充分肯定了我国民营经济的重要地位和作用。宣示中国共产党必须坚持和完善我国社会主义基本经济制度，毫不动摇地巩固和发展公有制经济，毫不动摇地鼓励、支持、引导非公有制经济发展。提出支持民营经济发展壮大的 6 个方面政策举措，让民营企业和民营企业家吃下"定心丸"，安心谋发展，为民营经济健康发展注入强大信心和动力。在全面建成小康社会进而全面建设社会主义现代化国家新征程中，民营经济将走向更广阔的舞台。为进一步激发民营企业的活力和创造力，充分发挥民营经济在推进供给侧结构性改革、推动高质量发展、建设现代化经济体系中的重要作用，2019 年 12 月 4 日，中共中央国务院就"营造更好发展环境、支持民营企业改革发展"提出实施意见，着力破解制约民营企业改革发展的突出困难和问题，充分发挥民营企业活力和创造力，为民营企业的发展营造更好的环境。

　　民营经济是推动我国发展不可或缺的力量，是创业就业的主要领域、技术创新的重要主体、国家税收的重要来源，在我国社会主义市场经济发展、政府职能转变、农村富余劳动力转移、国际市场开拓等方面发挥了重要作用。近几年，我国民营经济贡献了 50% 以上的税收、60% 以上的 GDP、70% 以上的技术创新、80% 以上的城镇劳动就业、90% 以上的新增就业和企业数量。如果没有民营企业的发展，就没有整个经济的稳定发展。促进民营经济加快发展就是促进整个国民经济的加快发展。党的十八大以来，特别是习近平总书记在民营企业座谈会上的讲话发布以来，中央有关部门相继出台一系列鼓励和支持民营经济加快发展的政策措施，民营经济发展面临难得的历史机遇。但是，受国际环境不确定因素增多、国内部分领域改革不到位、一些地区和一些领域政策执行有偏差等因素影响，民营经济发展也面临明显困境——企业盈利能力有所下降，融资成本、税费负担大等问题较为突出。

　　在此背景下，贵州民营经济发展成就较为亮眼。2019 年上半年，全省规模以上民营工业增加值同比增长 9.9%，比 2018 年全年提高 5.4 个百分点。

截至 2020 年 12 月，全省市场主体超过 346.76 万户，其中民营市场主体 337.64 万户，占全部市场主体的 97.37%。民营经济在促进全省经济发展、创业就业、改善民生等方面具有不可替代的重要作用，是全省国民经济快速发展、内生经济发展活力提升的重要支撑。

贵州省的发展历程，是中国改革开放的缩影和成功实践。四十年来，贵州省社会经济发生了翻天覆地的变化。1978 年底，党的十一届三中全会召开，贵州民营经济快速发展，对全省经济社会发展作出了巨大贡献。改革开放的推进，"西部大开发"战略，《国务院关于进一步促进贵州经济社会又好又快发展的若干意见》（国发〔2012〕2 号）、"一带一路"倡议的实施，国家生态文明试验区、国家大数据（贵州）综合试验区、贵州内陆开放型经济试验区等的实施，"大扶贫、大数据、大生态"三大战略行动的推进落实，以及推动贵州省"新型工业化、新型城镇化、农业现代化、旅游产业化"新"四化"建设，将曾经阻碍贵州省这一中国西南内陆省份发展的不利因素，转变成新时代贵州省发展的独特优势。基础设施的改善，使贵州省拥有了直通周边国家的区位优势，从曾经对外开放的后方变成了对外开放的前沿。云贵高原、茶马古道、百节之乡，贵州省充分依托丰富的自然资源和多民族文化特色，经济与社会发展取得了显著成效。全省 GDP 从 1978 年的 46.62 亿元增加到 2018 年的 14806.45 亿元，增长了 289.5 倍。

1978~2018 年，贵州省民营经济从无到有、由弱到强，在贵州省国民经济中的地位和作用越来越显著，全省个体工商户从 1978 年的 8617 户增加到 2018 年的 184.86 万户，增长了 213.5 倍，1984 年的城镇集体、个体所有制从业人员为 51.3 万人，其中第三产业人数为 26.75 万人，占比为 52%，到 2018 年，私营企业户数 60.54 万户，其中第三产业有 42.98 万户，占比 71%，从业人数 210.82 万人；个体工商户数 198.53 万户，其中第三产业户数 182.65 万户，占比 92%，从业人数 318.59 万人。民营经济第三产业在促进全省经济发展、创业就业、改善民生等方面具有不可替代的重要作用，是全省国民经济快速发展、内生经济发展活力提升的重要支撑。在民营经济中贡献了 80% 以上的城镇劳动就业，90% 以上的新增就业和企业数量。

改革开放以后，贵州民营资本企业随着我国所有制结构的大幅度调整而重新出现。在农村广泛推行家庭联产承包责任制基础上，部分农民从集体经济中脱离出来。大量剩余劳动力的出现为非农业投资和剩余劳动力的结合创造了条件，个体企业应运而生。由于生产的发展和市场需求的扩大，一些个体企业开始雇佣劳动力，兴办较大规模的私营企业，民营资本企业重新出现。民营资本企业这种经营机制，在社会主义初级阶段具有较大的内在动力。我国人口众多、劳动力廉价，耕地面积不足，民营资本企业成为农村剩余劳动力就业的最佳去处。这种经营机制也使生产经营者与生产资料紧密地结合起来，从而最大限度地调动生产经营者和生产者的积极性。民营资本企业具有较强的生命力，在获得改革开放的阳光雨露后，贵州民营企业就如雨后春笋般迅速成长起来。党的十一届三中全会前，贵州几乎没有非公有制经济。1978 年，贵州省国民生产总值中，非公有制经济只占 1.15%，到了 1988 年，全省注册个体工商户为 25.43 万户，其中私营企业 1.59 万户，10 年间分别增长了 69%、74.1%。改革开放之初，从个体工商户来看，市场主体主要分布在第三产业中的商业、餐饮、交通运输等行业，比重均高达 80% 以上。

经过 40 多年的改革发展，民营经济市场主体在各个产业之间分布趋向合理，产业结构持续优化，各产业之间的民营市场主体相互协调度增强。改革开放之初，市场主体主要分布在第三产业中的商业、餐饮、交通运输等行业，第二产业和第一产业均占有较少比重。到 2013 年，民营经济在产业中的分布有了变化，第一产业和第二产业的比重有所上升，第三产业比重趋向下降，从事农林牧渔业、采掘业、制造业、建筑业的户数增多，行业结构呈现多样化的趋势，第二产业经济增加值首次超过第三产业增加值。1992 ~ 2015 年，民营企业户数在第一、第二、第三产业的分布结构由 9.2 : 29.1 : 61.7 转变为 19.12 : 26.88 : 54.00，民营企业户数在第二、第三产业的分布降低，在第一产业的分布上升；从业人数在第一、第二、第三产业的分布结构由 15.1 : 47.4 : 37.5 转变为 11.89 : 47.44 : 40.67，这说明民营企业从业人数由第一产业向第二、第三产业转移；注册资本在第一、第二、第三产业的分布结构由 10.4 : 26.7 : 62.9 转变为 2.01 : 31.27 : 66.71，这说明民营企业资本在第二、第三产业的投资幅度加大。总体来看，民营经济市场主体各个方面的产业结构大致呈现 "三、二、一" 的状况，协调性进一步加强。

目　　录

第 1 章

贵州民营经济发展总概述

1.1 贵州民营经济发展历程

我国民营经济是伴随着改革开放的步伐逐渐发展起来的，改革开放 40 多年来，我国的民营经济发展可以大致分为六个阶段：1978～1988 年民营经济重生和形成阶段，1989～1991 年民营经济徘徊发展阶段，1992～2001 年民营经济稳定发展阶段，2002～2007 年民营经济巩固提升阶段，2008～2012 年民营经济冲击成长阶段，2013 年至今转型升级阶段。贵州的民营经济紧跟全国民营经济发展的步伐，只是发展趋势比全国滞后，大致可以分为五个阶段：萌芽期、缓慢发展期、快速发展期、优化整合加速发展期、转型发展起步期。

1.1.1 萌芽期（1978～1994 年）

1978 年党的十一届三中全会后，中国进入改革开放新时期，家庭联产承包责任制孕育出大批农村个体户，社员单独或合伙经营服务业、手工业、养殖业、运销业，农村合作商业和个体商业、服务性专业户、个体运输业等农村个体经济渐渐萌芽。与此同时，在公有制一统天下的城镇，强大的就业压力催生了城镇个体工商户。1981 年 7 月，国务院肯定了个体工商户的存在与发展。1982 年，党的十二大决定，坚持国营经济为主导和发展多种经济形式，进一步促进民营经济的发展。民营企业数量逐渐增多。1988 年，党的十三大提出，要在公有制为主体的前提下，继续发展多种所有制经济，特别强调私营经济的发展是公有制经济必要的、有益的补充。此时的民营企业以追求产量、实行粗放式经营和家族式管理模式为主要特征，并且在 1989 年前后，我国民营企业的发展步入低谷时期，个体和民营企业明显收缩，民营企业的发展速度急剧下降。伴随着全国的大气候，贵州个体经济逐步恢复和发展，私营企业开始出现，外部投资也开始进入。特别是胡锦涛同志在贵州主政期间，创建了"安顺多种经济成分共生繁荣改革试验区"和"毕节开发扶贫、生态建设试验区"，充分发挥了民营经济的作用。到 1991 年底，贵州省个体工商户达 19 万户，私营企业从无到有发展到 1878 户。

1.1.2 缓慢发展期（1995～2004 年）

1992 年邓小平同志发表了著名的"南方谈话"，强调要毫不动摇地坚持以经济建设为中心的党的基本路线，以"三个有利于"的标准大胆改革，极大地推进了民营经济的发展。党的十四大提出稳定发展民营经济符合社会主义市场经济体制在所有制结构、分配制度和宏观调控上的特征与要求。1993 年 11 月《关于建立社会主义市场经济体制若干问题的决定》强调"坚持以公有制为主体、多种经济成分共同发展的社会主义基本经济制度"。伴随着中国改革开放新高潮的到来，促进并规范民营经济发展的各项改革措施相继出台并实施，如 1993 年 4 月的《关于促进个体私营经济发展的若干意见》及 1994 年出台的一系列配套政策，1995 年《关于大力发展民营科技型企业若干问题的决定》，正式提出民营科技企业的概念。1994～1997 年规范与完善了民营经济的劳动管理和财务管理及税收征管等问题，1996 年末民营经济全面完成劳动合同的建立，1997 年 9 月，党的十五大报告中界定了公有制经济，包括其概念、特征和地位以及多种实现形式，并明确"公有制为主体、多种所有制经济共同发展，是我国社会主义初级阶段的一项基本经济制度"，由此将包括民营经济在内的非公有制经济正式纳入基本经济制度之中，要求继续鼓励、引导个体、私营等非公经济，并提出"健全财产法律制度，依法保护各类企业的合法权益"。1999 年修正的《中华人民共和国宪法》规定，"在法律规定范围内的个体经济、私营经济等非公有制经济，是社会主义市场经济的重要组成部分"，再次确认和提升了民营经济的法律地位。2002 年，党的十六大报告首次提出"必须毫不动摇鼓励、支持和引导非公有制经济共同发展"。将所有的经济成分"统一于社会主义现代化建设的进程中"。2003 年 10 月《关于完善社会主义市场经济体制若干问题的决定》强调"个体私营等非公有制经济是促进我国社会生产力发展的重要力量"，首次提出"大力发展"并注重"积极引导"民营经济发展，做出了包括清理和修订法律法规和政策，消除体制性障碍，转换政府职能；放宽民间资本市场准入；大力发展以股份制为公有制主要实现形式的混合所有制经济，建立健全现代产权制度，保护私有财产权等部署。2004 年 3 月修正的《中华人民共和国宪法》规定，"国家鼓励、支持和引导非公有制经济的发展"。宪法序言还确认了非公有制经济人士的政治地位。这些都使得民营企业进入发展的高峰期，民营企业开始依靠规模效应寻求企业高速发展路径，企业集团初步形成，民营企业开始以更积极的态度争取市场份额；同时，品牌意识与产品质量意识增强；大批科研院所科技人员、海归人员投资创业。而此时的贵州，民营经济发展仍在试探摸索，处于缓慢发展的时期，到 2004 年底全省市场主体总量只有 52 万户。以《贵州统计年鉴》上可以收集到的数据看，也是从 1995 年才开始有了关于民营经济发展的零星记载。以民营经济就业的规模看，在这 10 年中，民营经济就业的人数占全省总就业人数的比重基本在 5% 左右，最好的时期为 2000 年左右的 8.39%。民营经济全社会固定资产投资在全省的占比也从 1995 年的 33.89% 上升到 2002 年的 40.48%，1998 年还曾一度达到 63.98%，然而到 2004 年又下滑到了 28.42%。可见这个时期是贵州省民营经济发展的非稳定期和较为缓慢的发展期。

1.1.3　快速发展期（2005～2009 年）

2005 年 2 月 19 日，国务院发布了首个专门针对非公有制经济的《关于鼓励支持和引导个体私营等非公有制经济发展的若干意见》，从放宽市场准入、加大财税金融支持、完善社会服务、维护合法权益等七个方面，制定了推动非公有制经济的 36 条措施。为治理民营经济的"三乱"问题，国务院于 2005 年 4 月召开减轻企业负担部际联席会议，并发布通知，取消了对个体私营企业收取的各种歧视性行政事业性费用、政府性集资和基金、罚款和摊派项目等费用。2006 年底，按照《关于开展清理限制非公有制经济发展规定工作的通知》，有关部门清理、废除了 5000 多件不符合"非公经济 36 条"精神的法律法规和政策文件。到 2007 年 10 月底，这个数字上升到了 6000 多件，全国共审查涉及非公有制经济的 160 多万份。到 2008 年底，35 个与"非公经济 36 条"配套文件已经出台。2007 年 1 月 1 日起施行的新的个体户建账和定期定额管理暂行办法，规范个体户的税收征管。2007 年 10 月正式实施的《物权法》规定："国家实行社会主义市场经济，保障一切市场主体的平等法律地位和发展权利""国家、集体、私人的物权和其他权利人的物权受法律保护。任何单位和个人不得侵犯"。2007 年 10 月，党的十七大创造性地提出国民经济要"又好又快"发展，坚持"两个毫不动摇"的基本经济制度；"坚持平等保护物权""破除体制障碍""促进个体、私营经济和中小企业发展"，垄断行业引入竞争机制；发展各类生产要素市场；健全社会信用体系并提出"以现代产权制度为基础，发展混合所有制经济"等，为民营经济公平参与市场、又好又快发展指明了改革方向。这一时期，全国的形势是以高科技产业为代表的民营企业迅猛发展；大型跨国公司的进入与竞争，成为民营企业发展的强大驱动力。这一时期为贵州民营经济发展黄金时期，贵州逐渐理顺了中小企业、民营经济管理体制，于 2004 年设立了贵州省中小企业局（省非公有制经济办公室），全省从省到县，基本健全了中小企业、民营经济的政府组织管理体系，在法律法规、政策制定、财政金融支持、创业创新环境改善等企业成长环境方面，贵州省委、省政府及各地州都做了大量的工作。2005 年贵州出台了《贵州省人民政府关于贯彻落实国务院鼓励支持和引导个体私营等非公有制经济发展的若干意见的意见》（简称"贵州非公经济 42 条"）。2009 年，贵州省委十届五次全会又出台了《中共贵州省委贵州省人民政府关于大力推进个体私营等非公有制经济又好又快发展的意见》，贵州省民营经济解决就业的规模占比也从 2004 年的 4.57% 一跃上升至 2005 年的 14.53%，直至 2009 年达到 18.54%，2010 年又下降到 8.53%。贵州省民营经济增加值占这一时期 GDP 的比重也从 2005 年的 27.84% 上升到 2010 年的 33.1%。民营经济全社会固定资产投资占比也从 2005 年的 44.38%，上升到 2010 年的 47.40%，贵州省民营经济进入快速发展期。

1.1.4 优化整合加速发展期（2010～2015 年）

2010 年 5 月，国务院发布《关于鼓励和引导民间投资健康发展的若干意见》（简称"民间投资 36 条"），进一步放宽了民间资本准入领域，具体到交通、电信、能源、基础设施、市政公用事业和国防科技工业 6 大领域 16 个方面。2012 年，党的十八大报告提出"以公有制为主体、多种所有制经济共同发展的基本经济制度是中国特色社会主义制度的重要组成部分""完善基本经济制度是全面建成小康社会的基本要求之一"，强调"保证各种所有制经济依法平等使用生产要素、公平参与市场竞争、同等受到法律保护"，并要求"加大非公有制经济组织、社会组织党建工作力度"。2013 年，党的十八届三中全会指出我国经济正处于转型升级关键时期，以全面深化改革为主题，首次提出"使市场在资源配置中起决定性作用和更好发挥政府作用"的重要论断，坚持权利平等、机会平等、规则平等，激发非公有制经济活力和创造力，提出新的一系列发展民营经济的指导方针。2014 年我国经济进入新常态，适应、把握、引领经济发展新常态，坚持以提高发展质量和效益为中心，使市场在资源配置中起决定性作用和更好发挥政府作用，加快实施创新驱动发展。2014 年开始开展大众创业、万众创新，民营创新创业市场主体大量涌现。2015 年发布《推动共建丝绸之路经济带和 21 世纪海上丝绸之路的愿景与行动》和《中国制造 2025》，给民营经济的高质量发展提供了机遇、指明了道路。2015 年 10 月的"十三五"规划强调，必须牢固树立并切实贯彻创新、协调、绿色、开放、共享的五大新发展理念，推进供给侧结构性改革，推动"双创"，鼓励民间资本以 PPP 模式进入公共基础设施建设经营领域，广泛吸引社会资本参与教育、医疗等公共服务。落实创新驱动发展战略，深化知识产权领域改革，加强知识产权保护，促进科技与经济深度融合，推进供给侧结构性改革是适应和引领经济发展新常态的重大创新，是当前和今后一个时期我国经济工作的主线。2010 年，贵州省人大颁布《贵州省中小企业促进条例》。相关部门及各地也相继出台了一系列贯彻落实的文件措施，对推动贵州非公有制经济发展起到了极大的作用。这是一个政府高度重视，大力促进民营经济发展的阶段，政策环境和政策保障体系逐步完善的时期，贵州民营经济飞速发展的时期。2010 年全省私营企业已达 7.8 万户，注册资本 1674.16 亿元，个体工商户发展到 64.7 万户。规模以上非公工业企业 2591 户，占全省规模以上工业企业总数的 85.07%。这一时期，贵州省民营经济主体、注册资本量实现了大跨越、大发展，到 2012 年底突破了 100 万户。2012～2014 年为加速发展阶段，仅用了两年多时间，就实现了从 100 万户到 150 万户的大跨越。回顾贵州省市场主体的发展历程，取得了从 50 万户到 150 万户跨越式发展的成绩，2014 年 9 月底突破 150 万户，2015 年 10 月底达到 184.40 万户。全省注册资本总量从 2004 年的 1810.40 亿元发展到 2015 年 10 月的 12041.12 亿元，年均增长 25.87% 高于全国平均水平。截至 2015 年 10 月，全省注册私营企业 320296 户、注册资本 11243.27 亿元，个体工商户 1444737 户、注册资本 858.9 亿元，农民专业合作社 29436 户、注册资本 486.78 亿元。从企业和个体工商户户数构成来看，个体私营经济占多数，达到 95.59%。其中，个体工商户占 79.55%，私营企业占 16.05%，农民专业合作社占 1.5%，民营经济增加值 5000 亿元，占地区生产总值的比重提高到 49.1%，对地区经济增长的贡献率达到 60%。规模以上民营工业企业 5068 个，完成工业增加值 1509 亿元。2015 年，民营企业就业人员占全省总就业人数的比例从 2010 年的 8.53% 上升到 62.76%，民间投资完成 7000 亿元，在全省占比也基本维持在 45% 左右。全省共有私营企业 231.2 万家，个体工商户从业人员 238 万人，民营经济税收贡献达 1099.64 亿元，贵州民营经济进入整合加速发展期。

1.1.5　转型发展起步期（2016 年至今）

"十三五"期间，习近平总书记多次在大会上强调和重申：我们毫不动摇地发展公有制经济，毫不动摇地鼓励、支持、引导、保护民营经济发展。2018 年 3 月最新的《宪法修正案》规定，"在法律规定范围内的个体经济、私营经济等非公有制经济，是社会主义市场经济的重要组成部分。国家保护个体经济、私营经济等非公有制经济的合法权利和利益。国家鼓励、支持和引导非公有制经济的发展，并对非公有制经济依法实行监督和管理"。2019 年 2 月 14 日国务院发布了《关于加强金融服务民营企业的若干意见》，从加大金融政策支持力度、强化融资服务基础设施建设、完善绩效考核和激励机制和积极支持民营企业融资纾困等方面提出 18 条政策。2019 年 12 月 4 日，中共中央国务院发布《中共中央国务院关于营造更好发展环境支持民营企业改革发展的意见》，从优化公平竞争的市场环境，完善精准有效的政策环境，健全平等保护的法治环境，鼓励引导民营企业改革创新，促进民营企业规范健康发展，构建亲清政商关系，组织保障等各个方面支持民营企业的发展，民营企业迎来了转型升级的大好时机。

这一时期，贵州省委省政府高度重视民营经济的发展，2018 年 12 月印发了《关于进一步促进民营经济发展的政策措施》，2020 年 7 月印发了《关于营造更好发展环境支持民营企业改革发展的实施意见》，这些文件从全方位支持贵州省民营经济的发展。贵州省民营经济抓住政策的春风，开启了转型升级之路，纷纷开始建立起现代企业制度，走股份化道路，开始重视科学管理，提升企业内生价值，科技创新提上议程，并被视为企业核心竞争力最重要的因素，民营企业间开始战略联盟，中小民营企业开始朝"专精特新"方向发展，大型民企开始提升自己的全球竞争力，并力争做世界一流企业，涌现出了像"老干妈""益佰制药""通源集团"等代表性企业。截至 2018 年 12 月，贵州全省民营经济实现增加值 8121.4 亿元，占全省 GDP 比重达到 54.9%，对全省经济增长贡献率为 63.7%，拉动全省 GDP 增长 5.8 个百分点。贵州全省民间固定资产占全省固定资产投资的比重为 32.3%，同比增长 13.8%，全省民营市场主体达到 260.96 万户，注册资本 3.79 万亿元，占全省市场主体的 95%。贵州全省城镇新增就业达到 77.71 万人，私营经济从业人员占全省城镇从业人员的比重突破 80%，贵州民营经济进入转型发展起步期。

1.2 贵州民营经济市场主体发展

在"十五""十一五""十二五""十三五"期间，贵州民营经济市场主体总量发展变化较为明显。根据第一次、第二次、第三次和第四次贵州省经济普查统计数据，按登记注册类型分组，贵州省私营企业法人单位总数从 2004 年的 13136 个增加到 2018 年的 239470 个（见图 1-1），15 年间增长超 17 倍。

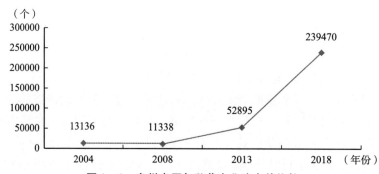

图 1-1 贵州省历年私营企业法人单位数

资料来源：历年《贵州经济普查年鉴》。

从 2004 年至 2018 年，贵州省私营企业法人单位不仅从总数方面表现出发展迅猛的特征，在内资企业法人单位总数中的占比，也是逐年增长，逐渐成为贵州省内资企业主要的市场主体。2004 年，贵州省私营企业法人单位数占当年内资企业法人单位数仅有 24%，到 2018 年，该比例增加到 75%（见图 1-2），15 年间，贵州私营企业法人单位数占内资企业法人单位数从不足四分之一，增长到占四分之三。显然，目前贵州经济主要是以民营经济主体为主。

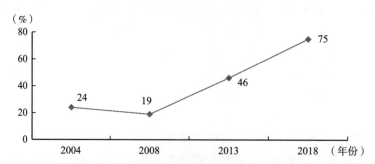

图 1-2 贵州省历年私营企业法人单位数占当年内资企业法人单位数比例

资料来源：历年《贵州经济普查年鉴》。

表 1-1　　　　　　　　　按登记注册类型分组贵州省企业法人单位数　　　　单位：个

项目	2004 年	2008 年	2013 年	2018 年
内资企业总计	77590	93892	146198	347704
国有企业	29527	32774	27267	35670
集体企业	3596	2576	1791	2408
股份合作企业	726	728	743	246
联营企业	278	219	555	450
有限责任公司	5169	10539	29542	36521
股份有限公司	888	1315	1627	3464
私营企业	13136	11338	52895	239470
港、澳、台商投资	195	166	165	217
外商投资	208	215	151	228

资料来源：历年《贵州经济普查年鉴》。

　　2004 年，按登记注册类型分组，贵州省国有企业法人单位数有 29527 个，占当年全省内资企业法人单位总数 55%，是当年贵州经济的主要构成主体。相比之下，私营企业法人单位数只有 13136 个，占当年全省内资企业法人单位总数只有 24%（见图 1-3）。这个时期，贵州省市场主体主要以国有企业为主，民营经济市场主体发展规模还比较小。

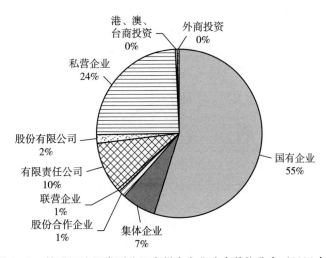

图 1-3　按登记注册类型分组贵州省企业法人单位分布（2004 年）

资料来源：《贵州经济普查年鉴》。

2008 年，贵州经济市场主体占比第一仍然是国有企业，其次是私营企业，占比只有19%，比 2004 年的还少，排名第三的是有限责任公司，占比仅次于私营企业为 18%，第四位的是集体企业，占比 4%（见图 1-4）。

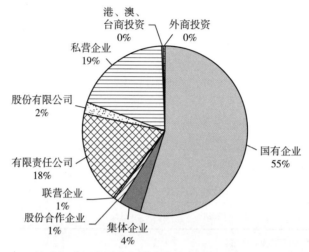

图 1-4　按登记注册类型分组贵州省企业法人单位分布（2008 年）

资料来源：《贵州经济普查年鉴》。

2013 年，贵州经济的市场主体构成发生了较大变化。按登记注册类型分组，企业法人单位数占比排名第一的是私营企业，其占比达 46%；占比排名第二的是有限责任公司，其法人单位数占当年全省内资企业法人单位数的比例增加到 26%；国有企业法人单位数占内资企业法人单位数的比例则减少到只有 24%，排名第三。显然，到了 2008 年贵州经济的市场主体逐渐去国有化，民营经济市场主体成分逐渐演变为全省经济的主色调。

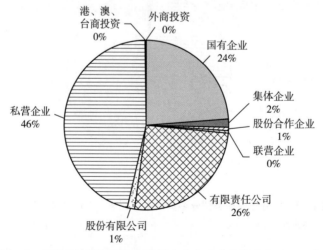

图 1-5　按登记注册类型分组贵州省企业法人单位分布（2013 年）

资料来源：《贵州经济普查年鉴》。

随后，贵州私营企业法人单位数占全省内资企业法人单位数的比例逐年增加，到2018年高达75%；排名第二的仍然是有限责任公司，其法人单位数占当年全省内资企业法人单位总数的比例是12%；排名第三的是国有企业，但其法人单位数占当年全省内资企业法人单位总数的比例也只有11%。可见，截至2018年，贵州经济的市场主体有四分之三江山是由民营经济贡献的，其他经济成分已演变成配角的地位。

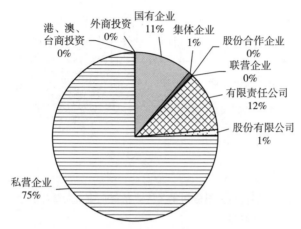

图1-6 按登记注册类型分组贵州省企业法人单位分布（2018年）

资料来源：《贵州经济普查年鉴》。

若按行业和登记注册类型分组，从2008年至2018年，贵州省各行业私营企业法人单位数占比发生了较大变化。2008年以前，贵州省各行业私营企业法人单位数占比最多的行业主要分布在采矿业，信息传输、计算机服务和软件业，卫生、社会保障和社会福利业和教育业。2008年以后，各行业内部民营化趋势发生了较大的变化，民营化程度较高的行业主要集中在采矿业、住宿和餐饮业，制造业，居民服务和其他服务。2008年及以前民营化程度较高的卫生、社会保障和社会福利业在2008年以后其私营企业法人单位数占比在全行业中的排名却退居倒数几名。

具体来看，2008年各行业私营企业法人单位数占比前三的是采矿业（其中私营企业法人单位数为3742个，占当年该行业内资企业法人单位数4267个的约87.7%），信息传输、计算机服务和软件业（其中私营企业法人单位数为1140个，占当年该行业内资企业法人单位数1533个的约74.36%），卫生、社会保障和社会福利业（其中私营企业法人单位数为200个，占当年该行业内资企业法人单位数280个的约71.43%）；2008年各行业私营企业法人单位数占比最小的后三个行业是科学研究、技术服务和地质勘查业（其中私营企业法人单位数为227个，占当年该行业内资企业法人单位数800个的约28.38%），水利、环境和公共设施管理业（其中私营企业法人单位数为77个，占当年该行业内资企业法人单位数227个的约33.92%）、租赁和商品服务业（其中私营企业法人单位数为989个，占当年该行业内资企业法人单位数2722个的约36.33%）。

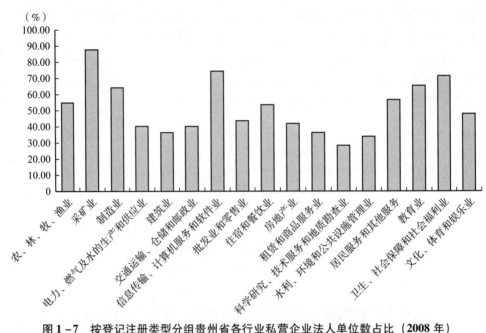

图 1-7　按登记注册类型分组贵州省各行业私营企业法人单位数占比（2008 年）

资料来源：《贵州统计年鉴》2009 年。

2013 年各行业私营企业法人单位数占比前三的是采矿业（其中私营企业法人单位数为 4067 个，占当年该行业内资企业法人单位数 5567 个的约 73.06%）、住宿和餐饮业（其中私营企业法人单位数为 2857 个，占当年该行业内资企业法人单位数 4043 个的约 70.67%）以及制造业（其中私营企业法人单位数为 15188 个，占当年该行业内资企业法

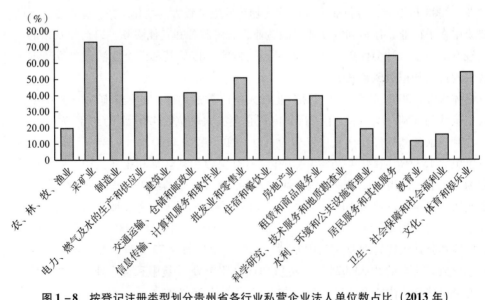

图 1-8　按登记注册类型划分贵州省各行业私营企业法人单位数占比（2013 年）

资料来源：《贵州统计年鉴》2014 年。

人单位数 21574 个的约 70.40%）；2013 年各行业私营企业法人单位数占比最小的后三个行业是教育业（其中私营企业法人单位数为 1151 个，占当年该行业内资企业法人单位数 9880 个的约 11.65%），卫生、社会保障和社会福利业（其中私营企业法人单位数为 626 个，占当年该行业内资企业法人单位数 3997 个的约 15.66%），水利、环境和公共设施管理业（其中私营企业法人单位数为 233 个，占当年该行业内资企业法人单位数 1222 个的约 19.07%）。

2018 年各行业私营企业法人单位数占比前三的是住宿和餐饮业（其中私营企业法人单位数为 15568 个，占当年该行业内资企业法人单位数 16971 个的约 91.73%），制造业（其中私营企业法人单位数为 41355 个，占当年该行业内资企业法人单位数 45598 个的约 90.69%），居民服务和其他服务（其中私营企业法人单位数为 12257 个，占当年该行业内资企业法人单位数 13789 个的约 88.89%）；2018 年各行业私营企业法人单位数占比最小的后三个行业是电力、燃气及水的生产和供应业（56.12%），水利、环境和公共设施管理业（64.19%），房地产业（66.98%）。

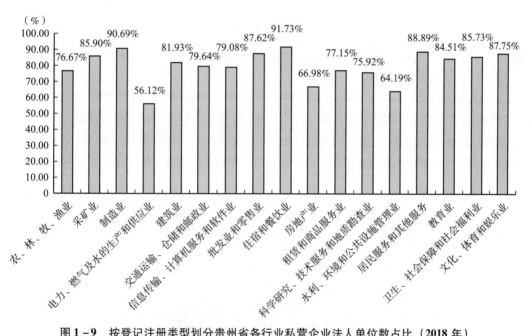

图 1-9　按登记注册类型划分贵州省各行业私营企业法人单位数占比（2018 年）
资料来源：《贵州经济普查年鉴》。

另外，从私营企业法人单位数在全行业的分布来看，2008 年贵州省有 21372 个私营企业法人单位数，占当年内资企业法人单位总数（40204 个）的约 53%；2013 年全省有 52895 个私营企业法人单位数，占当年内资企业法人单位总数（146198 个）的约 36%；2018 年全省有 236366 个私营企业法人单位数，占当年内资企业法人单位总数（280475 个）的约 84%。

具体来说，2008 年 21372 个私营企业法人单位数分布最多的前三个行业是制造业（5607 个），批发业和零售业（4873），采矿业（3742）；分布最少的三个行业是农、林、牧、渔业（40 个），水利、环境和公共设施管理业（77 个），文化、体育和娱乐业（135 个）。

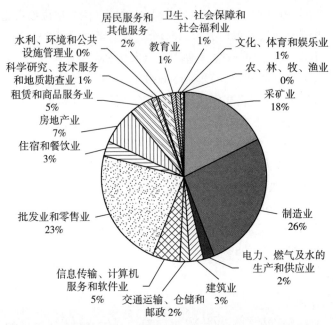

图 1－10　全省私营企业法人单位在各行业的分布（2008 年）

资料来源：《贵州经济普查年鉴》。

　　2013 年 52895 个私营企业法人单位数分布最多的前三个行业是制造业（15188 个），批发业和零售业（14394 个），采矿业（4067 个）；分布最少的三个行业是农、林、牧、渔业（213个），水利、环境和公共设施管理业（233 个），信息传输、计算机服务和软件业（520 个）。

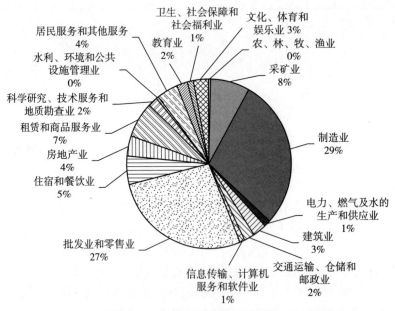

图 1－11　全省私营企业法人单位在各行业的分布（2013 年）

资料来源：《贵州经济普查年鉴》。

2018 年 236366 个私营企业法人单位数分布最多的前三个行业是批发业和零售业（78915 个），制造业（41355 个），租赁和商品服务业（25688 个）；分布最少的三个行业是农、林、牧、渔业（654 个），电力、燃气及水的生产和供应业（1165 个），卫生、社会保障和社会福利业（1460 个）。

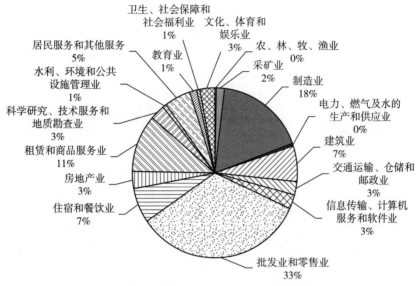

图 1 – 12 全省私营企业法人单位在各行业的分布（2018 年）

资料来源：《贵州经济普查年鉴》。

表 1 – 2 按行业、登记注册类型分组贵州省企业法人单位数（2008～2018 年） 单位：个

行业	2008 年		2013 年		2018 年	
	内资	私营	内资	私营	内资	私营
总计	40204	21372	146198	52895	280475	236366
农、林、牧、渔业	73	40	1084	213	853	654
采矿业	4267	3742	5567	4067	4326	3716
制造业	8730	5607	21574	15188	45598	41355
电力、燃气及水的生产和供应业	1110	447	1599	675	2076	1165
建筑业	1584	577	3610	1411	19521	15993
交通运输、仓储和邮政业	1017	409	2641	1101	7602	6054
信息传输、计算机服务和软件业	1533	1140	1397	520	8097	6403
批发业和零售业	11160	4873	28326	14394	90060	78915
住宿和餐饮业	1147	614	4043	2857	16971	15568

续表

行业	2008 年		2013 年		2018 年	
	内资	私营	内资	私营	内资	私营
房地产业	3549	1489	5503	2041	11560	7743
租赁和商品服务业	2722	989	9110	3608	33296	25688
科学研究、技术服务和地质勘查业	800	227	3912	989	9136	6936
水利、环境和公共设施管理业	227	77	1222	233	2642	1696
居民服务和其他服务	946	535	3416	2198	13789	12257
教育业	292	191	9880	1151	3866	3267
卫生、社会保障和社会福利业	280	200	3997	626	1703	1460
文化、体育和娱乐业	282	135	2850	1546	7891	6924

资料来源：历年《贵州经济普查年鉴》。

此外，在个体工商户方面，贵州省个体工商户数从 2004 年的 433096 个增加到 2018 年的 1958054 个，15 年间贵州省个体工商户数增长超 3.5 倍。

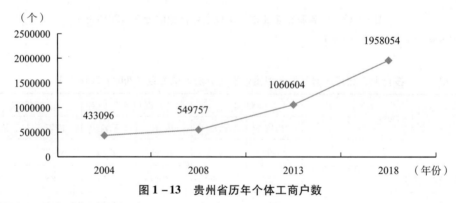

图 1-13　贵州省历年个体工商户数

资料来源：历年《贵州统计年鉴》。

从个体工商户的城乡分布结构来看，2004 年，贵州省共有 255183 个城镇个体工商户，有 177913 个乡村个体工商户数，城乡个体工商户数比值约 1.43；2008 年，贵州省共有 297099 个城镇个体工商户，有 252658 个乡村个体工商户数，城乡个体工商户数比值约 1.18；2013 年，贵州省共有 519136 个城镇个体工商户，有 541468 个乡村个体工商户数，城乡个体工商户数比值约 0.96；2018 年，贵州省共有 957131 个城镇个体工商户，有 1000923 个乡村个体工商户数，城乡个体工商户数比值约 0.96。可见，相比城镇个体工商户，贵州省乡村个体工商户的发展规模呈现逐年增加的趋势，乡村个体工商户的发展速度高于城镇个体工商户。

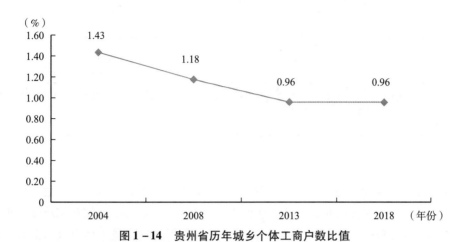

图 1 - 14 贵州省历年城乡个体工商户数比值

资料来源：历年《贵州统计年鉴》。

表 1 - 3 　　　　　　按行业分组贵州省城乡个体工商户数　　　　　　单位：户

行业	2004 年		2008 年		2013 年		2018 年	
	城镇	乡村	城镇	乡村	城镇	乡村	城镇	乡村
总计	255183	177913	297099	252658	519136	541468	957131	1000923
农、林、牧、渔业	694	1712	654	2990	3980	13150	23431	44320
采矿业	389	1067	1152	2612	945	2820	264	1945
制造业	22045	17087	21246	18190	24963	28098	30285	58671
电力、燃气及水的生产和供应业	70	78	144	145	181	286	167	442
建筑业	459	177	422	196	1347	2195	2995	3176
交通运输、仓储和邮政业	16929	10212	13712	12513	339274	358805	16846	9833
信息传输、计算机服务和软件业	1095	631	1345	910	11256	13124	4628	7313
批发业和零售业	150589	112265	183449	160215	72142	57743	572657	628187
住宿和餐饮业	26243	15784	36404	24672	4015	3866	183948	142720
房地产业	93	23	75	16	89	35	365	105
租赁和商品服务业	2009	403	2592	1225	6397	7260	12471	10211
居民服务和其他服务	24855	12203	24706	20184	42323	40961	96816	81955
卫生、社会保障和社会福利业	1372	490	1739	845	2104	1553	2175	1425

行业	2004 年		2008 年		2013 年		2018 年	
	城镇	乡村	城镇	乡村	城镇	乡村	城镇	乡村
文化、体育和娱乐业	2468	1121	2182	1163	2792	1700	5088	5340
其他行业	5873	4660	7277	6782	7328	9872	4995	5280

资料来源：历年《贵州统计年鉴》。

个体工商户在各行业的分布，从 2004 年至 2018 年，贵州省个体工商户主要分布在批发业和零售业、住宿和餐饮业、居民服务和其他服务及交通运输、仓储和邮政业。根据贵州省历年经济普查数据，从 2004 年至 2018 年，这几个行业的个体工商户数占全省个体工商户总数在 80% ~ 90%。

具体来看，2004 年，全省个体工商户数排名前三的产业是批发业和零售业（262854 个，61%）、住宿和餐饮业（42027 个，10%）以及居民服务和其他服务（37058 个，9%）。2004 年，个体工商户数分布最少的三个行业分别是房地产业（116 个）、电力、燃气及水的生产和供应业（148 个）以及建筑业（636 个）。

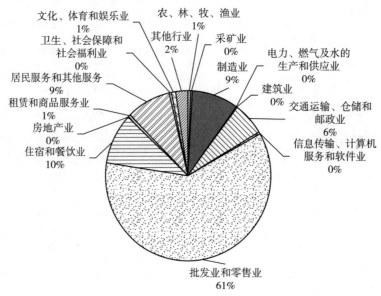

图 1 - 15　全省个体工商户在各行业的分布（2004 年）

资料来源：《贵州经济普查年鉴》。

2008 年，全省个体工商户数排名前三的产业是批发业和零售业（343664 个，62%）、住宿和餐饮业（61076 个，11%）以及居民服务和其他服务（44890 个，8%）。2008 年，个体工商户分布最少的三个行业分别是房地产业（91 个），电力、燃气及水的生产和供应业（289 个），建筑业（618 个）。

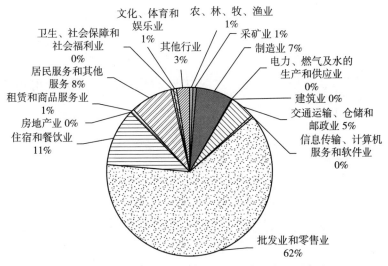

图 1 - 16　贵州省个体工商户在各行业的分布（2008 年）

资料来源：《贵州统计年鉴》2009 年。

2013 年，全省个体工商户数排名前三的产业是交通运输、仓储和邮政业（698079 个，66%），批发业和零售业（129885 个，12%），居民服务和其他服务（83284 个，8%）。2013 年，个体工商户分布最少的三个行业分别是房地产业（124 个），电力、燃气及水的生产和供应业（467 个），建筑业（3542 个）。

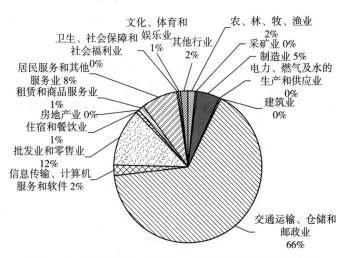

图 1 - 17　贵州省个体工商户在各行业的分布（2013 年）

资料来源：《贵州统计年鉴》2014 年。

2018 年，全省个体工商户数排名前三的产业是批发业和零售业（1200844 个，61%）、住宿和餐饮业（326668 个，17%）以及居民服务和其他服务（178771 个，9%）。2018 年，个体工商户分布最少的三个行业分别是房地产业（470 个），电力、燃气及水的生产和供应业（609 个），采矿业（2209 个）。

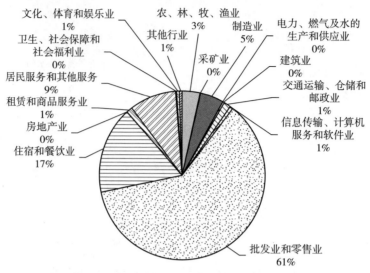

图 1-18　全省个体工商户在各行业的分布（2018 年）

资料来源：《贵州经济普查年鉴》。

1.3　民营经济对贵州的经济贡献

2004 年至 2008 年贵州省民营经济发展势头强劲，综合实力大幅提升，成为全省经济增长的重要引擎和城镇就业的重要载体，除了其规模总量持续壮大、市场主体大幅增加外，民营经济增加值占 GDP 比重、民营经济固定资产投资比重也呈现逐年增长的势头。据贵州省历年统计年鉴数据，2004 年贵州民营经济增加值占当年全省 GDP 比重仅为 27.5%，2008 年增加到 32.4%，2013 年增加到 43.2%，2015 年贵州民营经济增加值占 GDP 比重首次超 50%，2018 年最高达 54.9%。

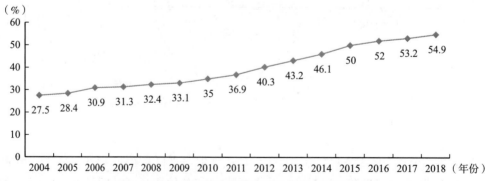

图 1-19　贵州省历年民营经济增加值占 GDP 比重

资料来源：历年《贵州统计年鉴》。

在民营经济固定资产投资方面，2004 年贵州省民营经济固定资产投资比重只有 34.2%，2007 年首次超过 50%，2008 年增加到 51.2%，此后，贵州民营经济固定资产投资比重维持在 50% 上下摆动。2013 年 55.5%，2018 年却又降低到只有 47.6%。

图 1－20　贵州省历年民营经济固定资产投资占比

资料来源：历年《贵州统计年鉴》。

民营经济对贵州经济的贡献不仅体现在其逐年增加的经济增加值和固定资产投资，还在税收方面具有巨大的贡献。按企业类型分，2007 年全省私营企业共创造 38.53 亿元税收，2013 年私营企业创造的税收增加到 106.01 亿元，至 2018 年私营企业创造的税收高达 162.74 亿元，相比 2007 年增加超过 3 倍。另外，从 2007 年至 2018 年，个体经营创造的税收也是逐年增长。2007 年，全省个体经营共创造 36.21 亿元税收，2013 年增加到 109.51 亿元，2018 年高达 177.79 亿元，相比 2007 年增加了近 4 倍。

表 1－4　　　　　　　　　按企业类型分全省民营企业税收收入　　　　　　　单位：亿元

年份	总计	私营企业	个体经营
2018	2510.20	162.74	177.79
2017	2211.82	138.55	153.09
2016	1964.18	81.65	120.69
2015	1911.58	71.90	111.01
2014	1787.08	95.60	113.50
2013	1546.50	106.01	109.51
2012	1308.63	111.52	93.03
2011	1072.87	100.32	76.79
2010	831.97	87.90	60.41
2009	673.83	65.50	52.22
2008	577.62	55.02	50.12
2007	466.53	38.53	36.21

资料来源：历年《贵州统计年鉴》。

在税收收入增长速度方面，总体上看，从 2007 年至 2010 年，私营企业税收收入的增长速度高于个体经营；在 2011 年至 2015 年，个体经营的税收收入增长速度高于私营企业；从 2016 年至 2018 年，私营企业税收收入增长速度又再次高于个体经营。

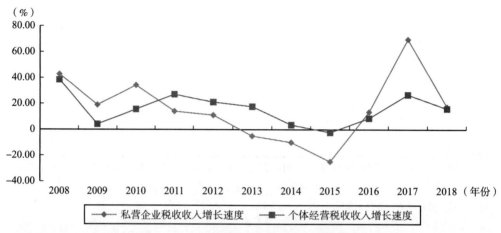

图 1－21 全省民营企业税收收入增长速度

资料来源：历年《贵州统计年鉴》。

在城镇私营单位就业平均工资方面，2014 年全省城镇私营单位就业平均工资是 32785 元，此后逐年增加，2018 年增加到 43582 元。

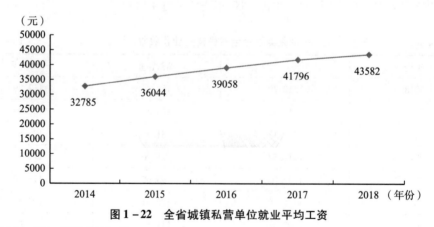

图 1－22 全省城镇私营单位就业平均工资

资料来源：历年《贵州统计年鉴》。

1.4 民营经济对贵州社会就业的贡献

在创造社会就业机会方面，贵州民营经济一直以来都扮演着重要角色。2004 年，全省私营企业法人单位从业人员总数有 451432 人，2018 年增加到 2169743 人，15 年间，全省私营企业法人单位从业人员数增加了 1718311 人，增长约 3.8 倍。

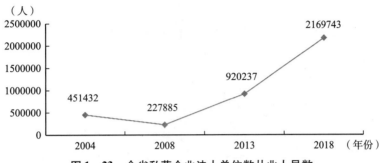

图 1-23　全省私营企业法人单位数从业人员数

资料来源：历年《贵州经济普查年鉴》。

按登记注册类型分组，贵州私营企业对社会就业的贡献也是逐年增加。2004 年，全省私营企业法人单位从业人员有 451432 人，占当年全省法人单位从业人员总数仅为 17%。2004 年，全省法人单位从业人员数最多的是国有企业，达 1448833 人，占当年全省企业法人单位从业人员总数的 54%。

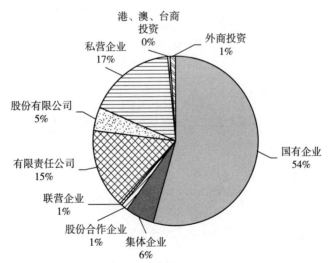

图 1-24　按登记注册类型分组贵州省企业法人单位从业人员数（2004 年）

资料来源：《贵州经济普查年鉴》。

按登记注册类型分组，2008 年，全省企业法人单位从业人员最多的是国有企业，达1511937 人，占当年全省企业法人单位从业人员总数的 60%；有限责任公司从业人员总数排名第二，达 469390 人，占当年全省企业法人单位从业人员总数的 18%；私营企业法人单位从业人员数排名第三，达 227885 人，占当年全省企业法人单位从业人员总数仅为 9%。

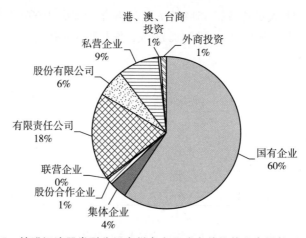

图1-25 按登记注册类型分组贵州省企业法人单位从业人员数（2008年）

资料来源：《贵州经济普查年鉴》。

按登记注册类型分组，2013年，全省企业法人单位从业人员最多的依然是国有企业，达1501705人，但其占当年全省企业法人单位从业人员总数减少到38%；有限责任公司从业人员总数排名第二，达1232075人，占当年全省企业法人单位从业人员总数的31%；私营企业法人单位从业人员数排名第三，达920237人，占当年全省企业法人单位从业人员总数增加到23%。

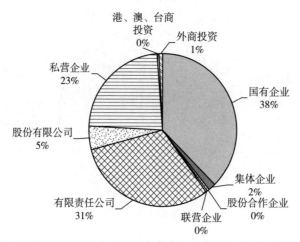

图1-26 按登记注册类型分组贵州省企业法人单位从业人员数（2013年）

资料来源：《贵州经济普查年鉴》。

2018年，全省企业法人单位从业人员最多的是私营企业，达2169743人，占当年全省企业法人单位从业人员总数增加到40%；国有企业从业人员总数排名第二，达1545149人，占当年全省企业法人单位从业人员总数的29%；有限责任公司法人单位从业人员数排名第三，达1340338人，占当年全省企业法人单位从业人员总数增加到25%。

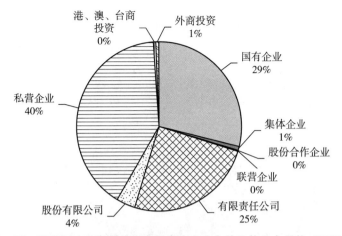

图 1 - 27 按登记注册类型分组贵州省企业法人单位从业人员数（2018 年）

资料来源：《贵州统计年鉴》2019 年。

表 1 - 5		按登记注册类型分组全省企业法人单位从业人员数		单位：人
年份	2004	2008	2013	2018
内资企业总计	2771266	2891009	4309213	5528190
国有企业	1448833	1511937	1501705	1545149
集体企业	150442	94223	63982	39911
股份合作企业	34130	33342	19122	4744
联营企业	13032	10189	14263	5951
有限责任公司	403179	469390	1232075	1340338
股份有限公司	121112	149979	199335	197229
私营企业	451432	227885	920237	2169743
港、澳、台商投资	12534	12411	16150	25393
外商投资	27497	32345	31834	31562

资料来源：历年《贵州统计年鉴》。

按行业分组，从 2004 年至 2018 年，贵州省私营企业法人单位从业人员主要分布在采矿业，制造业，批发业和零售业以及建筑业。而私营金融业，农、林、牧、渔业，水利、环境和公共设施管理业，信息传输、计算机服务和软件业吸收社会就业人员则较少。

具体来看，2008 年贵州省私营企业法人单位从业人员分布最多的三大行业是采矿业（206770 人，占当年全省私营企业法人单位从业人员总数 38%），制造业（157935 人，占当年全省私营企业法人单位从业人员总数 29%），批发业和零售业（42731 人，占当年全省私营企业法人单位从业人员总数 8%）。2008 年贵州省私营企业法人单位从业人员分布最少的三大行业是金融业（498 人），农、林、牧、渔业（566 人），水利、环境和公共设施管理业（1596 人）。

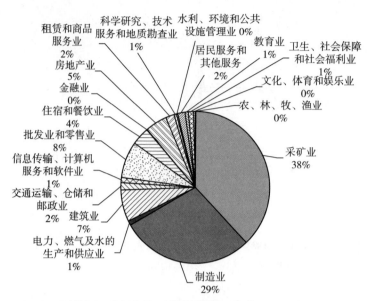

图1-28 按行业分组全省私营企业法人单位就业人数（2008年）

资料来源：《贵州统计年鉴》2009年。

2013年贵州省私营企业法人单位从业人员分布最多的三大行业是制造业（280933人，占当年全省私营企业法人单位从业人员总数的31%），采矿业（225725人，占当年全省私营企业法人单位从业人员总数的25%），批发业和零售业（108971人，占当年全省私营企业法人单位从业人员总数的12%）。2008年贵州省私营企业法人单位从业人员分布最少的三大行业是农、林、牧、渔业（2146人），水利、环境和公共设施管理业（3414人），信息传输、计算机服务和软件业（3543人）。

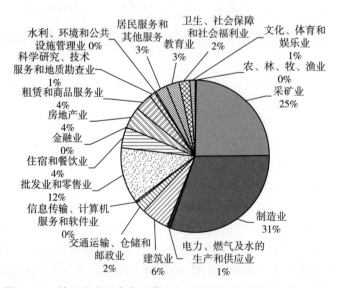

图1-29 按行业分组全省私营企业法人单位就业人数（2013年）

资料来源：《贵州统计年鉴》2014年。

2018 年贵州省私营企业法人单位从业人员分布最多的三大行业是制造业（511624 人，占当年全省私营企业法人单位从业人员总数的 24%），批发业和零售业（383143 人，占当年全省私营企业法人单位从业人员总数的 18%），建筑业（250614 人，占当年全省私营企业法人单位从业人员总数的 12%）。2018 年贵州省私营企业法人单位从业人员分布最少的三大行业是金融业（2768 人），农、林、牧、渔业（3243 人），电力、燃气及水的生产和供应业（10178 人）。

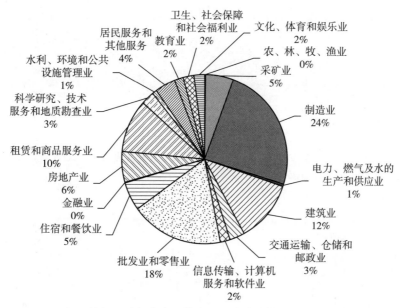

图 1 - 30　按行业分组全省私营企业法人单位就业人数（2018 年）

资料来源：《贵州统计年鉴》2019 年。

从私营企业法人单位从业人员占内资企业法人单位从业人员总数比例来看，2008 年全省私营企业法人单位从业人员有 547369 人，占当年全省内资企业法人单位从业人员总数（1868385 人）的 29.3%。从各行业来看，2008 年全省私营企业法人单位从业人员占比最高的是教育业（61.86%），其次是卫生、社会保障和社会福利业（61.64%）及采矿业（61.17%）。2008 年全省私营企业法人单位从业人员占比最低的是金融业（0.84%），电力、燃气及水的生产和供应业（5.67%）及建筑业（11.46%）。

2013 年全省私营企业法人单位从业人员有 920237 人，占当年全省内资企业法人单位从业人员总数（4309213 人）的 21.36%。从各行业来看，2013 年全省私营企业法人单位从业人员占比最高的是采矿业（52.09%），其次是居民服务和其他服务（49.68%）及住宿和餐饮业（44.81%）。2013 年全省私营企业法人单位从业人员占比最低的是电力、燃气及水的生产和供应业（4.54%），教育业（5.16%），交通运输、仓储和邮政业（8.05%）。

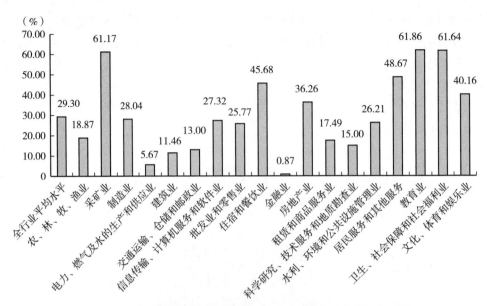

图 1 – 31 全省各行业私营企业法人单位从业人员占比（2008 年）

资料来源：《贵州统计年鉴》2009 年。

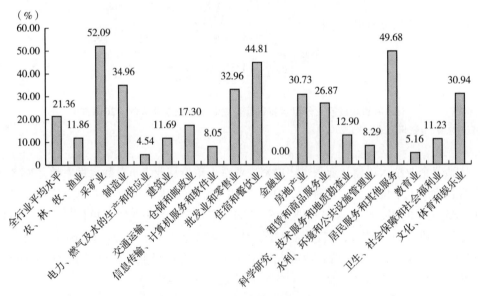

图 1 – 32 全省各行业私营企业法人单位从业人员占比（2013 年）

资料来源：《贵州统计年鉴》2014 年。

　　2018 年全省私营企业法人单位从业人员有 2117761 人，占当年全省内资企业法人单位从业人员总数（3833832 人）的 55.24%。从各行业来看，2018 年全省私营企业法人单位从业人员占比最高的是居民服务和其他服务（80.32%），教育业（79.01%），住宿和餐饮业（77.98%）。2018 年全省私营企业法人单位从业人员占比最低的是电力、燃气及水的生产和供应业（10.06%），水利、环境和公共设施管理业（33.60%），建筑业（33.68%）。

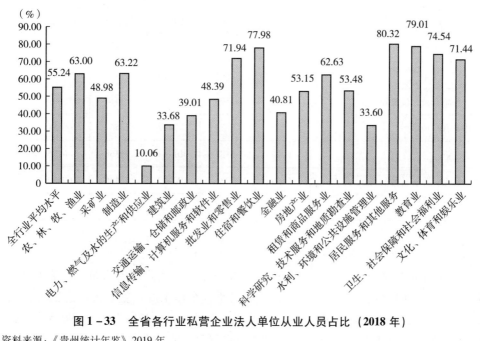

图 1-33　全省各行业私营企业法人单位从业人员占比（2018 年）

资料来源：《贵州统计年鉴》2019 年。

表 1-6　　　　　　　　　按行业分组全省私营企业法人单位就业人数　　　　　　　　单位：人

行业	2008 年		2013 年		2018 年	
	内资	私营	内资	私营	内资	私营
总计	1868385	547369	4309213	920237	3833832	2117761
农、林、牧、渔业	3000	566	18094	2146	5148	3243
采矿业	338040	206770	433344	225725	234649	114937
制造业	563199	157935	803626	280933	809307	511624
电力、燃气及水的生产和供应业	90765	5150	158208	7189	101201	10178
建筑业	322185	36913	473553	55380	744018	250614
交通运输、仓储和邮政业	65309	8489	120903	20918	160108	62454
信息传输、计算机服务和软件业	21940	5994	44038	3543	84240	40763
批发业和零售业	165835	42731	330569	108971	532583	383143
住宿和餐饮业	45396	20739	90502	40554	147836	115281
金融业	57318	498	—	—	6783	2768

行业	2008 年		2013 年		2018 年	
	内资	私营	内资	私营	内资	私营
房地产业	71695	25995	134395	41293	232569	123605
租赁和商品服务业	58522	10236	132065	35491	342488	214495
科学研究、技术服务和地质勘查业	19879	2981	86173	11120	101825	54455
水利、环境和公共设施管理业	6090	1596	41169	3414	55909	18784
居民服务和其他服务	17575	8553	47442	23567	106691	85697
教育业	6284	3887	501743	25868	46176	36485
卫生、社会保障和社会福利业	10109	6231	190940	21446	60100	44796
文化、体育和娱乐业	5241	2105	35305	10922	62201	44439

资料来源：历年《贵州统计年鉴》。

在个体工商户从业人员方面，2004 年贵州省个体工商户就业人员总数有 630722 人，2008 年增加到 801734 人；从 2008 年以后，贵州省个体工商户就业人员总数增长速度提高，至 2013 年，全省共有 1851567 名个体工商户就业人员，2018 年有 3529075 名个体工商户就业人员。从 2004 年至 2018 年，个体工商户就业人员总数增加近 4.6 倍。

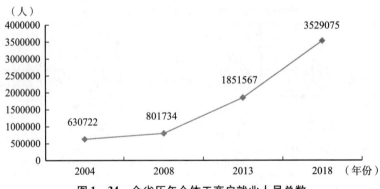

图 1-34　全省历年个体工商户就业人员总数

资料来源：《贵州统计年鉴》2005 年。

按行业分组，2004 年贵州省个体工商户就业人口分布最多的前三大产业是批发业和零售业（个体工商户就业人口 355595 人，占当年全省个体工商户就业人口总数的 56%），住宿和餐饮业（个体工商户就业人口 72175 人，占当年全省个体工商户就业人口总数的 11%），制造业（个体工商户就业人口 65899 人，占当年全省个体工商户就业人口总数的 10%）。

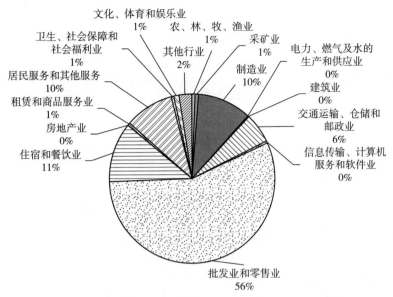

图 1-35 按行业分组全省个体工商户就业人员（2004 年）

资料来源：《贵州统计年鉴》2005 年。

2008 年贵州省个体工商户就业人口分布最多的前三大产业是批发业和零售业（个体工商户就业人口 447779 人，占当年全省个体工商户就业人口总数的 56%），住宿和餐饮业（个体工商户就业人口 112345 人，占当年全省个体工商户就业人口总数的 14%），居民服务和其他服务（个体工商户就业人口 77472 人，占当年全省个体工商户就业人口总数的 10%）。

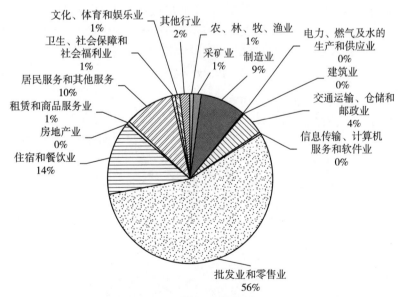

图 1-36 按行业分组全省个体工商户就业人员（2008 年）

资料来源：《贵州统计年鉴》2009 年。

2013年贵州省个体工商户就业人口分布最多的前三大产业是交通运输、仓储和邮政业（个体工商户就业人口1073569人，占当年全省个体工商户就业人口总数的58%），批发业和零售业（个体工商户就业人口278030人，占当年全省个体工商户就业人口总数的15%），居民服务和其他服务（个体工商户就业人口163477人，占当年全省个体工商户就业人口总数的9%）。

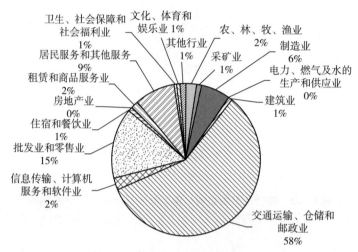

图1-37　按行业分组全省个体工商户就业人员（2013年）

资料来源：《贵州统计年鉴》2014年。

2018年贵州省个体工商户就业人口分布最多的前三大产业是批发业和零售业（个体工商户就业人口1835932人，占当年全省个体工商户就业人口总数的52%），住宿和餐饮业（个体工商户就业人口695335人，占当年全省个体工商户就业人口总数的20%），居民服务和其他服务（个体工商户就业人口385248人，占当年全省个体工商户就业人口总数的11%）。

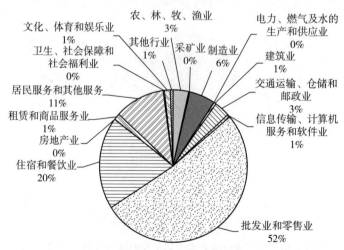

图1-38　按行业分组全省个体工商户就业人员（2018年）

资料来源：《贵州统计年鉴》2019年。

表 1 – 7　　　　　　　　　按行业分组全省个体工商户就业人员　　　　　　　　单位：人

行业	2004 年	2008 年	2013 年	2018 年
总计	630722	801734	1851567	3529075
农、林、牧、渔业	3981	5863	42642	119394
采矿业	4312	12139	19349	8929
制造业	65899	70690	116745	196443
电力、燃气及水的生产和供应业	239	649	1189	1330
建筑业	1249	1281	14849	17007
交通运输、仓储和邮政业	35976	36772	1073569	120624
信息传输、计算机服务和软件业	2562	3010	46734	21294
批发业和零售业	355595	447779	278030	1835932
住宿和餐饮业	72175	112345	15695	695335
房地产业	241	168	319	1487
租赁和商品服务业	3088	5507	30898	47745
居民服务和其他服务	60259	77472	163477	385248
卫生、社会保障和社会福利业	3140	5491	10777	10112
文化、体育和娱乐业	6463	7010	13339	45672
其他行业	15543	15558	23955	22523

资料来源：历年《贵州统计年鉴》。

第 2 章

贵州民营经济第二产业发展概述

工业是国民经济的主导产业，对推动经济社会发展具有举足轻重的作用。2010 年，贵州省委、省政府作出了"贵州发展的差距在工业，潜力在工业，希望也在工业"的重大科学判断，响亮提出了"工业强省"战略。此后贵州工业创造了快速发展的十年，经历了"黄金十年"。"黄金十年"是贵州工业结构优化、转型加快的十年，是贵州工业带动有力、贡献突出的十年。在这"黄金十年"时期，特别是"十三五"期间，贵州省深入推进供给侧结构性改革，深入实施工业强省战略，坚持高端化、绿色化、集约化发展，大力实施"双千工程"，大力推进"万企融合"，振兴十大工业产业，有效地推动着贵州经济社会发展。

2016 年，贵州省正式启动"千企改造"工程，成为推动工业经济高质量发展的突破口和关键点。众多传统工业企业进行"退城进园"、技术改造，踏上了转型升级、提质增效的发展之路。实施"双千工程"以来，6000 余户企业实施改造升级项目 7000 余个，拉动技改投资近 5000 亿元；2017 年，优化结构调整，增强发展后劲，推进技术创新、抓好两化融合和智能制造、抓好绿色工业发展等方面，成为当年的重点任务；2018 年，能源运行新机制、绿色发展基金支持、减税降费等多重政策红利逐步释放，全省支柱产业持续发力，新旧动能加快转换，产业链条不断拓宽，全省工业经济呈现总体平稳、稳中有进、效益提升的良好发展态势。2018 年底，省政府印发《贵州省十大千亿级工业产业振兴行动方案》，提出要抢抓经济发展由高速度向高质量转型的关键"窗口期"，深入推进"双千工程"，大力实施"十百千万计划"，集中力量推动千亿级产业加快发展，促进工业转型升级和提质增效。"黄金十年"的发展使得贵州工业经济"基础大盘"越来越稳固、"时代特征"越来越彰显、"绿色名片"越来越亮眼、"引擎动力"越来越强劲、"融合程度"越来越深化、"新生动能"越来越活跃、"带动作用"越来越凸显。

历史车轮驶入"十四五"发展时期，贵州工业以新的姿态加速奔跑，奋勇前行。贵州省先后召开全省新型工业化暨开发区高质量发展大会，印发《关于实施工业倍增行动奋力实现工业大突破的意见》《关于推进开发区高质量发展的指导意见》，率先为全省新型工业化描绘了新蓝图，指明了新方向。"十四五"期间，贵州将紧紧围绕"四新"主攻"四化"，以新型工业化为引领，大力实施工业倍增行动，奋力实现工业大突破。

工业化是实现现代化不可逾越的历史阶段。过去几年下来，全省工业发展走过了极不平凡的几年，始终保持高于全国平均、高于西部地区的赶超态势，成绩有目共睹，成效引人瞩目，有力支撑了全省经济社会快速发展，为开启全面建设社会主义现代化新征程奠定了坚实基础。在此过程中，贵州民营工业取得了长足的发展。同时受贵州经济结构及要素禀赋的影响，贵州省民营工业发展步伐整体上快于民营经济，长期以来一直拉动民营经济发展。本章将以贵州省四次经济普查数据为基础，总结贵州省民营经济第二产业在2004~2018年期间的发展情况；同时，本章还具体对贵州省民营经济第二产业各行业发展现状进行详细剖析。

2.1　贵州民营经济第二产业发展总概述

2.1.1　市场主体持续增加

近年来，贵州民营工业企业法人单位数不断增加，规模不断扩大。按登记注册类型划分，截至2018年12月，贵州规模以上私营工业企业单位数量达3656个，比2008年增加2389户，增长188.56%，年均增长18.86%，占当年全省工业企业法人单位总数66.33%。

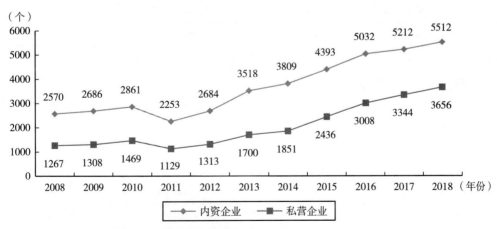

图2-1　按登记注册类型划分规模以上私营工业企业单位数（2008~2018年）

资料来源：历年《贵州统计年鉴》。

在占比方面，贵州私营工业企业法人单位数占内资工业企业法人单位总数从 2008 年的 49.3% 增加到 2018 年的 66.33%。十年间，贵州私营工业企业法人单位数占比增加超 17 个百分比。可见，通过近十年的发展，贵州内资工业企业已逐渐演变成以私营工业企业为主体的发展格局。

图 2-2　按登记注册类型划分规模以上私营工业企业占比（2008~2018 年）
资料来源：历年《贵州统计年鉴》。

此外，在规模以上工业企业中，按登记注册类型分类，2008 年贵州省规模以上私营工业企业法人单位数有 1257 个，占当年规模以上内资工业企业法人单位总数的 49.28%；2013 年，全省规模以上私营工业企业法人单位数增加到 1700 个，占当年规模以上内资工业企业法人单位总数的 48.32%；2018 年，全省规模以上私营工业企业法人单位数继续增加到 3656 个，占当年规模以上内资工业企业法人单位总数增加到超 70%。可见在 2013 年以后，贵州省规模以上私营工业企业市场主体发展速度较为迅猛，至 2018 年，全省规模以上工业企业主要以私营企业为主。

表 2-1　　按登记注册类型划分全省规模以上工业企业单位数（2008~2018 年）　　单位：个

年份	2008	2013	2018
内资企业	2551	3518	5214
国有企业	330	225	31
集体企业	70	27	13
股份合作企业	52	22	5
联营企业	15	10	—
有限责任公司	719	1381	1356
股份有限公司	99	119	139
私营企业	1257	1700	3656
其他企业	9	34	14

年份	2008	2013	2018
港澳台投资企业	49	32	57
外商投资企业	56	40	40

资料来源：历年《贵州统计年鉴》。

2.1.2　经济总量稳步提升

2008 ~ 2018 年，贵州民营经济总量稳步提升。按登记注册类型划分，截至 2018 年 12 月，贵州规模以上私营工业企业总产值达到 3855.27 亿元，占当年全省规模以上内资工业企业工业总价值的 39.58%，工业总产值比 2008 年增加 3318.29 亿元，增长 618.96%，年均增长 61.90%。相比之下，贵州省规模以上私营工业企业工业总产值占比与其市场主体占比极不匹配。2018 年全省规模以上私营工业企业法人单位数占当年全省规模以上内资工业企业法人单位总数增加超 70%，但其工业总产值占比只有 39.58%。

表 2 - 2　按登记注册类型划分全省规模以上私营工业企业工业总产值（2008 ~ 2018 年）

金额单位：亿元

年份	内资企业	私营企业	私营企业占比
2008	2995.35	536.98	17.93%
2009	3300.03	555.24	16.83%
2010	4048.03	839.58	20.74%
2011	5321.74	1214.36	22.82%
2012	6375.58	1555.54	24.40%
2013	7838.06	2092.04	26.69%
2014	9177.68	2511.50	27.37%
2015	10420.81	3233.03	31.02%
2016	11562.20	3972.63	34.36%
2017	10753.42	4157.32	38.66%
2018	9741.65	3855.27	39.58%

资料来源：历年《贵州统计年鉴》。

在工业增加值方面，按登记注册类型划分，贵州省规模以上私营工业企业工业增加值 2008 年占比只有 16.9%，随后逐年增加，2017 年最高达 32.5%，2018 年也有 26.1%。相比之下，规模以上国有控股业企业工业增加值占比则从 2008 年最高值 62.7% 逐年下降，到 2018 年只有 52.6%。相比之下，贵州省规模以上私营工业企业工业增加值占比与其市场主体占比极不匹配。2018 年全省规模以上私营工业企业法人单位数占当年全省规模以上内资工业企业法人单位总数增加超 70%，但其工业增加值占比只有 26.1%。

表 2-3　按登记注册类型划分全省规模以上工业企业工业增加值比重（2008~2018 年）　单位：%

年份	国有控股企业	私营企业
2008	62.7	16.9
2009	62.6	16.8
2010	61.1	22.7
2011	53.7	27.0
2012	58.1	23.2
2013	52.1	23.3
2014	48.2	24.4
2015	45.3	25.8
2016	42.8	29.2
2017	42.0	32.5
2018	52.6	26.1

资料来源：历年《贵州统计年鉴》。

在资产总额方面，截至 2018 年 12 月，贵州省规模以上私营工业企业资产总额达 2958.4 亿元，比 2004 年增加 2830.77 亿元，增长超 22 倍。2018 年，贵州省规模以上私营工业企业资产总额占当年全省规模以上内资工业企业资产总额的 19.58%，相比 2004 年，贵州省规模以上私营工业企业资产总额占比增长超 14 个百分点。相比之下，贵州省规模以上私营工业企业资产总额占比与其市场主体占比极不匹配，2018 年全省规模以上私营工业企业法人单位数占当年全省规模以上内资工业企业法人单位总数增加超 70%，但其资产总额占比只有 19.58%。

表 2-4　　按登记注册类型划分全省规模以上工业资产总额（2004~2018 年）　金额单位：亿元

年份	2004	2008	2013	2018
内资企业	2341.60	4411.54	9986.66	15110.94
国有企业	1047.83	1853.48	3168.03	1020.17
集体企业	18.16	12.98	10.58	10.19
股份合作企业	11.6	29.24	31.36	3.35
联营企业	7.79	16.43	29.46	—
有限责任公司	643.60	1344.77	4023.18	9869.1
股份有限公司	485.01	732.86	1000.94	1247.37
私营企业	127.63	420.98	1703.76	2958.4

年份	2004	2008	2013	2018
其他企业	—	0.81	19.37	2.35
港澳台投资企业	17.67	32.25	118.57	300.12
外商投资企业	82.25	120.05	234.65	313.65

资料来源：贵州第一次、第二次、第三次和第四次经济普查数据。

在负债总额方面，截至 2018 年 12 月，贵州省规模以上私营工业企业负债总额达 1673.71 亿元，占比 17.98%，比 2008 年增加了 1448.52 亿元，增长 643.24%，年均增长 64.32%。相比之下，贵州省规模以上私营工业企业负债总额占比略少于其资产总额占比。2018 年，贵州省规模以上私营工业企业资产总额占当年全省规模以上内资工业企业资产总额的 19.58%，但其负债总额占比只有 17.98%。这折射出，贵州省规模以上私营工业企业的财务状况相对较好，现金流充足，资金链稳固，具有较强的偿债能力，企业发展充满潜力。

表 2 – 5　　按登记注册类型划分全省规模以上工业负债情况（2004～2018 年） 金额单位：亿元

年份	2004	2008	2013	2018
内资企业	1534.01	2906.64	6506.59	9307.91
国有企业	722.18	1318.66	2062.04	802.67
集体企业	12.59	7.45	6.31	3.22
股份合作企业	6.77	20.14	21.14	1.41
联营企业	4.82	9.17	21.90	—
有限责任公司	391.48	883.41	2736.76	6092.44
股份有限公司	321.46	441.90	592.87	733.68
私营企业	74.71	225.19	1054.29	1673.71
其他企业	—	0.71	11.27	0.78
港澳台投资企业	9.36	17.96	104.80	205.04
外商投资企业	51.69	75.08	130.67	156.15

资料来源：贵州第一次、第二次、第三次和第四次经济普查数据。

在利润总额方面，截至 2018 年 12 月，贵州省规模以上私营工业企业利润总额达 238.18 亿元，比 2008 年增加了 198.86 亿元，增长 505.75%，年均增长 50.58%，占当年全省规模以上内资工业企业利润总额的 23.69%。2004 年，贵州省规模以上私营工业企业利润总额占当年全省规模以上内资工业企业利润总额的 15%；2008 年，贵州省规模以上私营工业企业利润总额占比上升到 22.83%，2013 年最高达 28.83%。相比之下，2004～2018 年贵州省规模以上私营企业利润增速不及其市场主体规模扩张速度。

表2-6　按登记注册类型划分全省规模以上工业企业利润总额（2004～2018年）

金额单位：亿元

年份	2004	2008	2013	2018
内资企业	59.34	172.22	614.10	1005.58
国有企业	16.71	54.04	224.26	5.06
集体企业	0.58	1.54	2.04	1.13
股份合作企业	0.46	-0.16	1.98	0.36
联营企业	0.23	0.22	1.42	—
有限责任公司	13.31	70.70	183.73	713.82
股份有限公司	19.15	6.53	21.24	46.73
私营企业	8.91	39.32	177.02	238.18
其他企业	—	0.03	2.41	0.31
港澳台投资企业	0.37	0.93	7.40	14.83
外商投资企业	2.29	8.88	15.09	15.75

资料来源：贵州第一次、第二次、第三次和第四次经济普查数据。

在企业亏损额方面，截至2018年12月，贵州省规模以上私营工业企业亏损额达23.29亿元，比2008年增加了13.42亿元，增长了137.36%，年均增长13.74%。占当年全省规模以上内资工业企业亏损总额的18.59%；2004年，贵州省规模以上私营工业企业亏损额占当年全省规模以上内资工业企业亏损总额的9.92%；2008年，贵州省规模以上私营工业企业亏损额占当年全省规模以上内资工业企业亏损总额增加到12.75%；2013年，贵州省规模以上私营工业企业亏损额占当年全省规模以上内资工业企业亏损总额最高达20.35%。可见，2004～2018年，相比其他经济成分企业相比，全省规模以上私营工业企业的亏损面与日俱增。

表2-7　按登记注册类型划分全省规模以上工业企业亏损企业亏损额（2004～2018年）

金额单位：亿元

年份	2004	2008	2013	2018
内资企业	20.17	76.64	122.28	124.70
国有企业	13.18	35.28	30.43	1.2
集体企业	0.27	0.20	0.27	0.03
股份合作企业	0.19	1.30	0.35	0.02
联营企业	0.07	0.16	0.53	—
有限责任公司	3.91	16.72	48.86	92.14
股份有限公司	0.64	13.17	16.80	8.1
私营企业	2.0	9.77	24.88	23.19

续表

年份	2004	2008	2013	2018
其他企业	—	0.05	0.17	—
港澳台投资企业	0.38	0.51	0.49	3.83
外商投资企业	0.84	0.37	0.70	0.43

资料来源：贵州第一次、第二次、第三次和第四次经济普查数据。

2.1.3　吸纳就业人口与日俱增

民营工业企业的崛起吸纳了大量的劳动力就业。截至 2018 年 12 月，规模以上私营工业企业平均用工人数达 35.68 万人，比 2008 年增加了 17.48 万人，增长 96.04%，年均增长 9.60%，占当年全省规模以上内资工业企业平均用工总人数达 41.68%。2008 年，规模以上私营工业企业平均用工总人数占全省规模以上内资工业企业平均用工总人数的 25.79%。可见，2008～2018 年，贵州省规模以上私营工业企业在吸纳社会就业人口方面越来越发挥重要地位。

表 2-8　　按登记注册类型划分全省规模以上工业企业平均用工人数（2008～2018 年）

单位：万人

年份	2008	2018
内资企业	70.57	85.61
国有企业	20.61	4.90
集体企业	1.11	0.23
股份合作企业	0.92	0.04
联营企业	0.38	—
有限责任公司	22.53	36.43
股份有限公司	6.77	8.24
私营企业	18.20	35.68
其他企业	0.05	0.10
港澳台投资企业	0.89	1.39
外商投资企业	2.04	2.01

资料来源：贵州第一次、第二次、第三次和第四次经济普查数据。

2.1.4　聚集效应日益显著

为了适应市场主体的发展变化，贵州民营工业企业主动调整结构，逐渐形成产业集聚态势。主要是依托贵州省"100 个产业园区"工程等项目，为产业聚集提供了广阔平台，以利于形成产业链，形成聚合效益。2013 年，贵州省开始实施"5 个 100 工程"，其中重点打造 100 个工业园区，以集聚创新资源，培育新兴产业，为民营工业的发展提供了广阔平台，另外，"100 个高效农业示范园区""100 个特色旅游景区"等，也为相关产业的民营工业如农产品加工业、特色旅游商品等提供了契机。2014 年 9 月开始，贵州全省范围启动实施工业"百千万"工程，着重解决工业发展重点难点问题，从扩大增量、加大对外开放、提升招商引资力度、加快引导传统产业等方面为贵州民营工业拓宽发展格局。

2.2 贵州民营经济第二产业各行业发展现状

本小节主要从私营工业、私人控股文化制造业、私人控股文化批零业、私营工业企业 R&D 活动和建筑业五个方面梳理"十三五"期间贵州省第二产业民营经济发展的现状和特点。

2.2.1 私营工业发展现状

贵州私营工业企业绝大部分分布在制造行业。根据统计数据，2018 年末，全省私营工业企业法人单位数共有 3656 家，其中，制造业企业法人单位数有 3032 家，占全部私营工业企业法人单位总数的 82%，其次是采矿业（580 家），电力、热力、燃气及水生产和供应业（44 家）（见图 2－3）。

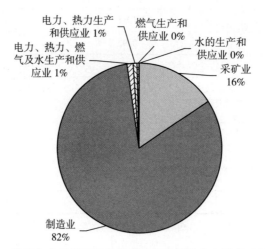

图 2－3　按行业全省第二产业企业法人单位数分布情况（2018 年）
资料来源：贵州省第四次经济普查。

另外，从资产总额数据可发现，私营制造业在全省私营工业企业中贡献最大，资产总计 2100.79 亿元，占全省私营工业企业资产总额的 71.01%，其次为采矿业，资产总计 580 亿元，占全省私营工业企业资产总额 25.75%。另外，在固定资产净额方面，制造业的固定资产净额为 465.24 亿元，采矿业为 190.15 亿元，分别占私营工业企业固定资产净额总额的 65.73% 和 26.86%；在流动资产方面，制造业的流动资产总额共计 1154.8 亿元，采矿业为 342.21 亿元，分别占私营工业企业流动资产净额总额的 76.04% 和 22.53%（见表 2－9）。可见，私营制造业和采矿业资产总额占全部私营工业企业超过 90%，处于绝对控制地位。

在负债方面，制造业的负债额总计 1154.43 亿元，采矿业为 453.75 亿元，分别占私营工业企业负债总额的 68.97% 和 27.11%；在所有者权益方面，制造业的所有者权益总计 946.04 亿元，采矿业为 308.03 亿元，分别占私营工业企业负债总额的 73.66% 和 23.98%（见表 2－9）。

表 2－9　　按行业分组全省私营工业企业主要经济指标（大、中类行业）（2018 年）

金额单位：亿元

行业	资产总计	固定资产净额	流动资产合计	负债合计	所有者权益合计
总计	2958.4	707.81	1518.74	1673.71	1284.28
采矿业	761.88	190.15	342.21	453.75	308.03
制造业	2100.79	465.24	1154.8	1154.43	946.04
电力、热力、燃气及水生产和供应业	95.73	52.43	21.73	65.53	30.2
电力、热力生产和供应业	83.32	47.47	16.5	57.55	25.77
燃气生产和供应业	9.89	4.93	2.85	6.41	3.48
水的生产和供应业	2.52	0.02	2.38	1.58	0.95

资料来源：贵州省第四次经济普查。

在资本组成结构中，2018 年末，私营工业企业的法人资本、个人资本、港澳台资本和外商资本分别为 375.74 亿元、1426.57 亿元、0.05 亿元和 0.07 亿元，占内资企业全部法人资本、个人资本、港澳台资本和外商资本比重分别为 37.34%、90.12%、3.73% 和 1.56%（见表 2－10）。可见，在私营工业企业的资本组成结构中，主要以个人资本为主，外资对私营企业的资本构成贡献非常有限。

表 2－10　　　　　　　　　全省私营工业企业资本结构（2018 年）　　　　金额单位：亿元

项目	内资工业企业合计	私营行业企业				
		私营企业合计	私营独资企业	私营合伙企业	私营有限责任公司	私营股份有限公司
法人资本	1006.32	375.74	6.1	8.16	330.22	31.25
个人资本	1582.93	1426.57	21.39	8.22	1384.75	12.21

续表

项目	内资工业企业合计	私营行业企业				
		私营企业合计	私营独资企业	私营合伙企业	私营有限责任公司	私营股份有限公司
港澳台资本	1.34	0.05	0	0.03	0.02	0
外商资本	4.48	0.07	0	0	0.07	0

资料来源：贵州省第四次经济普查。

在盈亏方面，2018 年末，私营工业企业营业利润总额共计 234.09 亿元，占全省全部内资工业企业营业利润总额的 23.54%；私营工业企业利润总额共计 238.18 亿元，占全省全部内资工业企业利润总额的 23.69%。可见，私营工业企业在全省工业企业利润总额的贡献比较有限。

在经营现状方面，2018 年末，私营工业企业营业收入达 3440.84 亿元，营业成本 2853.82 亿元，成本率为 82.94%，相比全部内资工业企业 74.28% 的成本率高出 8.66%。此外，私营企业的投资收益为 0.91 亿元，相比全省全部内资工业企业 17.67 亿元的投资收益，私营企业的投资收益低得多。

在销售费用、管理费用和财务费用方面，私营工业企业占全部营业收入分别为 3.59%、4.2% 和 0.92%，相比之下，全省内资企业的销售费用、管理费用和财务费用占全部营业收入分别为 3.43%、4.68% 和 2.19%。可见，贵州省私营企业在销售费用、管理费用和财务费用管理总体上比全省内资企业的平均水平要低。也正因此，私营工业企业中亏损额相对较少。根据数据，2018 年末，全省私营工业企业中亏损企业亏损额总计 23.19 亿元，占全省全部内资亏损企业亏损总额只有 18.60%。

表 2–11　　　　全省私营工业企业经营现状（2018 年）　　　　金额单位：亿元

项目	内资企业合计	私营企业				
		私营企业合计	私营独资企业	私营合伙企业	私营有限责任公司	私营股份有限公司
营业收入	9494.52	3440.84	204.24	75.25	3015.29	146.07
营业成本	7052.78	2853.82	165.35	59.05	2522.08	107.35
销售费用	325.31	123.38	6.16	1.87	105.08	10.26
管理费用	444.3	144.63	9.73	4.78	121.18	8.94
财务费用	208.16	31.73	1.93	0.57	25.31	3.92
投资收益	17.67	0.91	0	0	0.8	0.12
营业利润	994.32	234.09	15.25	5.75	202.34	10.75

续表

项目	内资企业合计	私营企业				
		私营企业合计	私营独资企业	私营合伙企业	私营有限责任公司	私营股份有限公司
利润总额	1005.58	238.18	14.84	5.65	206.21	11.48
亏损企业亏损额	124.7	23.19	1.5	1.68	18.05	1.97
平均用工人数（万人）	85.61	35.68	2.59	1.36	29.45	2.27

资料来源：贵州省第四次经济普查。

在规模以上工业企业中，从统计数据来看，贵州省规模以上私营工业企业总体发展规模较小。2018 年末，按登记注册类型全省规模以上私营工业企业资产总计 2958.40 亿元，占全部规模以上内资工业企业资产总额的 19.56%；规模以上私营工业企业固定资产净额总计 707.81 亿元，占全部规模以上内资工业企业固定资产净额的 14.42%，其中，规模以上私营工业企业存货总计 318.58 亿元，占全部规模以上内资工业企业存货总额的 21.91%，规模以上私营工业企业产成品总计 130.30 亿元，占全部规模以上内资工业企业产成品总额的 37.02%。

规模以上私营工业企业不仅发展规模小，而且亏损面也大。根据统计数据，在规模以上工业企业中，全省亏损企业共 778 家，其中，非国有控股企业有 255 家，占全部亏损企业的 32.78%（见表 2 - 12）。规模以上私营工业企业负债总计 1673.71 亿元，占规模以上私营工业企业负债总额的 17.98%（见表 2 - 12）。

表 2 - 12　　　　　　　　全省规模以上工业企业主要经济指标（2018 年）　　　　金额单位：亿元

分组	企业单位数（个）	资产总计	固定资产净额	负债合计	所有者权益合计
总计	5311	15724.71	5118.25	9669.1	6055.19
内资企业	5214	15110.94	4908.99	9307.91	5802.62
私营企业	3656	2958.4	707.81	1673.71	1284.28
私营独资企业	209	202.41	38.04	116.06	86.35
私营合伙企业	101	106.03	30.74	69.68	36.34
私营有限责任公司	3237	2463.31	583.35	1368.87	1094.04
在总计中：亏损企业	778	—	—	—	—
在总计中：非国有控股企业	255	—	—	—	—

资料来源：贵州省第四次经济普查。

2.2.2 私人控股文化制造业发展现状

在文化制造业中，私营企业占据主导地位。根据统计数据，2018年，规模以上私人控股文化制造业企业资产总计666005.4万元，占全部规模以上内资文化制造业企业资产总额的64.13%；规模以下私人控股文化制造业企业资产总计797811.6万元，占全部规模以下全部内资文化制造业企业资产总额的87.98%。并且，规模以下私人控股文化制造业企业资产比规模以上私人控股文化制造业企业多出131806.2万元，高19.8%。

在经营方面，根据统计数据，2018年，规模以上私人控股文化制造业企业营业收入963619万元，营业成本804697.6万元，成本率为83.51%，略低于全省规模以上全部内资企业成本率的84.12%；规模以下私人控股文化制造业企业营业收入444134.6万元，营业成本302150.2万元，成本率为68.03%，略低于全省规模以下全部内资企业成本率的68.25%。规模以下私营控股文化制造业成本率明显低于规模以上私人控股文化制造业，说明规模以下私营控股文化制造业经营效率高于规模以上私营控股文化制造业。正因如此，规模以下私人控股文化制造业营业利润高于规模以上私人控股文化制造业企业。根据统计数据，2018年，规模以上私人控股文化制造业企业的营业利润总额77117.1万元，营业利润率为9.58%；规模以下私人控股文化制造业企业的营业利润总额为96538.81万元，营业利润率为31.95%。

在投资收益方面，规模以下内资文化制造业企业投资收益总额高于规模以上内资文化制造业企业投资收益。根据统计数据，2018年，规模以上私人控股文化制造业企业的投资收益为2444.7万元，和全省规模以上内资文化制造业企业投资收益的2480.4万元相当。规模以下私人控股文化制造业企业的投资收益为2760.89万元，和全省规模以下内资文化制造业企业投资收益的2908.55万元相当。

在纳税方面，根据统计数据，2018年，规模以上私人控股文化制造业企业的上缴税金总额8895.1万元，占全省规模以上内资文化制造业企业上缴税金总额的72.28%；规模以下私人控股文化制造业企业的上缴税金及附加总额6363.97万元，占全省规模以下内资文化制造业企业上缴税金及附加总额的95.57%。虽然规模以下内资文化制造业企业上缴税金总额不及规模以上内资文化制造业企业，但其在上缴税金的贡献率明显较高。

表2-13 　　　　　　　　全省文化制造业企业主要财务指标（2018年）　　　　　金额单位：万元

分组	资产总计	营业收入	营业成本	税金及附加	营业利润	投资收益
规模以上						
内资企业	962788.6	1282570	1078911	12102	79828.7	2480.4
私人控股	666005.4	963619	804697.6	8895.1	77117.1	2444.7

分组	资产总计	营业收入	营业成本	税金及附加	营业利润	投资收益
规模以下						
内资企业	906788.5	477954.5	326199.1	6659.3	102087.9	2908.55
私人控股	797811.6	444134.6	302150.2	6363.97	96538.81	2760.89

资料来源：贵州省第四次经济普查。

2.2.3　私人控股文化批零业发展现状

在私人控股文化批零业中，限额以上私人控股文化批零业企业的发展整体上不及限额以下私人控股文化批零业企业，限额以下私人控股文化批零业在内资文化批零业中的贡献较为突出。

在资产总额方面，根据统计数据，2018 年末，限额以上私人控股文化批零业企业资产总计 179323.2 万元，占全部限额以上内资文化批零业企业资产总额的 20.85%，占比较小；但是，限额以下私人控股文化批零业企业资产总额高达 505778.3 万元，占限额以下全部内资文化批零业企业资产总额高达 86.75%。限额以下私人控股文化批零业企业资产总额比限额以上私人控股文化批零业企业多了 326455.1 万元，是限额以上私人控股文化批零业企业资产总额的 1.82 倍。

在经营方面，2018 年末，限额以上私人控股文化批零业企业营业收入 286417.8 万元，营业成本 250077.7 万元，成本率为 87.31%，略高于全省限额以上全部内资企业成本率的 85.86%，但低于限额以下私人控股文化批零业企业。据统计数据，2018 年末，限额以下私人控股文化批零业企业营业收入 468265 万元，营业成本 376983.6 万元，成本率为 80.51%，与全省规模以下全部内资企业成本率的 80.54% 基本持平，相对限额以上私人控股文化批零业企业，其成本率低了近 7 个百分点。

2018 年末，限额以上私人控股文化批零业企业的营业利润总额 7467.5 万元，营业利润率为 2.99%；限额以下私人控股文化批零业企业的营业利润总额 54655.51 万元，营业利润率为 14.5%。限额以下私人控股文化批零业企业的营业利润比限额以上私人控股文化批零业企业的营业利润多了 47188.01 万元，是限额以上私人控股文化批零业企业的营业利润的 6.32 倍。

在投资收益方面，2018 年末，限额以上私人控股文化批零业企业的投资收益为 45.4 万元，远远低于限额以下私人控股文化批零业企业的投资收益，即 4611.9 万元。相比之下，限额以下私人控股文化批零业企业的投资收益是限额以上私人控股文化批零业企业投资收益的 101.58 倍。

在纳税方面，根据统计数据，2018 年末，限额以上私人控股文化批零业企业的上缴的税金总额 845.3 万元，占全省规模以上内资文化批零业企业上缴税金总额的 79.98%；限额以下私人控股文化批零业企业的上缴税金及附加总额 2488.91 万元，占全省规模以下内资文化批零业企业上缴税金及附加总额的 88.77%。规模以下内资文化批零业企业比规模以上内资文化批零业企业多上缴税金 1643.61 万元，是规模以上内资文化批零业企业上缴税金的 1.94 倍。可见，规模以下内资文化批零业企业在上缴税金方面的贡献明显大于规模以上内资文化批零业企业上缴税金。

表 2 – 14　　　　　全省限额以上私营文化批零业企业主要财务指标（2018 年）　　　单位：万元

分组	资产总计	营业收入	营业成本	税金及附加	营业利润	投资收益
限额以上						
内资企业	860143.8	606035	520371.3	1056.9	27405	45.5
私人控股	179323.2	286417.8	250077.7	845.3	7467.5	45.4
限额以下						
内资企业	582938.4	497037.8	400305	2803.65	57245.21	4706.42
私人控股	505778.3	468265	376983.6	2488.91	54655.51	4611.9

资料来源：贵州省第四次经济普查。

2.2.4　私营文化服务业发展现状

在私人控股文化服务业中，规模以上私人控股文化服务业企业的发展整体上不及规模以下私人控股文化服务业企业，规模以下私人控股文化服务业在内资文化服务业中的贡献较为突出。

在资产总额方面，规模以上私人控股文化服务业企业资产总额大大低于规模以下私人控股文化服务业企业资产总额。根据统计数据，2018 年末，规模以上私人控股文化服务业企业资产总计 1013622 万元，规模以下私人控股文化服务业企业资产总计 13274027 万元，比规模以上私人控股文化服务业企业资产总额多了 12260405 万元，是规模以上私人控股文化服务业企业资产总额的 12.1 倍。

2018 年末，规模以上私人控股文化服务业企业营业收入 567057.6 万元，规模以下私人控股文化服务业企业营业收入 2553206 万元，是规模以上私人控股文化服务业企业营业收入的 4.5 倍。另外，2018 年末，规模以上私人控股文化服务业企业的营业成本是 350854.8 万元，成本率为 61.87%；规模以下私人控股文化服务业企业营业成本 1825979 万元，成本率为 71.52%，比规模以上私人控股文化服务业企业高了 10 个百分点。

虽然规模以下私人控股文化服务业企业成本率高于规模以上私人控股文化服务业企业，但其营业利润率却比规模以上私人控股文化服务业企业高了近 10 个百分点。根据统计数据，2018 年末，规模以上私人控股文化服务业企业的营业利润总额 47440.3 万元，营业利润率为 13.52%，规模以下私人控股文化服务业企业的营业利润总额 435328.1 万元，营业利润率为 23.84%。规模以下私人控股文化服务业企业的营业利润总额明显高于规模以上私人控股文化服务业企业的营业利润总额，是其 9.18 倍。

在投资收益方面，根据统计数据，2018 年末，规模以上私人控股文化服务业企业的投资收益为 223.7 万元，远低于规模以下私人控股文化服务业企业的投资收益，即 22157.27 万元。规模以下私人控股文化服务业企业投资收益是规模以上私人控股文化服务业企业的 99 倍。

在上缴税金方面，规模以下私人控股文化服务业企业比规模以上私人控股文化服务业企业的贡献显著得多。根据统计数据，2018 年末，规模以上私人控股文化服务业企业的上缴税金共 7902.7 万元，占全省规模以上内资文化服务业企业上缴税金总额的 49.11%；规模以下私人控股文化服务业企业的上缴税金及附加总额 24133.34 万元，占全省规模以下内资文化服务业企业上缴税金及附加总额的 63.98%；规模以下内资文化服务业企业上缴税金比规模以上内资文化服务业企业上缴税金多了 16230.64 万元，是规模以上内资文化服务业企业上缴税金的 2 倍。

表 2－15　　　　　全省规模以上私营文化服务业企业主要财务指标（2018 年）　　　　　单位：万元

分组	资产总计	营业收入	营业成本	税金及附加	营业利润	投资收益
规模以上						
内资企业	7118880	1702336	1115770	16079.7	155173.9	5656.1
私人控股	1013622	567057.6	350854.8	7902.7	47440.3	223.7
规模以下						
内资企业	38065088	3215969	2298112	37693.4	621632.3	40217.33
私人控股	13274027	2553206	1825979	24133.34	435328.1	22157.27

资料来源：贵州省第四次经济普查。

2.2.5　私营工业企业 R&D 活动发展现状

在参与 R&D 相关活动方面，私营企业发展规模已占据全省一半以上市场。根据统计数据，2018 年末，全省参与 R&D 活动的私营企业有 561 家，占全部参与 R&D 活动的内资企业 60.39%；全省拥有研发机构的私营企业共计 227 家，占全部拥有研发机构的内资企业 57.32%；全省有新产品销售的私营企业 362 家，占全部有新产品销售的内资企业 56.30%。

表 2－16　　　　　　　　全省私营企业 R&D 基本情况（2018 年）

登记注册类型	有 R&D 活动的企业		有研发机构的企业		有新产品销售的企业	
	总计（个）	占内资企业百分比	总计（个）	占内资企业百分比	总计（个）	占内资企业百分比
内资企业	929		396		643	
私营企业	561	60.39%	227	57.32%	362	56.30%
其中：大中型内资企业	185		99		139	
大中型私营企业	49	26.49%	23	23.23%	32	23.02%

资料来源：贵州省第四次经济普查。

虽然私营企业已成为贵州科技创新的生力军，但其创新成果较一般。根据统计数据，2018 年末，私营企业共创造 979 个 R&D 项目，占全部内资企业只有 35.19%。在新产品开发及销售方面，2018 年末，私营企业共开发 909 个新产品项目，占全部内资企业新产品开发项目总数的 30.13%；2018 年末，私营企业新产品销售收入有 1382869 万元，占全部内资企业新产品销售收入的 19.24%；在新产品出口方面，2018 年末，私营企业只实现 1838 万元出口额，占全部内资新产品出口额 1%。

表 2 - 17　　　　　　　**全省私营企业新产品开发及销售情况（2018 年）**　　　　单位：万元

登记注册类型	R&D 项目数（项）	新产品开发项目数（项）	新产品销售收入	新产品出口
总计		3102	7469914	183179
内资企业	2782	3017	7188153	176215
私营企业	979	909	1382869	1838
大中型内资企业	1359	1567	5621128	167421
大中型私营企业	123	91	562490	991

资料来源：贵州省第四次经济普查。

在自主知识产权产出方面，2018 年末，私营企业在专利申请数、有效发明专利数、注册商标数和行业标准数方面占内资企业均在 20% 上下。

表 2 - 18　　　　　　　**全省私营企业自主知识产权及相关情况（2018 年）**

登记注册类型	专利申请数（件）	发明专利	有效发明专利数（件）	拥有注册商标数（件）	形成国家或行业标准数（项）
总计	5976	2611	6544	4193	180
内资企业	5895	2574	6407	3880	177
私营企业	1443	611	1322	636	35
大中型内资企业	3739	1643	4089	2949	106
大中型私营企业	191	86	296	187	13

资料来源：贵州省第四次经济普查。

相对科技创新成果，私营企业 R&D 项目在吸收社会就业方面在全省略有贡献。根据统计数据，2018 年末，私营企业共有 12737 个 R&D 人员，占内资企业 R&D 人员总数的 34.44%；共有 11118 人参加私营企业 R&D 项目，占全部内资企业的 33.76%；私营企业有 2215 个研究人员，占内资企业研究人员的 24.45%；私营企业有 8513 个全时人员，占内资企业全时人员总数的 39.31%。但是，在私营企业办研发机构人员方面，私营企业高层次人才（博士、硕士）较少，分别只有 72 人和 176 人，占内资企业的 36.92% 和 10.53%。

表 2-19　　　　　　　　　全省私营企业 R&D 人员情况（2018 年）

登记注册类型	R&D 人员合计（人）		研究人员（人）		全时人员（人）	
	总计	占内资企业百分比	总计	占内资企业百分比	总计	占内资企业百分比
内资企业	36980		9058		21658	
私营企业	12737	34.44%	2215	24.45%	8513	39.31%
其中：大中型内资企业	22742		6002		12347	
大中型私营企业	3743	16.46%	468	7.8%	2771	22.44%

资料来源：贵州省第四次经济普查。

在政府相关政策落实情况方面，私营企业获得政府政策资助力度相对较小。根据统计数据，2018 年末，私营企业获得政府部门研究开发经费相对参与 R&D 活动企业数量而言较少，共计 11101 万元，仅占内资企业的 19.05%。在减免税方面也仅占 13% 上下，而高新技术企业减免税私营企业仅占内资企业的 12.57%。

表 2-20　　　　　　全省私营企业政府相关政策落实情况（2018 年）　　　　　　单位：万元

登记注册类型	来自政府部门的研究开发经费	研究开发费用加计扣除减免税	高新技术企业减免税
内资企业	58270	21388	36704
私营企业	11101	2866	4613
大中型内资企业	44352	14971	29899
大中型私营企业	2484	601	2753

资料来源：贵州省第四次经济普查。

对大中型私营企业而言，其参与 R&D 相关活动的贡献低于私营企业平均水平。根据统计数据，2018 年末，在有 R&D 活动的大中型内资企业中，大中型私营企业仅 49 个，占有 R&D 活动的私营企业和大中型内资企业分别为 8.73% 和 26.49%；有研发机构的大中型私营企业仅 23 个，占有研发机构的私营企业和大中型内资企业分别为 10.13% 和 23.23%；有新产品销售的大中型私营企业 32 个，占有新产品销售的私营企业和大中型内资企业分别为 8.84% 和 23.02%。可见，在有 R&D 活动、有研发机构和有新产品销售的大中型内资企业中，私营企业的参与程度均较低。

在科技创新成果方面，贵州省大中型私营企业的贡献也是比较微薄的。根据统计数据，2018 年末，全省大中型私营企业只有 123 个 R&D 项目，占私营企业和大中型内资企业 R&D 项目数分别为 12.56% 和 9.05%，可见，私营企业 R&D 项目成果主要来自小型私营企业；在新产品开发及销售方面，2018 年末，大中型私营企业共实现 91 项新产品开发，占私营企业和大中型内资企业新产品开发项目总数分别为 10% 和 5.8%；2018 年末，大中型私营企业共实现新产品销售收入 562490 万元，占内资企业和大中型内资企业新产品销售收入总额的 40.68% 和 10%。在新产品出口方面，2018 年末，大中型私营企业只实现 991 万元出口额，占私营企业和大中型内资企业新产品出口额分别为 53.9% 和 0.6%；在自主知识产权产出方面，2018 年末，大中型私营企业在专利申请数、有效发明专利数、注册商标数和行业标准数方面占大中型内资企业的 10% 以下。

在吸收社会就业方面，2018 年末，大中型私营企业共有 3743 个 R&D 人员，占私营企业和大中型内资企业 R&D 人员数分别为 29.39% 和 16.46%；大中型私营企业中研究人员仅 468 人，占私营企业和大中型内资企业研究人员分别为 21.13% 和 7.8%；大中型私营企业中全时人员有 2771 人，占私营企业和大中型内资企业全时人员分别为 32.55% 和 22.44%。与企业数量相比，大中型企业参与人数数量较多，人员力量较大。

在政府相关政策落实方面，大中型私营企业在政府部门研究开发经费、研究开发费用加计扣除减免税和高新技术企业减免税分别占私营企业的 22.38%、20.97% 和 59.68%。整体上，大中型私营企业对私营企业的高新技术贡献率较高，这与高层次人才集中有关。

2.2.6　建筑业发展现状

建筑活动是人类的基本活动，是国民经济中专门从事建筑安装工程施工的物质生产部门，不仅为人类的各种活动提供场所，还为越来越复杂的城市网络构筑了基础的连接纽带，其产品满足了生产与服务行业的需求。在我国，建筑业历来是资源、城市化进程、三农、农民工、环境、经济增长等各种社会经济问题的焦点，尤其与经济增长息息相关。在我国经济发展的大背景下，建筑业发展规模越来越庞大，是吸纳城镇劳动力、支撑地方经济和致富农民的重要产业。经过多年的发展，我国建筑业已发展成为我国国民经济的支柱和基础性产业，我国的建筑业已逐渐发挥出其主导产业的地位，具有贡献率高、关联度强、就业比重高的显著特征，为我国经济与社会的长期繁荣稳定提供有力支撑。

就贵州省而言，2018 年贵州省共有非国有、集体性质的建筑业企业法人单位 19366 个，占全部建筑业企业法人单位 99.2%。在建筑业企业法人单位中，内资企业 19516 个，占 99.9%，其中，私营企业占 81.9%。建筑业企业法人单位从业人员中，内资企业占 99.9%。其中，私营企业占 33.7%。

第 3 章

贵州民营经济第三产业
发展概述

第三产业是除第一、第二产业外的其他各产业，亦称服务业，其发展水平是衡量生产社会化程度和市场经济发展水平的重要标志，积极发展第三产业是促进市场经济发育、优化各类资源配置、提高国民经济整体效益和效率的重要途径。第三产业是贵州省经济发展的重要组成部分，具有特殊地位和作用。改革开放以来，贵州省国民经济的持续快速发展，综合实力的不断增强，离不开第三产业的支撑。近年来，随着新冠肺炎疫情带来的负面影响，我国经济发展面临需求收缩、供给冲击、预期转弱三重压力。在疫情冲击下，百年变局加速演进，外部环境更趋复杂严峻和不确定，贵州省第三产业，特别是民营经济第三产业的发展面临巨大挑战，未来贵州省第三产业的健康发展与否，对贵州省国民经济将带来重大影响。本章将以贵州省四次经济普查数据为基础，总结贵州省民营经济第三产业 2004~2018 年期间的发展情况；同时，本章还具体对贵州省民营经济第三产业各行业发展现状进行详细剖析。

3.1　贵州民营经济第三产业发展总概述

3.1.1　发展规模

按照全国经济普查统计口径，我国第三产业具体被划分为交通运输、仓储和邮政业，信息传输、计算机服务和软件业、批发业和零售业、住宿餐饮业、金融业、租赁和商品服务业、科学研究、技术服务和地质勘查业、水利、环境和公共设施管理业、教育业、卫生、社会保障和社会福利业与文化、体育和娱乐业共 13 个大类（在后续表格列示中，为表达精确，会把"批发零售业"拆成"批发业"和"零售业"，把"住宿餐饮业"拆成"住宿业"和"餐饮业"）。根据贵州省四次经济普查统计数据（2004 年、2008 年、2013 年和 2018 年）结果显示，2004 年末第三产业 13 个行业共有企业法人单位数 14638 个，其中按登记注册类型划分，私营企业共有 5156 个，占当年全部第三产业企业法人单位总数约 35%；2008 年末，全省第三产业企业法人单位数增加到 24635 个，其中私营企业法人单位数也增加到 10959 个，占当年全部第三产业法人单位总数增加数的约 45%；2013 年，全省第三产业及其私营企业的企业法人单位数继续增加，但私营企业法人单位数占比却减少到 31%，但到 2018 年，私营企业法人单位数占比却一跃增加到约 83%。可见，相比"十一五"和"十二五"，在"十三五"期间，贵州省第三产业民营经济发展体量增长速度极其迅猛。

表 3-1　　　全省民营经济第三产业各行业企业法人单位数及占比（2004～2018 年）

项目	2004 年	2008 年	2013 年	2018 年
总计（个）	14638	24635	39971	208101
其中：私营（个）	5156	10959	12392	173483
私营占比（%）	35.22	44.49	31.00	83.36

资料来源：贵州第一次、第二次、第三次和第四次经济普查。

具体到每一行业，全省民营经济第三产业各行业私营企业法人单位数在各行业法人单位总数的占比也是呈现明显上升趋势。例如，私营交通运输、仓储和邮政业企业法人单位数占全省全部交通运输、仓储和邮政业法人单位总数从 2004 年的约 29% 逐年增加，到 2018 年上升到约 80%；私营信息传输、计算机服务和软件业企业法人单位数占比从 2004 年的 50.42% 增加到 2018 年的 79.08%；私营批发业企业法人单位数占比从 2004 年的 29.14% 增加到 2018 年的 85.72%。

表 3-2　　　全省私营企业法人单位数占比在各行业的分布（2004～2018 年）

项目	2004 年	2008 年	2013 年	2018 年
交通运输、仓储和邮政业	28.98%	39.86%	41.58%	79.64%
信息传输、计算机服务和软件业	50.42%	73.74%	36.88%	79.08%
批发业	29.14%	37.85%	44.15%	85.72%
零售业	33.90%	50.10%	57.17%	88.81%
住宿业	26.76%	44.23%	57.55%	86.86%
餐饮业	52.51%	65.22%	78.02%	93.72%
金融业	6.71%	16.43%	—	38.44%

续表

项目	2004 年	2008 年	2013 年	2018 年
房地产业	42.71%	41.27%	36.77%	66.98%
租赁和商品服务业	38.08%	36.16%	39.52%	77.15%
科学研究、技术服务和地质勘查业	23.37%	28.16%	25.24%	75.92%
水利、环境和公共设施管理业	24.19%	33.77%	19.04%	64.19%
居民服务和其他服务	48.00%	56.14%	64.31%	88.89%
教育业	60.71%	64.97%	11.65%	84.51%
卫生、社会保障和社会福利业	58.43%	71.43%	15.66%	85.73%
文化、体育和娱乐业	45.54%	47.54%	54.19%	87.75%

资料来源：贵州第一次、第二次、第三次和第四次经济普查。

在民营经济第三产业 13 个大类行业中，从历年统计数据来看，全省私营企业法人单位数占比最大的产业是批发业和零售业。2004 年，全省私营批发、零售业企业法人单位数占全省第三产业私营企业法人单位总数 45%，2008 年为 44%，2013 年为 46%，2018 年为 45%。具体到每一年，2004 年，在全省民营经济第三产业 13 个大类行业中，企业法人单位数占比前三的行业分别为批发、零售业（45%）、房地产业（19%），及租赁和商品服务业（8%），最少的是金融业。

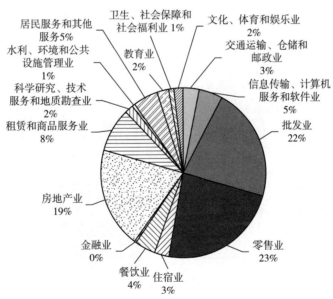

图 3 - 1　贵州省民营经济第三产业企业法人单位数在各行业的分布情况（2004 年）
资料来源：贵州第一次经济普查。

2008 年，在全省民营经济第三产业 13 个大类行业中，企业法人单位数占比前三的行业分别为批发、零售业（44%）、房地产业（13%），及信息传输、计算机服务和软件业（10%），最少的是金融业和文化、体育和娱乐业。

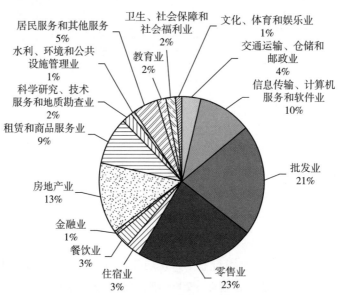

图 3 - 2　全省民营经济第三产业企业法人单位数在各行业的分布情况（2008 年）

资料来源：贵州第二次经济普查。

2013 年，在全省民营经济第三产业 13 个大类行业中，企业法人单位数占比前三的行业分别为批发、零售业（46%）、租赁和商品服务业（12%）及住宿和餐饮业（9%），最少的依然是金融业。

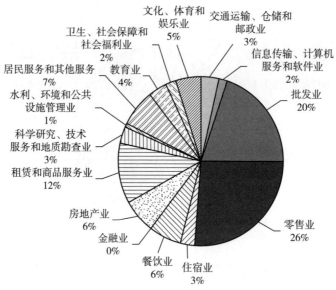

图 3 - 3　贵州省民营经济第三产业企业法人单位数在各行业的分布情况（2013 年）

资料来源：贵州第三次经济普查。

2018 年，在全省民营经济第三产业 13 个大类行业中，企业法人单位数占比前三的行业分别为批发、零售业（45%）、租赁和商品服务业（15%）及餐饮住宿业（9%），最少的依然是金融业。

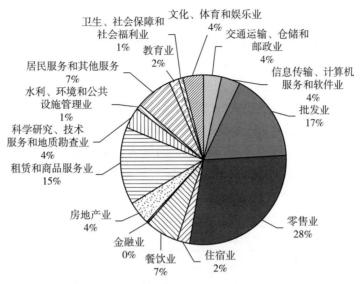

图 3 - 4　全省民营经济第三产业企业法人单位数在各行业的分布情况（2018 年）

资料来源：贵州第四次经济普查。

表 3 - 3　　　按行业、按登记注册类型划分全省企业法人单位数（2004 ~ 2018 年）　　　单位：个

项目	2004 年		2008 年		2013 年		2018 年	
	总计	私营	总计	私营	总计	私营	总计	私营
交通运输、仓储和邮政业	566	164	1026	409	2648	1101	7602	6054
信息传输、计算机服务和软件业	472	238	1546	1140	1410	520	8097	6403
批发业	3837	1118	6143	2325	14080	6217	34434	29516
零售业	3555	1205	5086	2548	14302	8177	55626	49399
住宿业	553	148	676	299	1517	873	4916	4270
餐饮业	398	209	483	315	2543	1984	12055	11298
金融业	298	20	487	80	—	—	1488	572
房地产业	2318	990	3608	1489	5550	2041	11560	7743
租赁和商品服务业	1137	433	2735	989	9129	3608	33296	25688
科学研究、技术服务和地质勘查业	368	86	806	227	3919	989	9136	6936
水利、环境和公共设施管理业	124	30	228	77	1224	233	2642	1696
居民服务和其他服务	525	252	953	535	3418	2198	13789	12257
教育业	196	119	294	191	9880	1151	3866	3267
卫生、社会保障和社会福利业	89	52	280	200	3998	626	1703	1460
文化、体育和娱乐业	202	92	284	135	2853	1546	7891	6924

资料来源：历年贵州省经济普查数据。

3.1.2 社会就业

根据贵州省四次经济普查统计数据（2004 年、2008 年、2013 年和 2018 年）结果显示，2004 年末第三产业 13 个行业共有从业人员 510363 人，其中按登记注册类型划分，私营企业共有 91629 人，占当年全部第三产业企业法人单位从业人员总数的约 18%；2008 年末，全省第三产业企业法人单位从业人员增加到 565745 人，其中私营企业法人单位数也增加到 140035 人，占当年全部第三产业法人单位总数增加到约 25%；2013 年，全省第三产业及其私营企业的企业法人单位从业人员总数继续增加，但私营企业法人单位从业人员数占比却减少到约 15%，但到 2018 年，私营企业法人单位从业人员占比却一跃增加到约 63%。可见，相比"十一五"和"十二五"，在"十三五"期间，贵州省第三产业民营经济从业人员增加速度相当快。

表 3 - 4　全省民营经济第三产业各行业企业法人从业人员及占比（2004～2018 年）

项目	2004 年	2008 年	2013 年	2018 年
总计（人）	510363	565745	1169232	1960158
其中：私营（人）	91629	140035	173121	1227165
私营占比（%）	17.95	24.75	14.81	62.61

资料来源：历年贵州省经济普查数据。

具体到每一行业，全省民营经济第三产业各行业私营企业法人单位从业人员在各行业法人单位从业人员总数的占比也是呈现明显上升趋势。例如，私营交通运输、仓储和邮政业企业法人单位从业人员数占全省全部交通运输、仓储和邮政业法人单位从业人员总数从 2004 年的约 7% 逐年增加，到 2018 年上升到约 39%；私营信息传输、计算机服务和软件业企业法人单位从业人员占比从 2004 年的约 5% 增加到 2018 年的约 45%；私营批发业企业法人单位从业人员数占比从 2004 年的约 13% 增加到 2018 年的约 65%。

表 3 - 5　全省私营企业法人单位从业人员占比在各行业的分布（2004～2018 年）　单位：%

项目	2004 年	2008 年	2013 年	2018 年
交通运输、仓储和邮政业	7.18	12.88	17.30	38.94
信息传输、计算机服务和软件业	5.22	21.05	8.05	44.61
批发业	12.75	17.79	27.85	64.95
零售业	25.43	36.24	38.12	75.36
住宿业	20.27	36.47	35.46	66.83
餐饮业	48.57	56.97	55.61	86.58
金融业	0.21	0.87	—	40.62

续表

项目	2004 年	2008 年	2013 年	2018 年
房地产业	37.91	35.70	30.73	52.82
租赁和商品服务业	23.91	17.30	26.87	62.41
科学研究、技术服务和地质勘查业	12.42	14.95	12.90	53.31
水利、环境和公共设施管理业	14.42	26.18	8.29	32.33
居民服务和其他服务	34.46	48.17	49.68	80.31
教育业	42.34	61.69	5.16	78.90
卫生、社会保障和社会福利业	39.94	61.64	11.23	74.54
文化、体育和娱乐业	30.64	38.58	30.94	71.23

资料来源：历年贵州省经济普查数据。

在民营经济第三产业 13 个大类行业中，从历年统计数据来看，全省私营企业法人单位从业人员占比最大的产业是批发、零售业。2004 年，全省私营批发、零售业企业法人单位从业人员占全省第三产业私营企业法人从业人员总数 32%，2008 年为 31%，2013 年为 21%，2018 年为 31%。具体到每一年，2004 年，在全省民营经济第三产业 13 个大类行业从业人员总数中，企业法人单位从业人员占比前三的行业分别为批发、零售业（32%），房地产业（22%）及餐饮和住宿业（16%），最少的是金融业。

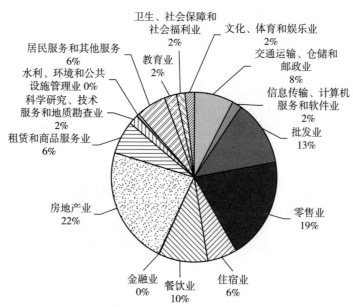

图 3 - 5　贵州省民营经济第三产业从业人员在各行业的分布情况（2004 年）

资料来源：《贵州经济普查统计年鉴：2004》。

2008 年，在全省民营经济第三产业 13 个大类行业从业人员总数中，企业法人单位从业人员占比前三的行业分别为批发、零售业（31%），房地产业（19%）及餐饮和住宿业

（15%），最少的依然是金融业。

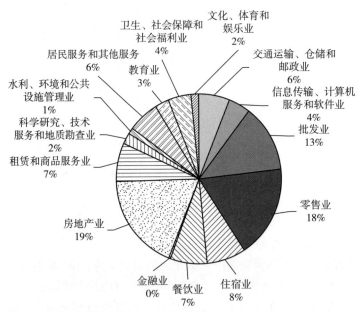

图3－6　全省民营经济第三产业从业人员在各行业的分布情况（2008年）

资料来源：《贵州经济普查统计年鉴：2008》。

2013年，在全省民营经济第三产业13个大类行业从业人员总数中，企业法人单位从业人员占比前三的行业分别为批发、零售业（21%）、房地产业（12%）及餐饮和住宿业（12%），最少的依然是金融业。

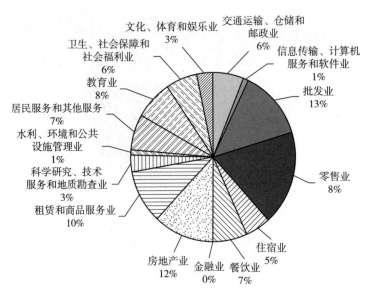

图3－7　全省民营经济第三产业从业人员在各行业的分布情况（2013年）

资料来源：《贵州经济普查统计年鉴：2013》。

2018 年，在全省民营经济第三产业 13 个大类行业从业人员总数中，企业法人单位从业人员占比前三的行业分别为批发、零售业（31%），租赁和商品服务业（17%）及餐饮和住宿业（10%），最少的依然是金融业。

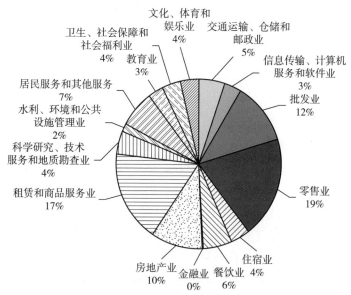

图 3 - 8　全省民营经济第三产业从业人员在各行业的分布情况（2018 年）

资料来源：贵州省第四次经济普查。

表 3 - 6　按行业、登记注册类型划分全省企业法人单位就业人数（2004～2018 年）　单位：人

项目	2004 年		2008 年		2013 年		2018 年	
	总计	私营	总计	私营	总计	私营	总计	私营
交通运输、仓储和邮政业	97458	6999	65899	8489	120903	20918	160400	62454
信息传输、计算机服务和软件业	32120	1677	28478	5994	44038	3543	91370	40763
批发业	90538	11542	101265	18018	165912	46199	223116	144915
零售业	69988	17795	68194	24713	164657	62772	316139	238228
住宿业	26328	5336	29277	10678	48506	17202	69214	46255
餐饮业	18072	8778	17661	10061	41996	23352	79723	69026
金融业	50085	103	57329	498	—	—	6814	2768
房地产	54568	20689	72815	25995	134395	41293	234031	123605
租赁和商品服务业	24045	5748	59164	10236	132065	35491	343673	214495
科学研究、技术服务和地质勘查业	13585	1687	19946	2981	86173	11120	102142	54455
水利、环境和公共设施管理业	3446	497	6096	1596	41169	3414	58101	18784
居民服务和其他服务	15641	5390	17756	8553	47442	23567	106706	85697

项目	2004 年		2008 年		2013 年		2018 年	
	总计	私营	总计	私营	总计	私营	总计	私营
教育业	5099	2159	6301	3887	501743	25868	46243	36485
卫生、社会保障和社会福利业	3783	1511	10108	6231	190940	21446	60100	44796
文化、体育和娱乐业	5607	1718	5456	2105	35305	10922	62386	44439

资料来源：历年贵州省经济普查数据。

3.1.3　财务状况

1. 资产总额。

根据贵州省四次经济普查统计数据（2004 年、2008 年、2013 年和 2018 年）结果显示，2004 年末第三产业 13 个行业（由于统计数据缺少，该部分数据不包括交通运输、仓储和邮政业与信息传输、计算机服务和软件业）资产总额达 4548.66 亿元，其中按登记注册类型划分，私营企业资产总额只有 269.16 亿元，占当年全部第三产业资产总额不足 6%；2008 年末，全省第三产业资产总额增加到 8725.65 亿元，其中私营企业资产总额也增加到 696.13 亿元，占当年全部第三产业资产总额的约 8%；2013 年，全省第三产业及其私营企业的资产总额继续增加，私营企业资产总额占比增加到超 13%；但到 2018 年，私营企业资产总额占比相比 2013 年略微降低，只有不足 12.7%。

表 3 - 7　　　　　全省第三产业私营企业资产总额及占比（2004 ~ 2018 年）

项目	2004 年	2008 年	2013 年	2018 年
总计（亿元）	4548.66	8725.65	20781.18	68412.68
其中：私营企业（亿元）	269.16	696.13	2732.98	8672.47
私营企业占比（%）	5.92	7.98	13.15	12.68

资料来源：贵州省历年经济普查。

具体到每一行业，全省民营经济第三产业各行业私营企业资产总额在各行业资产总额的占比也呈现明显上升趋势。例如，私营批发业资产总额占全省全部批发业资产总额从 2004 年的约 8% 逐年增加，到 2018 年上升到约 27%；私营零售业资产总额占比从 2004 年的约 24% 增加到 2018 年的约 44%；私营住宿业资产总额占比从 2004 年的约 10% 增加到 2018 年的约 59%。

表 3 - 8　　　全省第三产业私营企业资产总额占比在各行业的分布（2004 ~ 2018 年）　　单位：%

项目	2004 年	2008 年	2013 年	2018 年
批发业	8.12	10.27	11.46	26.96
零售业	23.97	30.24	20.75	43.94

续表

项目	2004 年	2008 年	2013 年	2018 年
住宿业	10.42	33.09	31.24	58.58
餐饮业	39.95	48.46	48.84	80.41
金融业	0.03	0.06	—	—
房地产业	38.65	36.46	24.63	25.08
租赁和商品服务业	3.92	2.62	2.58	5.14
科学研究、技术服务和地质勘查业	6.09	5.55	15.09	8.24
水利、环境和公共设施管理业	0.40	15.45	2.87	3.18
居民服务和其他服务	28.74	38.93	29.54	48.99
教育业	40.89	61.13	41.11	39.17
卫生、社会保障和社会福利业	28.88	54.79	48.72	41.30
文化、体育和娱乐业	12.53	10.26	9.01	24.15

资料来源：贵州省历年经济普查。

在民营经济第三产业 13 个大类行业中，从历年统计数据来看，全省私营企业资产总额占比最大的产业是房地产业。2004 年，全省私营房地产企业资产总额占当年全省第三产业私营企业资产总额达 68%，2008 年为 70%，2013 年为 59%，2018 年为 41%。具体到每一年，2004 年，在全省民营经济第三产业 13 个行业资产总额中，资产总额占比前三的行业分别为房地产业（68%）、批发和零售业（19%）及租赁和商品服务业（4%）、住宿和餐饮业（4%）。

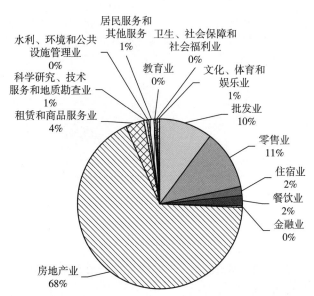

图 3-9　全省民营经济第三产业企业资产在各行业的分布（2004 年）

资料来源：《贵州经济普查年鉴：2004》。

2008 年，在全省民营经济第三产业 15 个行业资产总额中，资产总额占比前三的行业分别为房地产业（70%）、批发业和零售业（19%）及租赁和商品服务业（4%）。

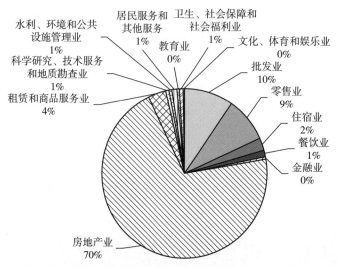

图 3 - 10　全省民营经济第三产业企业资产在各行业的分布（2008 年）

资料来源：《贵州经济普查年鉴：2008》。

2013 年，在全省民营经济第三产业 13 个行业资产总额中，资产总额占比前三的行业分别为房地产业（59%）、批发和零售业（19%）及租赁和商品服务业（8%）。

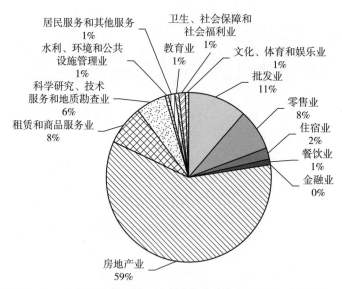

图 3 - 11　全省民营经济第三产业资产在各行业的分布（2013 年）

资料来源：《贵州经济普查年鉴：2013》。

　　2018 年，在全省民营经济第三产业 13 个行业资产总额中，资产总额占比前三的行业分别为房地产业（41%）、批发业和零售业（24%）及租赁和商品服务业（21%）。

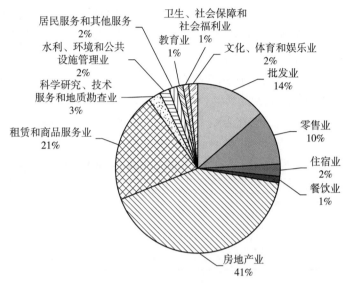

图 3 - 12　贵州省民营经济第三产业资产在各行业的分布（2018 年）

资料来源：贵州第四次经济普查。

表 3 - 9　　　　按行业、登记注册类型划分全省企业资产总额（2004～2018 年）　　单位：亿元

项目	2004 年		2008 年		2013 年		2018 年	
	总计	私营	总计	私营	总计	私营	总计	私营
批发业	343.81	27.91	647.84	66.55	2728	312.54	4621.99	1246.24
零售业	127.89	30.66	198.04	59.89	1046	217	2146.11	943.03
住宿业	43.87	4.57	50.2	16.61	187.53	58.58	363.53	212.94
餐饮业	13.09	5.23	17.87	8.66	59.85	29.23	137.56	110.61
金融业	2988	0.82	5361.4	3.23	—	—	—	—
房地产业	470.69	181.92	1346.8	491.09	6574	1619	14884.35	3733.18
租赁和商品服务业	247.26	9.7	948.39	24.84	8034.3	207.35	36718.37	1888.29
科学研究、技术服务和地质勘查业	27.43	1.67	80.52	4.47	1088.12	164.22	2692.32	221.78
水利、环境和公共设施管理业	262.59	1.05	25.44	3.93	625.6	17.95	5363.14	170.55
居民服务和其他服务	9.43	2.71	17.39	6.77	114.65	33.87	297.69	145.85
教育业	2.25	0.92	5.12	3.13	49.89	20.51	279.94	109.64
卫生、社会保障和社会福利业	2.77	0.8	9.49	5.2	70.77	34.48	244.41	100.93
文化、体育和娱乐业	9.58	1.2	17.15	1.76	202.47	18.25	663.27	160.17

2. 营业收入。

在营业收入方面，根据贵州省四次经济普查统计数据（2004 年、2008 年、2013 年和 2018 年）结果显示，第三产业 13 个行业（由于统计数据缺少，该部分数据不包括交通运输、仓储和邮政业与信息传输、计算机服务和软件业）2004 年全年营业收入达 1033.63 亿元，其中按登记注册类型划分，私营企业 2004 年全年营业收入只有 160.15 亿元，占当年全部第三产业营业收入的约 15%；2008 年全年，全省第三产业营业收入增加到 2478.36 亿元，其中私营企业营业收入也增加到 300.67 亿元，占当年全部第三产业营业收入的约 12%；2013 年，全省第三产业及其私营企业的营业收入继续增加，私营企业全年营业收入占比仍维持在 15% 左右；但到 2018 年，私营企业营业收入占比有所提升，增加到近 28%。

表 3 - 10　　　　　全省第三产业全年营业收入（2004 ~ 2018 年）

项目	2004 年	2008 年	2013 年	2018 年
总计（亿元）	1033.63	2478.36	5982.18	16406.23
其中：私营（亿元）	160.15	300.67	909.94	4555.07
私营占比	15.49%	12.13%	15.21%	27.76%

资料来源：历年贵州经济普查。

具体到每一行业，全省民营经济第三产业各行业私营企业全年营业收入在各行业营业收入总额的占比也是呈现明显上升趋势。例如，全省私营批发业当年营业收入占全部批发业当年营业收入总额从 2004 年的约 11% 增加到 2018 年的约 32%；私营零售业全年营业收入占比从 2004 年的约 29% 增加到 2018 年的约 47%；私营住宿业全年营业收入占比从 2004 年的约 17% 增加到 2018 年的约 63%。

表 3 - 11　　全省私营企业法人单位全年营业收入占比在各行业的分布（2004 ~ 2018 年）　　单位：%

项目	2004 年	2008 年	2013 年	2018 年
批发业	11.01	10.55	9.25	32.05
零售业	29.24	24.48	19.97	47.18
住宿业	17.23	28.05	29.09	62.62
餐饮业	52.98	51.42	50.33	83.88
金融业	0.03	0.09	—	—
房地产业	41.27	40.80	27.54	33.91
租赁和商品服务业	21.35	12.78	9.66	37.86
科学研究、技术服务和地质勘查业	7.04	7.19	9.52	36.26
水利、环境和公共设施管理业	1.88	16.62	18.18	14.23

项目	2004 年	2008 年	2013 年	2018 年
居民服务和其他服务	31.79	43.20	45.03	78.94
教育业	31.25	55.62	46.00	55.99
卫生、社会保障和社会福利业	27.61	47.13	38.37	51.65
文化、体育和娱乐业	12.61	15.82	41.53	63.32

资料来源：历年贵州经济普查。

在民营经济第三产业 13 个行业中，从历年统计数据来看，全省私营企业当年营业收入占比最大的产业是批发业。2004 年，全省私营批发业全年营业收入占当年全省第三产业私营企业营业收入总额达 35%，2008 年为 38%，2013 年为 32%，2018 年为 39%。具体到每一年，2004 年，在全省民营经济第三产业 13 个行业当年营业收入总额中，当年营业收入总额占比前三的行业分别为批发业和零售业（65%）、房地产业（25%）及餐饮业与租赁和商品服务业（均为 3%）。

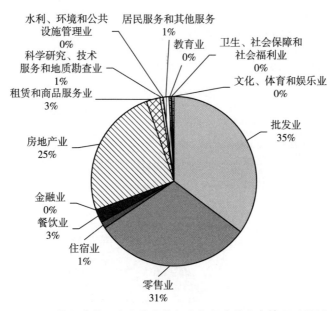

图 3-13 民营经济第三产业营业收入在各行业的分布情况（2004 年）

资料来源：《贵州经济普查年鉴：2004》。

2008 年，在全省民营经济第三产业 13 个行业当年营业收入总额中，当年营业收入总额占比前三的行业分别为批发业和零售业（65%）、房地产业（23%）及租赁和商品服务业（3%）。

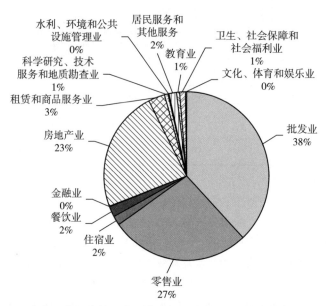

图 3-14　全省民营经济第三产业营业收入在各行业的分布情况（2008 年）

资料来源：《贵州经济普查年鉴：2008》。

2013 年，在全省民营经济第三产业 13 个行业当年营业收入总额中，当年营业收入总额占比前三的行业分别为批发业和零售业（61%）、房地产业（24%），及租赁和商品服务业（4%）。

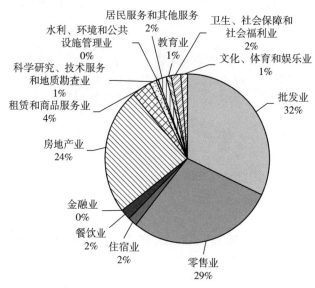

图 3-15　全省民营经济第三产业营业收入在各行业的分布情况（2013 年）

资料来源：《贵州经济普查年鉴：2013》。

2018 年，在全省民营经济第三产业 13 个行业当年营业收入总额中，当年营业收入总额占比前三的行业分别为批发业和零售业（65%）、房地产业（12%）及租赁和商品服务业（10%）。

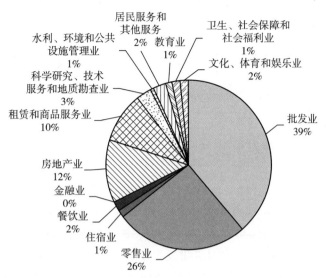

图 3 – 16　全省民营经济第三产业营业收入在各行业的分布情况（2018 年）

资料来源：贵州省第四次经济普查。

表 3 – 12　　　　　　　按行业、登记注册类型划分全省各行业全年营业收入　　　　　单位：亿元

项目	2004 年		2008 年		2013 年		2018 年	
	总计	私营	总计	私营	总计	私营	总计	私营
批发业	511.62	56.34	1103.4	116.37	3145.5	291.1	5502.09	1763.26
零售业	167.6	49.01	342.17	83.75	1310	261.64	2499.67	1179.33
住宿业	11.61	2.0	19.5	5.47	54.49	15.85	102.57	64.23
餐饮业	7.55	4.0	12.0	6.17	36.56	18.4	100.06	83.93
金融业	185.19	0.06	383.42	0.35	—	—	—	—
房地产业	97.11	40.08	175.21	71.48	796.24	219.25	1608.96	545.52
租赁和商品服务业	20	4.27	77.53	9.91	362.56	35.01	1159.46	438.92
科学研究、技术服务和地质勘查业	12.93	0.91	28.93	2.08	131.48	12.52	374.34	135.74
水利、环境和公共设施管理业	6.37	0.12	3.85	0.64	20.41	3.71	205.47	29.23
居民服务和其他服务	5.63	1.79	10.3	4.45	33.87	15.25	145.41	114.78
教育业	1.92	0.6	3.29	1.83	17.76	8.17	100.07	56.03
卫生、社会保障和社会福利业	1.34	0.37	7.32	3.45	44.49	17.07	139.08	71.84
文化、体育和娱乐业	4.76	0.6	4.74	0.75	28.82	11.97	114.11	72.26

资料来源：贵州省历年经济普查。

3.2 贵州民营经济第三产业各行业发展概述

3.2.1 民营批发业发展现状

2018 年末，全省共有私营批发企业 29516 个，占全部内资批发企业的 83.35%；全省共有私营批发企业从业人员 144915 人，占比 64.25%。限额以上私营批发企业共有 796 家，占比 65.03%，从业人员 44849 人，占比 30.33%。限额以上私营批发企业数量占全部私营批发企业的 2.7%，可见，贵州私营批发企业均为小型企业，限额以上批发企业极少。

2018 年末，私营批发企业从业人员共计 144915 人，占全部内资批发企业从业人员的 64.25%。虽然私营批发企业从业人员较非私营批发企业多，但是企业平均从业人员较少。私营批发企业平均从业人员为 4.9 人/家，而内资批发企业为 6.4 人/家。限额以上私营批发企业从业人员共计 19527 人，占全部私营批发企业从业人员的 13.5%，占全部限额以上内资批发企业从业人员 30.3%。限额以上私营批发企业平均从业人员为 24.5 人/家，限额以上内资批发企业为 52.6 人/家，限额以上私营批发企业平均从业人员不足限额以上内资批发企业平均从业人员的一半。可见，私营批发企业数量虽然很多，但是规模相对较小。

表 3 - 13 　　　　　全省私营批发业法人企业基本情况（2018 年）

分组	法人单位数（个）	从业人员期末人数（人）
内资企业	35410	225562
私营企业	29516	144915
私营独资企业	6206	17781
私营合伙企业	76	238
私营有限责任公司	22870	123813
私营股份有限公司	364	3083
限额以上内资企业	1224	64376
限额以上私营企业	796	19527
限额以上私营独资企业	4	38
限额以上私营合伙企业	—	—
限额以上私营有限责任公司	781	18734
限额以上私营股份有限公司	11	755

资料来源：贵州省第四次经济普查。

截至 2018 年末，私营批发企业数量和从业人员虽然较多，但是资产总量很少，仅占内资批发企业的 27.57%，负债占 27.61%，营业收入仅占 32.31%。限额以上私营批发企业资产占限额以上批发内资企业的 13.98%，负债占 16.42%，营业收入占 19.41%。

私营批发企业负债率与内资批发企业和非私营批发企业大致相当，均在 63% 左右，但由于私营批发企业数量多，平均负债远低于内资批发企业平均水平，平均负债仅为 0.027 亿元/家。限额以上私营批发企业负债率则高出内资批发企业与非私营批发企业 11 个百分点，但是平均负债仅为内资批发企业的 25% 左右。

营业收入方面，私营批发企业利润创造力较差。截至 2018 年末，占比 83.35% 的私营批发企业营业收入占全部批发企业营业收入仅有 32.31%。限额以上批发企业占 65.03%，但营业收入仅占 19.41%。平均营业收入方面，私营批发企业仅为 0.060 亿元/家，内资批发企业平均为 0.154 亿元/家，非私营批发企业为 0.627 亿元/家。私营批发企业平均营业收入不到非私营企业的 10%。限额以上私营批发企业平均营业收入为 0.898 亿元/家，内资批发企业为 3.007 亿元/家，非私营批发企业为 6.931 亿元/家。限额以上私营批发企业平均营业收入仅为非私营批发企业的 13%。可以看出，私营批发企业营业收入发展不充分，价值创造能力差，发展状况堪忧。

私营批发企业中，私营批发有限责任公司一枝独秀，不论是企业数量、从业人数，还是资产总计、营业收入都在私营批发企业内部占据极其重要的地位。企业数量占 77.5%，从业人数占 85.4%，资产占 94.6%，营收占 95.8%，其他三种私营企业遥不可及。

表 3－14　　　　全省私营批发业法人企业财务状况（2018 年）　　　　单位：亿元

分组	资产总计	负债合计	营业收入
批发业	4622	2949.3	5502.09
内资企业	4520.1	2877.6	5457.54
私营企业	1246.2	794.62	1763.26
私营有限责任公司	1179.1	764.99	1689.26
私营股份有限公司	29.32	18.77	25.14
私营独资企业	35.35	10.01	47.2
私营合伙企业	2.44	0.85	1.66
限额以上批发业	2996	1912.6	3717.48
限额以上内资企业	2925.6	1867.5	3681.07
限额以上私营企业	409.14	306.7	714.62
限额以上私营有限责任公司	398.27	301.03	701.47
限额以上私营股份有限公司	10.7	5.59	11.53
限额以上私营独资企业	0.17	0.08	1.63
限额以上私营合伙企业	—	—	—

资料来源：贵州省第四次经济普查。

3.2.2 民营零售业发展现状

2018 年末，私营零售业法人单位、从业人员和营业面积占内资零售业分别为 87.89%、75.94% 和 72.43%，从数量和从业人员数据来看，远高于非私营企业，成为贵州零售业的重要支柱。限额以上零售企业的法人单位、从业人员和营业面积占限额以上内资零售业分别为 76.29%、54.77% 和 48.79%，占据贵州限额以上零售业企业的半数以上。

私营零售业企业数量和从业人员多，但是其平均从业人员远低于内资零售业企业和非私营零售业企业。私营零售业企业平均从业人员为 4.8 人/家，内资零售业企业为 5.6 人/家，非私营零售业企业为 11.1 人/家。限额以上私营零售业企业平均从业人员为 29.7 人/家，内资零售业企业为 41.3 人/家，非私营零售业企业为 78.8 人/家。私营零售业企业在数量上高于内资和非私营零售业企业，但是在规模上较后两者小。

私营零售业企业在企业营业面积方面也低于内资和非私营零售业企业。私营零售业企业平均营业面积为 0.020 万平方米/家，内资零售业企业为 0.024 万平方米/家，非私营零售业企业为 0.054 万平方米/家。限额以上私营零售业企业平均面积为 0.137 万平方米/家，内资零售业企业为 0.214 万平方米/家，非私营零售业企业为 0.462 万平方米/家。

表 3-15　　　　　全省私营零售业企业法人企业基本情况（2018 年）

分组	法人单位数（个）	从业人员期末人数（人）	批发和零售业年末零售营业面积（万平方米）
零售业	56248	318907	1366.2
内资企业	56203	313723	1339
私营企业	49399	238228	969.8
私营独资企业	15493	50722	215.3
私营合伙企业	279	1529	12.7
私营有限责任公司	33097	183074	731.8
私营股份有限公司	530	2903	10
限额以上零售业	2451	104969	544.5
限额以上内资企业	2425	100228	518.5
限额以上私营企业	1850	54893	253
限额以上私营独资企业	261	3579	26.9
限额以上私营合伙企业	31	382	3.9
限额以上私营有限责任公司	1531	50096	219.7
限额以上私营股份有限公司	27	836	2.5

资料来源：贵州省第四次经济普查。

2018 年末，私营零售业企业资产总计、负债和营收分别占内资零售业企业的 45.03%、40.01% 和 48.67%，相较于企业数量和从业人数而言，资产较低，营业收入较少。限额以上私营零售业企业资产总计、负债和营收分别占限额以上内资零售业企业的 25.94%、28.06% 和 35.62%，负债较低，营业收入较少。

从企业平均营业收入来看，私营零售业企业平均营业收入为 0.024 亿元/家，内资零售业企业为 0.043 亿元/家，非私营零售业企业为 0.183 亿元/家；限额以上零售业企业中，私营零售业企业平均营收为 0.341 亿元/家，内资零售业企业为 0.731 亿元/家，非私营零售业企业为 1.985 亿元/家。在创造利润方面，私营零售业企业低于内资零售业企业的平均水平，远低于非私营零售业企业。

私营零售业有限责任公司对私营零售业企业起重要支撑作用。企业数量占据私营零售业企业的 67%，从业人员占 76.85%，营业面积占 75.46%；限额以上更是分别占 82.76%、91.26% 和 86.84%。财务方面，有限责任公司资产占私营零售业企业的 86.87%，营业收入占 86.19%，但负债合计较高，占 93.58%。限额以上分别占 93.55%、92.11% 和 96.20%，私营零售业有限责任公司已经名副其实成为贵州私营企业最主要部分。

表 3 - 16　　　　　　全省零售业法人企业财务状况（2018 年）　　　　　　单位：亿元

分组	资产总计	负债合计	营业收入
零售业	2146	1258.3	2499.67
内资企业	2094.1	1227.8	2423.33
私营企业	943.03	491.21	1179.33
私营独资企业	100.97	20.59	132.11
私营合伙企业	6.6	2.05	7.09
私营有限责任公司	819.2	459.68	1016.49
私营股份有限公司	16.26	8.9	23.63
限额以上零售业	1345	900.51	1846.21
限额以上内资企业	1299	872.55	1772.53
限额以上私营企业	336.95	244.82	631.32
限额以上私营独资企业	12.65	3.77	28.11
限额以上私营合伙企业	2.06	0.56	3.88
限额以上私营有限责任公司	315.21	235.51	581.5
限额以上私营股份有限公司	7.02	4.99	17.83

资料来源：贵州省第四次经济普查。

3.2.3　民营住宿业发展现状

2018 年末，贵州省私营住宿业企业数量共有 4272 个，占内资住宿业企业 86.55%，从业人员有 46269 人，占比 67.30%。限额以上私营住宿业企业共有 510 家，占比 73.07%，从业人员 22841 人，占比 58.01%。限额以上私营住宿业企业数量占私营住宿业企业的 11.94%，从业人员占 49.37%。值得一提的是，私营住宿业企业中，私营独资住宿业企业和私营有限责任住宿业公司占私营住宿业企业比例均在 48% 左右，呈现平分秋色状况。在限额以上住宿业企业中，私营独资住宿业企业就远不如私营住宿业有限责任公司。

表 3-17　　　　　　　　全省住宿业企业基本情况（2018 年）

分组	法人单位数（个）	从业人员期末人数（人）
内资企业	4936	68751
私营企业	4272	46269
私营独资企业	2079	9313
私营合伙企业	67	817
私营有限责任公司	2076	34834
私营股份有限公司	50	1305
限额以上住宿业企业	704	39965
限额以上内资企业	698	39372
限额以上私营企业	510	22841
限额以上私营独资企业	79	1698
限额以上私营合伙企业	14	521
限额以上私营有限责任公司	404	20016
限额以上私营股份有限公司	13	606

资料来源：贵州省第四次经济普查。

私营住宿业企业从业人员虽然较非私营住宿业企业多，但是企业平均从业人员较少。私营住宿业企业平均从业人员为 10.8 人/家，而内资住宿业企业为 13.9 人/家，非私营住宿业企业更是高达 33.9 人/家。私营住宿业企业平均从业人员是内资企业的 77.75%，不是非私营企业的不足三分之一。但是私营住宿业有限责任公司和私营住宿业股份有限公司平均从业人员高于内资住宿业企业平均水平，依旧低于非私营住宿业企业。私营住宿业独资企业平均从业人员仅 4.5 人/家，且企业数量多，拉低私营住宿业企业平均水平。限额以上住宿业企业中，私营住宿业企业平均从业人员为 44.8 人/家，内资住宿业企业为 56.4 人/家，非私营住宿业企业为 87.9 人/家。限额以上私营住宿业企业平均从业人员占内资住宿业企业的 79.4%，与非私营住宿业企业相比，限额以上私营住宿业企业平均从业人员为后者的二分之一。限额以上私营住宿业企业中，企业平均从业人员均低于内资住宿业企业平均水平，远落后于非私营住宿业企业。

资产方面，私营住宿业企业数量占内资住宿业企业的 86.55%，资产仅占内资住宿业企业的 59.1%。私营住宿业企业平均资产仅为 0.05 亿元/家，低于内资住宿业企业的 0.073 亿元/家，不到非私营住宿业企业的四分之一。限额以上私营住宿业企业资产占限额以上内资住宿业企业的 48.99%，平均资产为 0.211 亿/家，低于内资住宿业企业的 0.33 亿元/家，约为非私营住宿业企业的三分之一。

负债方面，私营住宿业企业负债率略低于内资住宿业企业，比非私营住宿业企业低 8% 左右，为 51.59%，但由于私营住宿业企业数量多，平均负债远低于内资住宿业企业平均水平，平均负债仅为 0.026 亿元/家，内资住宿业企业为 0.040 亿元/家，非私营住宿业企业为 0.133 亿元/家。限额以上私营住宿业企业负债率略高于内资住宿业企业与非私营住宿业企业 1~2 个百分点，为 65.48%，但是平均负债依旧低于内资住宿业企业和非私营住宿业企业，仅为 0.145 亿元/家。一方面表明私营住宿业企业在风险控制方面较非私营企业做得好，另一方面则表明非私营住宿业企业融资较为困难。

营收方面，私营住宿业企业利润创造力一般，未能达到与企业数量规模匹配水平。86.55% 的企业营收为 63.47%。平均营收为 0.015 亿元/家，低于内资住宿业企业的 0.021 亿元/家，远低于非私营住宿业企业的 0.056 亿元/家。限额以上住宿业企业占 73.07%，营收为 56.22%。平均营收为 0.077 亿元/家，内资住宿业企业为 0.101 亿元/家，非私营住宿业企业为 0.163 亿元/家。私营住宿业企业营收少发展不充分，价值创造能力差，发展状况有待提升。

表 3-18　全省住宿业企业财务情况（2018 年）　单位：亿元

分组	资产总计	负债合计	营业收入
住宿业	363.53	199.39	102.57
内资企业	360.32	198.07	101.2
私营企业	212.94	109.86	64.23
私营独资企业	33.77	7.65	11.74
私营合伙企业	1.7	0.47	1.02
私营有限责任公司	166.31	92.73	50.36
私营股份有限公司	11.16	9.01	1.11
限额以上住宿业	232.24	148.79	71.32

分组	资产总计	负债合计	营业收入
限额以上内资企业	230.05	148.31	70.17
限额以上私营企业	112.7	73.8	39.45
限额以上私营独资企业	7.91	2.98	4.15
限额以上私营合伙企业	1.05	0.39	0.71
限额以上私营有限责任公司	97.74	65.37	33.99
限额以上私营股份有限公司	5.99	5.06	0.6

资料来源：贵州省第四次经济普查。

私营住宿业企业中，私营有限责任公司对私营企业贡献较大，企业资产总计、营业收入都在私营企业内部占据极其重要地位，占据78%以上，限额以上住宿业企业中更是达到了86%。但私营有限责任公司负债率占私营企业总负债极高，为84.41%，限额以上为88.58%。私营股份有限公司负债率和平均负债均高于非私营企业，但营收远低于后者，风险较大，发展压力大。私营有限责任公司营收水平最高，约为非私营企业的二分之一。

3.2.4 民营餐饮业发展现状

截至2018年末，私营餐饮业企业法人单位共有11299个，占内资餐饮业企业法人单位总数93.43%，从业人员69029人，占比86.61%，住宿和餐饮业营业面积（以下简称"营业面积"）占比88.58%。基本上已经占有了贵州90%的企业份额。限额以上私营餐饮业企业共535个，占限额以上内资餐饮业企业总数的87.85%，从业人员占78.78%，营业面积占77.69%。限额以上的私营餐饮业企业也基本占据贵州80%左右的企业份额。

表3-19　　　　全省餐饮业法人单位、从业人员情况（2018年）

分组	法人单位数 （个）	从业人员期末人数 （人）	住宿和餐饮业年末餐饮营业面积 （万平方米）
餐饮业	12109	80024	430.7
内资企业	12094	79700	430.1
私营企业	11299	69029	381
私营独资企业	7098	29546	197.1
私营合伙企业	109	1100	6.5
私营有限责任公司	4017	37280	174
私营股份有限公司	75	1103	3.3

续表

分组	法人单位数 （个）	从业人员期末人数 （人）	住宿和餐饮业年末餐饮营业面积 （万平方米）
限额以上餐饮业	611	21651	79.8
限额以上内资企业	609	21480	79.8
限额以上私营企业	535	16922	62
限额以上私营独资企业	170	2321	11.8
限额以上私营合伙企业	8	528	3
限额以上私营有限责任公司	354	13933	46.6
限额以上私营股份有限公司	3	140	0.5

资料来源：贵州省第四次经济普查。

　　私营餐饮业企业数量和从业人员多，但是企业平均从业人员低于内资餐饮业企业和非私营餐饮业企业。私营餐饮业企业平均从业人员为 6.1 人/家，内资企业为 6.6 人/家，非私营餐饮业企业为 13.4 人/家。限额以上私营餐饮业企业平均从业人员为 31.6 人/家，内资餐饮业企业为 35.3 人/家，非私营餐饮业企业为 61.6 人/家。

　　平均营业面积方面，私营餐饮业企业较内资餐饮业企业和非私营餐饮业企业要高。私营餐饮业企业平均营业面积为 0.0055 万平方米/家，内资餐饮业企业为 0.0054 万平方米/家，非私营餐饮业企业为 0.0046 万平方米/家。但限额以上私营餐饮业企业平均营业面积较后两者要低，为 0.00366 万平方米/家，内资餐饮业企业为 0.00372 万平方米/家，非私营餐饮业企业为 0.00391 万平方米/家。从平均从业人员和平均营业面积来看，私营餐饮业企业规模上要略小于内资餐饮业企业平均水平，但是限额以上的私营餐饮业企业规模则小很多，侧面表明私营餐饮业企业在一定程度上并没有站在行业顶尖。

　　私营餐饮业独资企业在私营餐饮业企业内部表现出众，法人单位数占据了私营企业的 60% 以上，营业面积也在 50% 以上。平均从业人员最高的是私营股份有限公司，比非私营企业略高。限额以上私营餐饮业企业最出众的是私营有限责任公司，各方面都占据私营企业 66% 以上。私营合伙企业和私营股份有限公司整体数量较少，分别只有 8 个和 3 个。私营合伙企业的平均从业人员和平均营业面积均比内资餐饮业企业和非私营餐饮业企业高。

　　财务方面，私营餐饮业企业资产占比 81.16%，负债占比 63.59%，营收占比 84.2%，资产和营收方面而言，私营餐饮业企业已经占据市场大部分份额。限额以上私营餐饮业企业资产占限额以上内资餐饮业企业的 69.69%，负债占 59.76%，营收占 76.79%。在限额以上餐饮业企业中，私营餐饮业企业也已经占据市场大部分份额，名副其实支撑起了贵州餐饮业市场。

表 3 - 20　　　　　　　全省餐饮业财务情况（2018 年）　　　　　　单位：亿元

分组	资产总计	负债合计	营业收入
餐饮业	137.56	46.46	100.06
内资企业	136.28	45.87	99.68
私营企业	110.61	29.17	83.93
私营独资企业	46.93	6.14	35.3
私营合伙企业	1.62	0.38	1.35
私营有限责任公司	60.86	22.37	46.7
私营股份有限公司	1.19	0.27	0.58
限额以上餐饮业	40.11	23.88	40.21
限额以上内资企业	39.49	23.76	39.98
限额以上私营企业	27.52	14.2	30.7
限额以上私营独资企业	3.15	0.81	6.54
限额以上私营合伙企业	0.73	0.29	0.77
限额以上私营有限责任公司	23.43	13.03	23.31
限额以上私营股份有限公司	0.21	0.07	0.09

资料来源：贵州省第四次经济普查。

一方面，私营餐饮业企业和限额以上私营餐饮业企业平均资产、平均负债和平均营收均低于内资餐饮业企业，远低于非私营餐饮业企业，另一方面，私营餐饮业企业的负债率要低于内资餐饮业企业和非私营餐饮业企业，企业发展风险较低。

私营餐饮业企业和限额以上的私营餐饮业企业中，私营餐饮业独资企业和私营有限责任公司合计均占据私营餐饮业企业资产的 96%，负债的 97%，营收的 97% 以上。基本上是私营餐饮业企业的主要支撑力量。营收方面，私营合伙企业和私营有限责任公司营收能力要高于内资餐饮业企业平均水平，但依旧低于非私营餐饮业企业。

3.2.5　民营房地产业发展现状

2018 年末，按登记注册类型分，全省私营房地产业企业法人单位总数 4950 个，占全省内资房地产企业法人单位总数 72.76%；全省私营房地产业企业从业人员总数 70089 人，占全省全部内资房地产企业从业人员总数的 58.60%；全省私营房地产业企业资产总计 2127694.9 万元，占全部内资房地产企业资产总额的 9.57%；全省私营房地产业企业负债总计 1406030.6 万元，占全部内资房地产企业负债总额的 9.32%；全省私营房地产业企业营业收入 686457 万元，占全部内资房地产企业营业收入的 49.44%。

表 3 - 21　　　　　全省房地产业企业法人单位、经营基本情况 (2018 年)

登记注册类型	法人单位数 （个）	资产总计 （千元）	负债合计 （千元）	营业收入 （千元）	从业人员 （人）
总计	6810	222836934	150904908.8	13898339.1	119715
内资企业	6803	222430685.9	150834496.3	13884017.7	119597
私营企业	4950	21276949	14060306	6864570	70089

资料来源：贵州省第四次经济普查。

2018 年，按控股情况分组，私人控股房地产开发企业完成投资 1724.32 亿元，占全部房地产开发企业 2018 年投资总额的 73.40%。

2018 年，私人控股房地产开发企业完成房屋施工总面积 17433.89 万平方米，占全省全部房地产开发企业本年完成房屋施工面积的 79.41%；2018 年贵州省私人控股房地产开发企业新开工面积 4917.45 万平方米，占全省全部房地产开发企业本年新开工面积 86.43%；2018 年贵州省私人控股房地产开发企业新竣工面积 1034.40 万平方米，占全省全部房地产开发企业本年新竣工面积的 80.84%。

表 3 - 22　　　按控股情况分组全省房地产企业本年投资、开工情况 (2018 年)

指标名称	本年完成投资 （亿元）	房屋施工面积 （万平方米）	本年新开工面积 （万平方米）	本年竣工面积 （万平方米）
合计	2349.23	21953.3	5689.2	1279.64
国有控股	360.18	2775.86	529.97	165.62
集体控股	37.17	136.61	18.73	2.86
私人控股	1724.32	17433.89	4917.45	1034.4
港澳台商控股	87.23	178.74	13.31	0
外商控股	2.61	83.2	10.03	0
其他	137.71	1345.03	199.72	76.75

注：统计口径为联网直报房地产开发企业。
资料来源：贵州省第四次经济普查。

2018 年贵州省私人控股房地产开发企业完成商品房销售面积 4158.91 万平方米，占全省全部房地产开发企业完成商品房销售面积的 80.26%；其中，完成住宅销售面积 3576.32 万平方米，办公楼销售面积 35.44 万平方米，商业营业用房销售面积 476.64 万平方米，分别占全部私人控股房地产开发企业完成商品房销售面积的 85.99%、0.85%、11.46%。

2018 年贵州省私人控股房地产开发企业商品房销售总额 2213.50 亿元，占全省全部房地产开发企业本年商品房销售总额的 75.78%；其中，住宅销售额 1721.71 亿元，办公楼销售额25.22亿元，商业营业用房销售额442.44亿元，分别占全部私人控股房地产开发企业商品房销售总额的77.78%、1.14%和19.99%。

表3-23 按控股情况分组全省房地产企业本年销售完成情况（2018年）

登记注册类型	商品房销售面积（单位：万平方米）				商品房销售额（单位：亿元）			
	总计	住宅销售面积	办公楼销售面积	商业营业用房销售面积	总计	住宅销售额	办公楼销售额	商业营业用房销售额
合计	5182	4441	89.28	555	2921	2278	73.05	533.69
国有控股	613.94	543.8	12.87	38.35	411.14	343.2	13.6	44.13
集体控股	46.07	26.5	12.11	7.4	34.59	13.28	11.75	9.55
私人控股	4158.9	3576	35.44	476.6	2213.5	1722	25.22	442.44
港澳台商控股	72.8	72.33	0.14	0.29	66.35	65.45	0.15	0.74
外商控股	1.55	1.55	—	—	1.45	1.45	—	—
其他	288.69	220.9	28.72	32.32	193.92	133	22.33	36.83

注：统计口径为联网直报房地产开发企业。
资料来源：贵州省第四次经济普查。

3.2.6 民营经济第三产业其他产业发展概况

2018年末，全省私营租赁和商务服务业企业法人单位总数26053个，占全省内资租赁和商务服务业企业法人单位总数75.16%；全省私营租赁和商务服务业企业从业人员总数219249人，占全省全部内资租赁和商务服务业企业从业人员总数的62.12%；全省私营租赁和商务服务业企业资产总计18882886.67万元，占全部内资私营租赁和商务服务业企业资产总额的5.15%；全省私营租赁和商务服务业企业负债总计7921613.2万元，占全部内资租赁和商务服务业企业负债总额的4.17%；全省私营租赁和商务服务业企业营业收入4389222.9万元，占全部内资租赁和商务服务业企业营业收入的37.98%。

表3-24 全省租赁和商务服务业企业法人单位、财务基本情况（2018年）

登记注册类型	法人单位数（个）	资产总计（千元）	负债合计（千元）	营业收入（千元）	从业人员（人）
总计	34696	3671836636.6	1901582797.0	115946139.8	354157
内资企业	34664	3666005996.5	1898276375.3	115572125.5	352972
私营企业	26053	188828866.7	79216131.5	43892228.8	219249

资料来源：贵州省第四次经济普查。

2018年末，私营科学研究和技术服务业企业法人单位数共计6944个，占全部内资科

学研究和技术服务业企业法人单位数 72.86%；私营科学研究和技术服务业企业从业人员
54483 人，占全部科学研究和技术服务业企业从业人员的 51.47%；私营科学研究和技术
服务业企业资产总计 2217755.6 万元，占全部内资科学研究和技术服务业企业资产的
8.3%；私营科学研究和技术服务业企业负债总计 1096203.1 万元，占全部内资科学研究
和技术服务业企业负债的 7.41%；私营科学研究和技术服务业企业营业收入 1357447.5 万
元，占全部内资科学研究和技术服务业企业营业收入总额的 36.51%。

表 3-25　　全省科学研究和技术服务业企业法人单位、财务基本情况（2018 年）

登记注册类型	法人单位数 （个）	从业人员 （人）	资产总计 （千元）	负债合计 （千元）	营业收入 （千元）
总计	9544	106179	269231765.2	148201671.0	37433753.2
内资企业	9531	105862	267262619.7	147940434.2	37175122.7
私营企业	6944	54483	22177556.4	10962031.0	13574475.3

资料来源：贵州省第四次经济普查。

2018 年末，私营水利、环境和公共设施管理业企业法人数共计 1697 人，占全部内资
水利、环境和公共设施管理业企业法人数的 63.02%；私营水利、环境和公共设施管理业
企业从业人员数共计 18789 人，占全部内资水利、环境和公共设施管理业企业的 33.13%；
私营水利、环境和公共设施管理业企业资产总计 1705510.9 万元，占全部内资水利、环境
和公共设施管理业企业资产的 3.2%；私营水利、环境和公共设施管理业企业负债总计
853430 万元，占全部内资水利、环境和公共设施管理业企业负债的 2.74%；私营水利、
环境和公共设施管理业企业营业收入共计 292300.9 万元，占全部内资水利、环境和公共
设施管理业企业营业收入的 14.48%。

表 3-26　　全省水利、环境和公共设施管理业企业法人单位、财务基本情况（2018 年）

登记注册类型	法人单位数 （个）	资产总计 （千元）	负债合计 （千元）	营业收入 （千元）	从业人员 （人）
总计	2702	536313656.7	312661650.9	20546875.8	58899
内资企业	2693	532936131.0	311018003.8	20185303.9	56707
私营企业	1697	17055108.7	8534300.0	2923009.2	18789

资料来源：贵州省第四次经济普查。

2018 年末，私营居民服务、修理和其他服务业企业法人单位数共计 12271 个，占全部
内资居民服务、修理和其他服务业企业法人单位数的 88.62%；私营居民服务、修理和其
他服务业企业从业人员 85879 人，占全部内资居民服务、修理和其他服务业企业从业人员
的 79.90%；私营居民服务、修理和其他服务业企业资产总计 1458459.9 万元，占全部内

资居民服务、修理和其他服务业企业资产的 49.09%；私营居民服务、修理和其他服务业企业负债总计 547079.5 万元，占全部内资居民服务、修理和其他服务业企业资产的 37.16%；私营居民服务、修理和其他服务业企业营业收入共计 1147789.2 万元，占全部内资居民服务、修理和其他服务业企业营业收入的 78.94%。

表 3 - 27　全省居民服务、修理和其他服务业企业法人单位、财务基本情况（2018 年）

登记注册类型	法人单位数（个）	资产总计（千元）	负债合计（千元）	营业收入（千元）	从业人员（人）
总计	13853	29768873.2	14779514.3	14541037.7	107500
内资企业	13847	29711487.3	14723568.5	14540502.5	107485
私营企业	12271	14584598.8	5470795.4	11477892.4	85879

资料来源：贵州省第四次经济普查。

2018 年，私营教育企业法人单位数共计 4254 人，占全部内资教育企业的 72.67%；私营教育企业从业人员共计 55810 人，占全部内资教育企业从业人员的 58.44%；私营教育企业资产总计 10963743 人，占全部内资教育企业资产 39.18%；私营教育企业负债总计 3951008 千元，占全部内资教育企业负债的 30.43%；私营教育企业营业收入总计 5602595 千元，占全部内资教育企业营业收入的 58.44%。

表 3 - 28　　　全省教育企业法人单位、财务基本情况（2018 年）

登记注册类型	法人单位数（个）	资产总计（千元）	负债合计（千元）	营业收入（千元）	从业人员（人）
总计	5859	27993717.8	12988249.8	10007045.7	95567
内资企业	5854	27986491.3	12984350.0	10003793.0	95500
私营企业	4254	10963743.0	3951007.6	5602595.2	55810

资料来源：贵州省第四次经济普查。

2018 年末，私营卫生和社会工作企业法人单位数共计 1640 个，占全部内资卫生和社会工作企业的 72.89%；私营卫生和社会工作企业从业人员共计 48714 人，占全部内资卫生和社会工作企业从业人员的 64.84%；私营卫生和社会工作企业资产总计 1009315.3 万元，占全部内资卫生和社会工作企业资产的 41.30%；私营卫生和社会工作企业负债总计 4847304 千元，占全部内资卫生和社会工作企业负债的 31.52%；私营卫生和社会工作企业营业收入共计 7184172 千元，占全部内资卫生和社会工作企业营业收入 51.66%。

表 3 – 29　　　　全省卫生和社会工作企业法人单位、财务基本情况（2018 年）

登记注册类型	法人单位数（个）	资产总计（千元）	负债合计（千元）	营业收入（千元）	从业人员（人）
总计	2250	24441028.6	15376602.4	13907623.3	75126
内资企业	2250	24441028.6	15376602.4	13907623.3	75126
私营企业	1640	10093153.2	4847303.7	7184172.0	48714

资料来源：贵州省第四次经济普查。

2018 年末，私营文化、体育和娱乐业企业法人单位数共计 6926 人，占全部内资文化、体育和娱乐业企业法人单位数的 86.12%；私营文化、体育和娱乐业企业从业人员数共计 44458 人，占全部内资文化、体育和娱乐业企业从业人员的 69.12%；私营文化、体育和娱乐业企业资产总计 1601686.1 万元，占全部内资文化、体育和娱乐业企业资产的 24.20%；私营文化、体育和娱乐业企业负债总计 542305.9 万元，占全部内资文化、体育和娱乐业企业负债的 14.67%；私营文化、体育和娱乐业企业营业收入 722614.2 万元，占全部内资文化、体育和娱乐业企业营业收入的 63.43%。

表 3 – 30　　　　全省文化、体育和娱乐业企业法人单位、财务基本情况（2018 年）

登记注册类型	法人单位数（个）	资产总计（千元）	负债合计（千元）	营业收入（千元）	从业人员（人）
总计	8046	66326923.1	37067858.6	11410754.1	64507
内资企业	8042	66177470.4	36955026.0	11392073.1	64322
私营企业	6926	16016860.6	5423058.6	7226142.0	44458

资料来源：贵州省第四次经济普查。

第 4 章

贵州民营经济区域发展概述

4.1 贵阳市民营经济发展

4.1.1 市场主体

"十二五""十三五"期间,贵阳市民营市场主体发展迅速。截至 2018 年底,全市民营企业数量 196790 家、注册资本 14160.63 亿元,分别占全市企业总数和注册资本总量的 90%、55%,日均新增市场主体 302 家,全市规模和限额以上民营企业 1270 家,占全市总量的 78%,民营经济支撑作用突出(贵阳年鉴,2019)。具体来说,以个体工商业为例,从 2013 年到 2018 年,贵阳市个体工商业户数从 178500 个增加到 271751 个,增长超 52%,年均增长超 8.7%。若按企业控股情况分类,贵阳市私营企业发展速度越发突出。从 2013 年至 2018 年,贵阳市私营企业户数从 74464 个发展到 180315 个,增长超 1.4 倍,年均增长近 24%。作为民营经济的重要主体,贵阳市个体工商业对全市民营经济市场规模发展贡献较为突出。

表 4-1　　　贵阳市私营企业、个体工商业户数发展 (2013～2018 年)

项目		2018 年	2017 年	2016 年	2015 年	2014 年	2013 年
私营企业户数（个）	总计	180315	156661	136609	120725	93713	74464
	城镇	140897	125100	51365	48859	47307	52504
	乡村	39418	31561	85244	71866	46406	21960

项目		2018 年	2017 年	2016 年	2015 年	2014 年	2013 年
个体工商业 户数 （个）	总计	271751	277269	251170	229269	201144	178500
	城镇	164350	158682	80738	86723	101169	98279
	乡村	107401	118587	170432	142546	99975	80221

资料来源：《贵阳统计年鉴》2014～2019 年。

另外，从城乡民营经济结构发展来看，2013 年贵阳市城镇私营企业总数 52504 个，乡村私营企业总数 21960 个，城乡私营企业发展规模比例近 2.4 倍；2018 年，城乡私营企业发展规模比重增长到近 3.6 倍，显然，城镇私营企业市场体量发展速度明显快于乡村私营企业，城乡结构差距越来越大。相比之下，个体工商业城乡结构发展变化不如私营企业明显。2013 年，全市共有 98279 个城镇个体工商户，80221 个乡村个体工商户，城乡个体工商户比重约为 1.23；2018 年，全市共有 164350 个个体工商户，107401 个乡村个体工商户，城乡个体工商户比重约为 1.53 倍。可见，与私营企业相比，个体工商户城乡结构发展较为稳定。

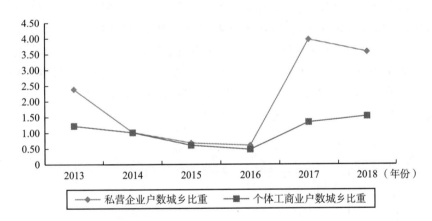

图 4－1　贵阳市私营企业、个体工商业户数城乡比重发展（2013～2018 年）

资料来源：《贵阳统计年鉴》2014～2019 年。

4.1.2　社会就业与税收收入

"十二五""十三五"期间，贵阳市民营经济发挥着吸纳社会就业人员主力军作用，对社会贡献巨大。截至 2018 年，贵阳市民营经济从业人员占全市从业人数的 75%，民营经济新增就业 13.56 万人，占全市新增就业人数的 60%。382 家企业开展"千企帮千村"精准扶贫活动，实施帮扶项目 508 个，投入产业帮扶资金 3.9 亿元，投入公益帮扶资金 6380 万元，解决就业 2804 人，开展技能培训 812 人次，受帮扶村 222 个，受帮扶人口 16936 人（贵阳年鉴，2019）。以私营企业为例，贵阳市私营企业雇工人数从 2013 年

31.94 万人增加到 2018 年的 64.47 万人，增加了 1 倍；个体工商业从业人员业从 2013 年的 35.76 万人增加到 2018 年的 52.16 万人，增加了 0.5 倍。

表 4 - 2　贵阳市私营企业、个体工商业雇工人数及从业人员发展（2013～2018 年）

项目		2018 年	2017 年	2016 年	2015 年	2014 年	2013 年
私营企业雇工人数（人）	总计	644672	649365	558673	444999	375018	319419
	城镇	62979	66370	202084	260578	254888	260763
	乡村	581693	582995	356589	184421	120130	48656
个体工商业从业人员（人）	总计	521574	648675	501989	453828	393323	357621
	城镇	329379	435931	174683	177936	204590	197228
	乡村	192195	212744	327306	275892	188733	150393

资料来源：《贵阳统计年鉴》2014～2019 年。

在城乡结构发展方面，2013 年贵阳市城镇私营企业雇工人数有 26.08 万人，乡村私营企业雇工人数 4.87 万人，城乡雇工人数比重约为 5.36；到 2018 年，贵阳市城镇私营企业雇工人数大幅度减少到约 6.3 万人，而乡村私营企业雇工人数则增加到 58.17 万人，城乡雇工人数比重也降低到只有 0.1，城乡结构从 2013 年到 2018 年发生了激烈改变。与此不同的是，个体工商业从业人员的城乡结构发展总体比较稳定。2013 年，贵阳市城镇个体工商户从业人员有 19.72 万人，乡村个体工商户从业人员有 15.04 万人，城乡比重约 1.31；到 2018 年，贵阳市城镇个体工商户从业人员增加到 32.94 万人，乡村个体工商户从业人员增加到 19.22 万人，城乡比重稍有上升，但也只有 1.71。

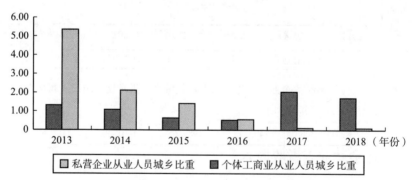

图 4 - 2　贵阳市私营企业、个体工商业雇工人数、从业人员城乡比重发展（2013～2018 年）
资料来源：《贵阳统计年鉴》2014～2019 年。

此外，2018 年，贵阳市有 382 家企业开展"千企帮千村"精准扶贫活动，实施帮扶项目 508 个，投入产业帮扶资金 3.9 亿元，投入公益帮扶资金 6380 万元，解决就业 2804 人，开展技能培训 812 人次，受帮扶村 222 个，受帮扶人口 16936 人。贵阳市中天金融集团股份有限公司、贵州福裕众源农业发展有限公司 2 家民营企业获全国"万企帮万村"精准扶贫先进民营企业称号。

"十二五""十三五"期间，民营经济还是贵阳市税收收入的主要贡献者。2018 年贵阳市民营经济总量占全市 GDP 的比重达到 54.8%，民营经济实现税收收入 431.06 亿元，税收占全市税收总收入的 56.21%（贵阳年鉴，2019）。以私营企业为例，2013 年贵阳市私营企业实现税收收入约 9.33 亿元，到 2018 年，税收收入增加到 46.36 亿元，增长了近 4 倍，相比国有企业（2018 年比 2013 年增长 0.57 倍）和股份公司（2018 年比 2013 年增长 0.49 倍），私营企业税收收入增长速度较为突出。

表 4 - 3　　贵阳市国有企业、股份公司及私营企业税收收入发展（2013～2018 年）　单位：万元

项目	2018 年	2017 年	2016 年	2015 年	2014 年	2013 年
总计	8071861	6725828	6168234	6421515	5862266	5170731
国有企业	613892	497691	451598	490040	441974	390039
股份公司	5942293	3616589	3178489	5028624	4528922	3996534
私营企业	463634	302259	162850	103750	97353	93283

资料来源：《贵阳统计年鉴》2014～2019 年。

4.1.3　固定资产投资

在固定资产投资方面，按控股情况划分，非国有经济固定资产投资从 2012 年的 153.77 亿元增加到 2017 年的 2048.54 亿元，增长 12 倍，年均翻两番。相比之下，国有经济固定资产投资额从 2012 年的 944.81 亿元增加到 2017 年的 1802.06 亿元，增长只有 90%。显然，非国有经济在全社会固定资产投资的增长速度远远快于国有经济。以私营个体企业为例，贵阳市私营个体全社会固定资产投资额从 2012 年的 218.11 亿元，增至 2017 年的 525.13 亿元，增长 1.4 倍。

表 4 - 4　　　　　　按控股情况划分贵阳市全社会固定资产投资

项目	2017 年	2016 年	2015 年	2014 年	2013 年	2012 年
国有经济（亿元）	1802.06	1493.43	1989.65	1401.30	1186.60	944.82
非国有经济（亿元）	2048.54	1767.30	2025.99	2088.11	1843.78	153.77
非国有和国有经济比重	1.14	1.18	1.02	1.49	1.55	0.16
私营个体（亿元）	525.13	549.62	540.62	569.09	381.84	218.11

资料来源：《贵阳统计年鉴》2014～2019 年。

从新增固定资产投资额来看，贵阳市 2012 年非国有经济全社会新增固定资产投资额为 673.13 亿元，2017 年增至 1900.6 亿元，增长了 1.8 倍。相比之下，2012 年国有经济固定资产投资额为 579.1 亿元，2017 年减少至 462 亿元。

表 4 - 5　　　　　　　按控股情况划分贵阳市全社会新增固定资产投资额　　　　单位：亿元

项目	2017 年	2016 年	2015 年	2014 年	2013 年	2012 年
国有经济	462	307.65	1285.31	1032.11	1152.31	579.10
非国有经济	1900.61	1553.45	1668.78	1309.47	1027.49	673.13
非国有和国有经济比重	4.11	5.05	1.30	1.27	0.89	1.16

资料来源：《贵阳统计年鉴》2014～2019 年。

　　进一步，通过比较 2012～2017 年贵阳市国有经济与非国有经济固定资产投资比重，发现非国有经济固定资产投资总额除 2012 年外，其余年份都远超国有经济固定资产投资额一倍以上。在新增固定资产投资方面，非国有和国有经济比重也从 2012 年的 1.16 倍增加到 2017 年的 4.11 倍。从全社会固定资产投资构成来看，私营个体固定资产投资构成也从 2012 年的 8.8% 增加到 2018 年的 15.9%。可见，民营经济在全社会固定资产投资的比重日趋增加。

　　从产业结构角度来看，三大产业的国有经济和非国有经济结构发展不同。第一产业非国有经济固定资产投资总额从 2012 年的 425884 万元增加到 2017 年的 1610916 万元，增长 278%；第二产业非国有经济固定资产投资总额从 2012 年的 4677391 万元减少到 2017 年的 4153742 万元，降低 11%；第三产业非国有经济固定资产投资总额从 2012 年的 10274146 万元增加到 2017 年的 12761266 万元，增长 24%。可见，从横向来看，非国有经济固定资产投资额从 2012 年至 2017 年，第一产业发展较快，第三产业缓慢稳定增长，而第二产业却表现出下降趋势。但从各个年份三大产业的比重来看，第三产业从 2015 年开始至 2017 年，非国有和国有经济比重大约维持在 0.8 的比例，反之，第一产业和第二产业的非国有和国有经济比重从 2016 年开始都超过 2，其他年份也都超过 1.2，有些年份甚至高至 3 倍以上，可见非国有经济在第一和第二产业的固定资产投资中占据重要角色。

表 4 - 6　　　按控股情况划分贵阳市全社会固定资产投资额在三大产业中的分配　　　单位：万元

项目		2017 年	2016 年	2015 年	2014 年	2013 年	2012 年
第一产业	国有经济	776017	429886	940667	597443	515701	275572
	非国有经济	1610916	1061264	1126362	887682	773543	425884
	非国有和国有经济比重	2.08	2.47	1.20	1.49	1.50	1.55
第二产业	国有经济	1588416	1743187	2282350	1838106	2082199	2695776
	非国有经济	4153742	3927658	5606567	5974387	5688984	4677391
	非国有和国有经济比重	2.62	2.25	2.46	3.25	2.73	1.74

续表

项目		2017 年	2016 年	2015 年	2014 年	2013 年	2012 年
第三产业	国有经济	15656180	14720773	16673445	11577476	9268068	6476814
	非国有经济	12761266	12684053	13527016	14018983	11975316	10274146
	非国有和国有经济比重	0.82	0.86	0.81	1.21	1.29	1.59

资料来源:《贵阳统计年鉴》2014～2019 年。

此外,贵阳市民间投资活力持续释放。截至 2018 年,贵阳市在建项目 2048 个,其中民间投资项目 875 个,占 42.7%。全年民间投资完成数占全社会固定资产投资的 42.4%。

4.1.4　工业发展

截至 2018 年,贵阳市规模以上工业增加值比上年增长 7.4%,低于全省增速 1.6 个百分点,高于全国增速 1.2 个百分点,其中高技术制造业比重达 18.9%。完成省下达工业投资 841 亿元(含园区基础设施建设投资),投资额 500 万元以上工业项目 93 个,总投资 178.3 亿元,累计完成投资 32.3 亿元。

以工业经济类型划分,贵阳市非公有制工业总产值从 2013 年的 960.05 亿元增加到 2018 年的 1599.55 亿元,增长约 66.6%。从 2013 年至 2018 年,非公有制工业总产值占全市工业总产值比重也大致维持在 50% 水平。在工业增加值方面,贵阳市非公有制工业增加值从 2013 年的 196.11 亿元,增加到 2018 年的 425.01 亿元,增长 1.17 倍;非公有制工业增加值占全市工业增加值比重也从 2013 年的 0.36 增长到 2018 年的 0.48。

表 4-7　　贵阳市非公有制工业总产值、工业增加值发展 (2013～2018 年)

项目	2018 年	2017 年	2016 年	2015 年	2014 年	2013 年
全市工业总产值(亿元)	2981.14	2831	2816.87	2578.59	2229.15	2014.31
非公有制工业总产值	1599.55	1585	1481.66	1316.33	1065.02	960.05
全市工业增加值(亿元)	878.26	817.8	782.82	712.28	633.46	552.35
非公有制工业增加值(亿元)	425.01	411.8	368.27	316.3	254.27	196.11
非公有制工业总产值占全市工业总产值比重	0.54	0.56	0.53	0.51	0.48	0.48
非公有制工业增加值占全市工业增加值比重	0.48	0.5	0.47	0.44	0.4	0.36

资料来源:《贵阳统计年鉴》2014～2019 年。

以私营工业企业为例,其工业总产值从 2013 年的 263.58 亿元增加到 2018 年的 573.76

亿元,增长约 1.18 倍;其工业增加值从 2013 年的 58.11 亿元增加到 2018 年的 146.79 亿元,增长 1.53 倍。可见,非公有制工业经济份额逐步增强,工业企业经济效益逐步提升,已逐渐成为贵阳市工业经济发展的重要组成。

表 4 - 8　　贵阳市私营企业工业总产值、工业增加值发展 (2013~2018 年)

项目	2018 年	2017 年	2016 年	2015 年	2014 年	2013 年
私营企业工业总产值（亿元）	573.76	546.96	490.69	380.45	267.15	263.58
私营企业工业增加值（亿元）	146.79	139.67	116.80	91.03	69.29	58.11

资料来源:《贵阳统计年鉴》2014~2019 年。

在企业发展规模方面,以年销售收入 2000 万元及以上规模工业企业为例,贵阳市私营工业企业数从 2012 年的 80 个逐渐增加到 2018 年的 323 个,增长超 3 倍;相反,国有企业数从 2012 年的 50 个减少到 2018 年的 27 个,减少近 1 倍。可见,私营工业企业近年来的发展规模逐步扩大,发展速度惊人。此外,2012 年,私营工业企业数占全市内资工业企业数从 21.8% 增加到 2018 年的 44.07%,增长一倍。可见,在年销售收入 2000 万元及以上规模工业企业中,私营工业企业已发展到近乎撑起半壁江山的重要地位。

表 4 - 9　　贵阳市年销售收入 2000 万元及以上工业企业数发展 (2012~2018 年)　　单位:个

项目	2018 年	2017 年	2016 年	2015 年	2014 年	2013 年	2012 年
总计	772	747	691	580	511	469	401
国有企业	27	22	—	—	—	45	50
非公有制工业	636	611	548	439	367	324	—
私营企业（按等级注册）	323	327	250	163	99	86	80

资料来源:《贵阳统计年鉴》2014~2019 年。

在企业经济发展方面,2018 年贵阳市 636 个规模以上非公有制工业企业资产总计 1198.25 亿元,负债总计 701.22 亿元,其中亏损企业有 124 个,亏损企业亏损额 8533 万元,全部从业人员年平均人数 73630 人;主营业务收入 819.08 亿元,利润总额 402.72 亿元,利税 62.48 亿元;323 个规模以上私营企业,资产总计 254.56 亿元,负债总计 151.46 亿元,其中亏损企业有 53 个,亏损企业亏损额 1.78 亿元,全部从业人员平均人数 23712 人。主营业务收入 268.56 亿元,利润总额 14.58 亿元,利税总额 22.61 亿元。

在工业总产值方面,贵阳市规模以上私营工业企业总产值从 2012 年的 220.71 亿元增加到 2016 年的 490.69 亿元,增长 1.22 倍;相比之下,国有工业企业生产总值从 2012 年的 378.37 亿元增加到 2017 年的 459.96 亿元,增长只有 21.56%,全市规模以上工业企业总产值也从 2012 年的 1593.48 亿元增加到 2016 年的 2816.87 亿元,增长 77.68%。显然私营工业企业创造的总产值增长速度远远高于国有企业,也高于全市平均水平。

表 4 – 10　　　贵阳市年销售收入 2000 万元及以上工业企业总产值、增加值发展

（2012 ~ 2017 年）　　　　　　　　　　　　　　单位：亿元

项目	2017 年	2016 年	2015 年	2014 年	2013 年	2012 年
工业总产值	2831. 22	2816. 87	2578. 59	2229. 15	2014. 31	1593. 48
内资企业	2816. 87	2542. 19	2427. 26	2085. 93	1885. 46	1495. 95
国有企业	480. 66	459. 96	551. 16	455. 45	332. 09	378. 37
私营企业	—	490. 69	380. 45	267. 15	263. 58	220. 71
工业增加值	817. 8	782. 82	712. 28	636. 06	552. 35	455. 68

资料来源：《贵阳统计年鉴》2014 ~ 2019 年。

　　规模以上工业增加值在经济类型结构方面，私营企业却表现较为一般。其工业增加值在全市的占比从 2013 年的 10.52% 增加到 2018 年的 12.41%，增长速度较低。

表 4 – 11　　　贵阳市规模以上工业增加值经济类型结构发展（2013 ~ 2018 年）

项目	2013 年	2014 年	2015 年	2016 年	2017 年	2018 年
国有企业（%）	37. 42	33. 91	34. 98	27. 43	27. 6	33. 22
有限责任公司（%）	32. 83	35. 67	33. 86	36. 46	40. 85	38. 22
股份有限公司（%）	13. 2	10. 73	12. 03	11. 84	9. 47	10. 53
私营企业（%）	10. 52	10. 94	12. 78	14. 92	14. 9	12. 41

注：规模以上工业增加值口径为主营业务收入 2000 万元及以上工业企业。
资料来源：《贵阳统计年鉴》2014 ~ 2019 年。

　　在全社会固定资产投资构成方面，私营个体工业企业从 2012 年的 8.8% 增加到 2018 年的 15.9%，虽然私营个体工业企业固定资产投资总额在全市固定资产投资总额占比显著提升，但和其他经济类型企业相比，差距还是很明显。

表 4 – 12　　　　贵阳市全社会固定资产投资构成发展（2013 ~ 2018 年）

项目	2018 年	2017 年	2016 年	2015 年	2014 年	2013 年	2012 年
国有独资公司	43. 8	16. 9	17. 2	6. 2	5. 9	6. 6	6. 3
其他有限责任公司	40. 4	37. 6	43	33. 9	38. 5	41. 4	44. 7
私营个体	15. 9	13. 6	16. 9	13. 5	16. 3	12. 6	8. 8

资料来源：《贵阳统计年鉴》2014 ~ 2019 年。

　　在"十二五""十三五"发展期间，贵阳市已发展形成八大特色产业（电力生产及供应业、特色食品业、橡胶及塑料制品业、装备制造业、医药制造业、烟草制造业、磷煤化工业、铝及铝加工业）、12 个产业园区（贵阳国家高新区工业园区、贵阳综合保税区、云

岩区产业园区、龙洞堡工业园区、乌当医药食品新型工业园、花溪区燕楼产业园、白云区工业园区、小孟工业园区、观山湖产业园区、清镇市工业园区、开阳县工业园区、修文工业园区），为中小企业发展提供各类金融服务，建立各类中小企业创业创新示范基地、辅助平台。

4.1.5 财政、金融服务

为鼓励、壮大民营经济发展，贵阳市各部门从财政和金融方面提供各种服务扶持贵阳市民营经济发展。表4-13总结了从2013年以来，贵阳市各部门在财政和金融方面制定的各种政策和取得的成果。

表4-13　　　　　　　　贵阳市民营企业财政、金融服务（2013~2018年）

年份	金融服务
2018	1. 设立贵阳市中小微企业转贷应急资金、信用贷款风险补偿资金池（筑信贷）、担保贷款风险补偿资金池（筑保贷）等融资风险补偿基金。2018年贵阳市中小微企业转贷应急资金到位资金8000万元，累计使用转贷应急资金10亿元，使用笔数99笔，资金周转率达到12.5次。 2. 从2011年至2018年，贵阳市中小企业服务中心运用3000万余元财政补助资金，为全市4万余家中小企业购买各类专业化社会服务，帮助700余家企业融资71亿元。2018年，服务中心面向全市中小企业发放2000万元电子券，用于引导、鼓励中小微企业购买云平台认证授权服务机构提供的专业服务事项，抵扣部分服务合同款。 3. 贵阳市中小企业服务中心云平台上线运行，为全市中小企业提供投融资服务。截至12月31日，云平台有注册用户超过7000家，平台会员5900余家，认证授权服务机构56个。 4. 强化融资担保力度，解决中小企业融资难题。2018年，贵阳工投担保有限公司完成担保额3.03亿元，为105家中小企业解决资金需求，拉动社会投资6亿元，新增就业机会800多个。到2018年底，累计为900多家中小企业提供融资担保54亿元，拉动社会投资145亿元，新增就业机会6000多个。强化转贷应急资金业务，防止和化解中小微企业资金链断裂风险。制定《转贷应急资金使用操作细则》，并与贵阳农商银行开展转贷应急资金业务。全年累计发生业务99笔，资金周转总额突破10亿元，服务中小微企业75家
2017	贵阳市中小企业云平台通过建立中小微企业创业创新服务电子券政策，搭建线上服务商城、融资超市，为中小企业提供各类专业化、多层次融资服务
2016	1. 贵阳市工业投资（集团）有限公司，以创业投资带动小微企业信用孵化器作用；以工投担保公司为载体，运用国有资本，发挥小微企业信用孵化器作用，在企业与银行之间搭建起资金融通桥梁，按照完全市场化方式筛选并扶持部分优质中小企业，解决资金难题。截至2016年，公司累计为中小企业提供担保融资47亿元，通过创投投资及融资担保直接撬动近300户小企业，实现销售收入及产值30余亿元，拉动社会投资200亿元，间接创造税收近1000万元，带动就业约4500人。 2. 贵阳市设立中小微企业转贷应急周转资金，支持中小微企业发展，预防其资金链断裂风险，帮助企业及时获得金融机构转贷支持。 3. 贵阳市出台《进一步鼓励民营经济发展措施》，开展民营经济"大走访、大服务"活动，解决民营经济发展过程中存在的"融资难"等难题。建立民营企业困难问题台账，收集10个区（县、市）民营企业147个问题，协调处理或上报
2015	贵阳市中小企业服务中心围绕市中小企业发展提供融资担保服务，累计财税代理1139例，融资服务311例，帮助企业融资贷款1.57亿元

续表

年份	金融服务
2014	1. 贵阳市中小企业服务中心围绕中小企业发展，提供财务代理、信用评级、融资贷款体系认证服务，全年协助 170 家企业融资贷款 7.016 亿元，获得省政府"贵州民营经济优质服务奖"。 2. 建立贵阳市中小企业服务体系，为全市中小企业提供融资担保、信用评级等服务，打造"贵阳市中小企业融资中心"服务平台。全年服务大厅共服务 1953 户企业，融资中心协助企业融资 7016 亿余元。 3. 中小企业项目省报及资金扶持。2014 年贵阳市中小企业获国家级中小企业资金 5732 万元，支持项目 26 个；省级中小企业资金 1286 万元，支持项目 38 个；市级中小企业资金 1090 万元，支持项目 54 个
2013	1. 贵阳市中小企业服务中心围绕中小企业发展，提供财务代理、信用评级、融资贷款体系认证服务，全年协助 139 户企业贷款融资 6.21 亿元。 2. 出台《贵阳市企业进入全国中小企业股份转让系统（即"新三板"）扶持奖励办法（试行）》，对本市辖区在"新三板"成功挂牌的企业，将给予总计 150 万元的扶持奖励资金。 3. 贵阳市中小企业获国家级中小企业资金 3913 万元，支持项目 45 个；省级中小企业资金 1524.4 万元，支持项目 33 个；市级中小企业资金 80 万元，支持项目 36 个。 4. 贵阳市起草《贵阳市中小企业信用评级管理暂行办法》，编制《信用评级量表》及《信用因素说明》。全年推荐 123 户企业参加贵州省中小企业信用评级。 5. 全年民营企业申报上级资金共获得国家、省支持资金 6.36 亿元。为 106 户企业提供总额 1964.5 万元的流动资金贷款贴息，实现增加值合计超过 100 亿元，比上年增长 38%。 6. 市中小企业担保中心承担和支持中小企业的贷款担保业务，截至 2013 年底，中心累计为 459 户中小企业提供担保贷款，总额达 18 亿元。全年提供融资担保 177 笔，担保金额 60130 万元，新增在保项目 110 笔数，在保余额 37940 万元。被担保企业累计实现销售收入 398677 万元、资产总额达 504623 万元、受保企业职工人数为 10060 人。中心自成立以来通过担保服务帮助企业实现销售收入 76 亿元，新增就业岗位 2.9 万个，实现利税 4.8 亿元

资料来源：《贵阳年鉴》2014～2019 年。

4.1.6　创业创新平台建设

为鼓励、壮大民营经济发展，贵阳市各部门不仅从财政和金融方面提供各种服务，贵阳市还推动各种创业创新平台建设以扶持贵阳市民营经济。表 4-14 总结了从 2013 年以来，遵义市各部门在创业创新平台建设方面制定的各种政策和取得的成果。

表 4-14　　　　贵阳市民营工业企业创业创新平台建设（2013～2018 年）

年份	创业创新基地、平台建设
2018	1. 贵阳市中小企业服务中心云平台上线运行，为全市中小企业提供创业服务、信息服务、人才与培训服务、技术创新和质量服务、管理咨询服务、市场开拓服务、法律服务等 72 项社会化服务。2018 年，云平台认证授权服务机构开展各类培训近 30 场，培训人数 3000 余人次。 2. 贵州中小企业知识产权管理服务平台上线。该平台为中小企业提供托管服务（创意管理、专利管理、品牌管理等 8 个功能模块），为中小微企业解决自主创新中的难题，降低企业成本。 3. 小型微型企业创业创新示范基地。2018 年，贵阳市新增国家级小型微型企业创业创新示范基地 2 个；新增省级小型微型企业创业创新示范基地 5 家；新增市级小型微型企业创业创新示范基地 19 家

续表

年份	创业创新基地、平台建设
2017	1. 贵阳市中小企业服务大厅引入 23 家优质服务机构入驻，组织 67 家线上线下中介服务机构为 400 余家企业提供相关中介服务，全年备案业务合同 5128 份。 2. 搭建贵阳市中小企业云平台，建立中小企业动态名录库、小微企业创业创新基地城市示范信息管理系统，为中小企业提供各类创业创新服务。截至 2017 年底，云平台注册用户 4200 余家，平台会员 3000 余家，服务机构 30 余家。出台《贵阳市中小微企业创业创新服务电子券管理办法（暂行）》及相应的三个实施细则。 3. 贵阳市企业发展服务机构协会成立。该协会立足为企业会员提供创业辅导、创新发展、经营帮扶、帮助降低中小微企业经营成本，努力构建政府与中小微企业持续发展的桥梁。 4. 小型微型企业创业创新示范基地。截至 2017 年底，全市拥有国家级小型微型企业创业创新示范基地 4 家，省级小型微型企业创业创新示范基地 7 家。2017 年，省级及以上示范基地服务企业 1275 家，入驻小微企业 1315 家，吸纳从业人员 28164 人。其中，2017 年认定的国家级基地（启林大数据小微企业创业创新示范基地）服务企业 37 家，入驻小微企业 86 家，吸纳从业人员 74 人；2017 年认定的省级基地（"车行家网"020 体验基地、贵州（乌当）大数据智慧产业基地）服务企业 258 家，入驻小微企业 342 家，吸纳从业人员 18953 人
2016	1. 贵阳市工业投资（集团）有限公司，以创投及担保公司为主导，带动小微企业创业创新。 2. 贵阳市组织企业开展省级创新项目申报。贵州益佰制药股份有限公司国家苗药工程技术研究中心建设、贵州超亚纳米科技有限公司自旋流粉碎技术开发及其在新型建材领域中的应用等 20 个技术创新、质量提升及品牌培育项目，获得省经信委共计 1875 万元工业技术创新资金支持。 3. 贵阳市出台《进一步鼓励民营经济发展措施》，开展民营经济"大走访、大服务"活动，解决民营经济发展过程中存在的"创业难"等难题；建立民营企业困难问题台账，收集 10 个区（县、市）民营企业 147 个问题，协调处理或上报； 4. 贵阳市出台《关于加快推进工业转型升级的若干政策措施》，明确以技术创新推动民营工业企业转型升级为着力点，提高全市民营企业技术研发及产业化能力
2015	1. 贵阳市中小企业服务中心围绕市中小企业创新创业发展提供创业辅导、信息咨询、技术创新、人才培训等多层次社会化服务。全年累计服务企业 4125 家，签订合同 3047 份，促进中介机构业务收入 2017 万元，通过打包购买的方式为企业节省服务费 438 万元。已运用 310 万元财政资金费为贵阳市中小微企业购买各种专业化社会服务。 2. 出台《贵阳市进一步鼓励民营经济发展措施》，为民营企业解决"七难"问题制定了"现场了解—现场解决—问题记录—横向记录—横向协调—向上反馈—及时回复"的工作制定，搭建"贵阳众创网"等推动贵阳市民营企业创业创新发展。全年，以实施"创业引领计划"为抓手，以"百万青年创业就业行动"和"创客贵阳"为立足点，以开展"高校毕业生就业促进计划"为载体在进一步完善创业服务体系的基础上，推进孵化园、创业基地等基础设施建设，落实创业资金、创业补贴等一系列创业扶持政策，打造"大众创业、万众创新"生态环境。由高新区创业服务中心申报的贵阳市科技型中小企业创业孵化示范基地被列为第一批国家小型微型企业创业创新示范基地。全国共确定 95 家，全省共 4 家
2014	1. 贵阳市中小企业服务中心围绕中小企业创新创业发展提供项目资料编制、环评安评、商标专利代理、创业辅导人才培训、管理咨询、信息化建设网络推广、法律援助等全方位的社会化服务。全年累计接待咨询 2344 人次，服务企业 1953 户，促进中介机构收入 2561 万元。 2. 三家代理商（百度推广、赶集网、58 同城）入驻贵阳市中小企业服务中心，为贵阳市中小企业提供网络推广、微网站建设等方面服务，推动贵阳市中小企业创新创业发展。 3. 贵州东方世纪科技股份有限公司，在新三板（全国中小企业股份转让系统）挂牌，成为贵州省第一家挂牌的高新技术企业
2013	1. 中关村贵阳科技园揭牌，同时成立中国技术交易所贵阳工作站、"中国海外高端人才创新创业（贵阳）基地"等项目，为贵阳市中小企业创新创业发展提供技术、人才、金融等创新要素的聚集和相互融合搭建起专业化平台。 2. 贵阳市工业投资（集团）有限公司参与乌当区中小企业孵化基地、乌当新添光电产业园、中关村贵州大学科技园等前期筹备工作。 3. 全年安排 9720 万元用于产业升级和企业升级，持海信、益佰、老干妈等龙头企业及一批高成长性中小企业技改扩能

资料来源：《贵阳年鉴》2014～2019 年。

4.2　六盘水市民营经济发展

4.2.1　市场主体

2016～2018 年，六盘水市民营市场主体蓬勃发展。据六盘水市人民政府经信委报道，2017 年民营市场主体 16.9 万个，占全市市场主体的 97.52%。据六盘水市场监管局报道，以私营企业和个体工商户为例，截至 2018 年底，全市私营企业和个体工商户主体 169457 个、注册资本 1286.7544 亿元，分别占全市市场主体和注册资本总量的 95.22%、40.97%。仅看私营企业，从 2016 年到 2018 年，六盘水市私营企业户数从 27262 个增加到 39247 个，增长超 43.9%，年均增长超 19.9%。

表 4-15　　　　　　　六盘水市私营企业、个体工商业户数主要情况

年份	全市市场主体总量 （个）	私营企业户数 （个）	个体工商业户数 （个）	民营主体户数占 全市市场主体
2018	177962	39247	130210	95.22%
2017	163041	33377	121757	95.15%
2016	146801	27262	112208	95%

资料来源：六盘水市场监管局官网。

另外，从近两年六盘水新增市场主体构成来看，民营企业占比均超 98%，对市场主体增长贡献突出。

表 4-16　　　　　　　六盘水市新登记市场主体主要情况

年份	新登记市场主体			新登记民营主体户数占 全市新登记市场主体比例
	总计	私营企业	个体工商户和农民专业合作社	
2017	36162	7595	28064	98.6%
2018	41341	8058	32848	98.9%

资料来源：《六盘水年鉴》2013～2018。

4.2.2　社会贡献

"十二五""十三五"期间民营经济在就业和扶贫方面贡献突出。以城镇私营和个体

从业人数来说,六盘水市城镇私营和个体从业人员从2013年的11.53万人增加到2018年的27.73万人,增加1.41倍。而全市年底就业人员从2013年的152.53万人,增长到166.36万人,仅增长9.1%。占比也从2013年的7.56%上升至16.67%。相比而言,就业规模和占比均有明显增长。截至2019年4月,全市有364家企业结对帮扶345个村,其中建档立卡贫困村294个、有贫困人口的非贫困村51个,162个深度贫困村每村都组织了1个以上企业开展结对帮扶,实现了深度贫困村村企结对全覆盖,受帮扶的贫困人口总计67815人。此外,盘州市久泰邦达能源控股有限公司是六盘水市首家上市民营企业。

表4-17　　　　六盘水市城镇私营和个体从业人员、全市年底就业人数　　　　单位:人

项目	2018年	2017年	2016年	2015年	2014年	2013年
城镇私营和个体从业人员	277325	450958	402254	145014	139999	115257
全社会就业人数	1663600	1651700	1621100	1593100	1566000	1525300

资料来源:《六盘水年鉴》2013～2018。

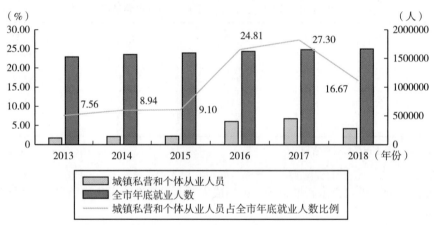

图4-3　六盘水市城镇私营和个体从业人员、全市年底就业人数及占比情况

资料来源:《六盘水年鉴》2014～2019。

4.2.3　经济支撑

"十二五""十三五"期间,民营经济是六盘水经济增长的重要组成部分。2017年,六盘水市民营经济完成增加值838.8亿元,占生产总值比重57.4%,2018年这一比例提高到59%。从税收组成来看,2013～2018年,仅私营企业和个体经营税收,占比均在12.9%以上,但是私营企业创税贡献率有下降趋势。

表 4 – 18	六盘水市税收收入分企业类型情况				单位：亿元	
项目	2013 年	2014 年	2015 年	2016 年	2017 年	2018 年
全市总计	127.79	147.4	138.27	143.82	174.11	188.55
私营企业	22.48	19.79	11.78	11.86	17.56	15.48
私营企业占全市税收比重	17.59%	13.43%	8.52%	8.24%	10.09&	8.21%
个体经营	7.6	7.72	6.21	6.78	8.17	10.1
个体经营占全市税收比重	5.95%	5.24%	4.49%	4.71%	4.69%	5.36%

资料来源：《六盘水年鉴》2013～2018。

在固定资产投资自年初累计完成情况方面，从占比和增速可知，民营经济拉动投资增长作用巨大。仅私营企业和个体经营，其固定资产投资完成额占比最少的年份超过11.9%，占比最高的年份达到51%以上。虽然占比不低，但却在逐年下降，仅2018年稍有回升。

表 4 – 19	六盘水市固定资产投资自年初累计完成情况				单位：亿元
项目	2017 年	2016 年	2015 年	2014 年	2013 年
全市固定资产投资额	1574.54	1289.4	1682.37	1336.27	1480.44
私营企业	187.27	321.67	436.22（仅城镇）	379.91	358.98
个体经营	0.93	3.4	27.32（仅城镇）	25.5	40.45

资料来源：《六盘水年鉴》2014～2019。

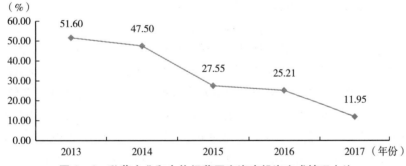

图 4 – 4 私营企业和个体经营固定资产投资完成情况占比
资料来源：《六盘水年鉴》2014～2019。

4.2.4 工业发展

截至2018年，六盘水市工业增加值621.09亿元，增长7.6%，低于全省增速1.4个百分点，高于全国增速1.4个百分点。以工业经济类型划分，六盘水市非公有制企业工业总产值从2013年的936.32亿元增加到2018年的1220.7亿元，增长约30.4%。比重从

2013 年的 77.0% 增加到 2018 年的 99.7%。

在企业发展规模方面，以年销售收入 2000 万元及以上规模工业企业为例，"十二五""十三五"期间，六盘水市规模以上工业企业数量最多的是私营企业，占比长期维持在 60% 以上。数量从 2013 年的 217 个增至 275 个，增长 26.7%。

表 4 - 20　　　六盘水市规模以上工业企业数量、增加值情况（2013 ~ 2018 年）

项目	2013 年	2014 年	2015 年	2016 年	2017 年	2018 年
规模以上工业企业数（个）	330	313	360	436	452	427
其中：私营企业（个）	217	197	236	288	314	275
私营企业数量占规上企业数比重	65.76%	62.94%	65.56%	66.06%	69.47%	64.40%
规模以上工业企业增加值（亿元）	351.75	456.36	470.71	516.86	560.27	—

资料来源：《六盘水年鉴》2014 ~ 2019。

从当年新建投产纳入规上工业企业情况来看，2015 ~ 2018 年，非公有制企业是新建企业的大头，占比远超其他企业，对规模以上工业企业数量规模贡献显著。

表 4 - 21　　　六盘水市当年新建投产纳入规模以上工业企业情况（2015 ~ 2018 年）

项目	2015 年	2016 年	2017 年	2018 年
当年新建投产纳入规模以上工业企业数量	24	73	56	15
其中：非公有制	23	70	52	12
非公有制占比	95.80%	98.89%	92.86%	66.67%

资料来源：《六盘水年鉴》2014 ~ 2019。

从总产值来看，以工业经济类型划分，作为规模以上工业企业中数量最多的私营企业，其创造的工业总产值占比虽不如其数量占比优势明显。但其创造的工业总产值占比均在 33% 以上，且上升趋势明显。另外，六盘水市规模以上私营工业企业总产值从 2013 年的 402.61 亿元增加到 2018 年的 455.75 亿元，增长约 13.2%；相比之下，国有工业企业生产总值从 2013 年的 279.07 亿元下降到 2018 年的 3.57 亿元，下降超过 90%；全市规模以上工业企业总产值业从 2013 年的 1215.39 亿元增加到 2018 年的 1224.27 亿元，增长 0.71%。显然，私营工业企业创造的总产值增长速度远远高于国有企业，也高于全市平均水平。

表 4 - 22　　　　　六盘水市工业企业总产值（2013 ~ 2018 年）　　　　　单位：亿元

项目	2013 年	2014 年	2015 年	2016 年	2017 年	2018 年
工业总产值	1215.39	1437.66	1415.31	1582.36	1232.48	1224.27
其中：私营企业	402.61	485.82	474.01	526.94	527.32	455.72

续表

项目	2013 年	2014 年	2015 年	2016 年	2017 年	2018 年
其中：国有企业	279.07	66.48	21.44	72.36	0.22	3.57
私营工业企业总产值占全市工业总产值的比重	33.1%	33.8%	33.5%	33.3%	42.8%	37.2%

资料来源：《六盘水年鉴》2014~2019。

在企业经营发展方面，2018 年六盘水市 425 个规模以上非公有制工业企业资产总计 2098.6 亿元，负责总计 1565.56 亿元，其中亏损企业有 105 个，亏损企业亏损额 18.6 亿元；全部规模以上从业人员年平均人数 12.7 万人；主营业务收入 1071.62 亿元，利润总额 56.10 亿元，利税 132.80 亿元；275 个规模以上私营企业，资产总计 361.39 亿元，负债总计 247.63 亿元，其中亏损企业有 71 个，亏损企业亏损额 4.23 亿元，私营企业从业人员平均人数 3.66 万人。主营业务收入 352.45 亿元，利润总额 25.64 亿元，利税总额 52.92 亿元。

"十二五""十三五"期间规上工业私营企业资产负债比、流动资产负债比均高于规上工业企业，这反映出规模以上工业私营企业经营风险较低，偿债能力更强。另外也反映出私营企业负债能力较差，资本利用效率相对更低。

表 4 - 23　　　　六盘水市工业企业资产及负债情况（2013~2018 年）　　　　单位：亿元

	项目	2013 年	2014 年	2015 年	2016 年	2017 年	2018 年
工业企业资产情况	资产总计	1888	1931.96	2565.84	2355.92	2127.61	2110.32
	其中：私营企业	443.86	342.57	365.61	536.87	374.76	455.72
	流动资产	679.32	656.33	998.38	848.02	708.25	742.39
	其中：私营企业	234.95	203	191.28	347.73	184.04	166.13
工业企业负债	负债总计	1332.73	1412.49	1780.06	1840.64	1598.74	1573.01
	其中：私营企业	304	232.23	241.79	403.48	255.81	247.63

资料来源：《六盘水年鉴》2014~2019。

表 4 - 24　　　　六盘水市规模以上工业企业资产负债比情况（2013~2018 年）

项目	2013 年	2014 年	2015 年	2016 年	2017 年	2018 年
工业企业资产负债比	1.42	1.37	1.44	1.28	1.33	1.34
其中：私营企业资产负债比	1.46	1.48	1.51	1.33	1.46	1.84
工业企业流动资产负债比	0.51	0.46	0.56	0.46	0.44	0.47
其中：私营企业流动资产负债比	0.77	0.87	0.79	0.86	0.72	0.67

资料来源：《六盘水年鉴》2014~2019。

4.3 遵义市民营经济发展

遵义民营经济从小到大、从少到多、从低到高，快速崛起，目前已形成特色轻工（白酒、茶叶、农产品等）、能源、原材料、化工、装备制造、新兴产业六大行业，成为遵义经济发展的重要力量，是吸纳就业的主要渠道、创新创业的主力军。

4.3.1 市场主体

"十三五"期间，贵州民营经济市场主体总量发展稳定增长。私营企业户数从2016年的52177个增长到2018年的90952个，增长74.3%；个体工商户数从2016年的278615个增加到2018年的387047个，增长38.9%。从城乡结构来看，城镇私营企业户数增长速度较为明显，从2016年的14525个增长到2018年的52657个，增长2.63倍；反之，乡村私营企业户数从2016年的37652个下降到2017年的30439个，随后又增加到2018年的38295个，整体上没有太大变化。

对于私营个体工商户来说，城镇个体工商户数从2016年的278615个增加到2018年的387047个，增长1.24倍；乡村个体工商户数从2016年的189651个迅速增加到2017年的355703个，而后又迅速下降到2018年的187756个，整体上城乡个体工商户数在这三年内波动比较大。

表4-25　　　　　　　遵义市城乡私营企业、个体工商业户数（2016～2018年）　　　　单位：个

项目		2018年	2017年	2016年
私营企业户数	总计	90952	64005	52177
	城镇	52657	33566	14525
	乡村	38295	30439	37652
个体工商业户数	总计	387047	580789	278615
	城镇	199291	225086	88964
	乡村	187756	355703	189651

资料来源：《遵义统计年鉴》2017～2019。

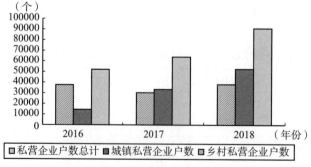

图4-5　遵义市城乡私营企业户数

资料来源：《遵义统计年鉴》2017～2019。

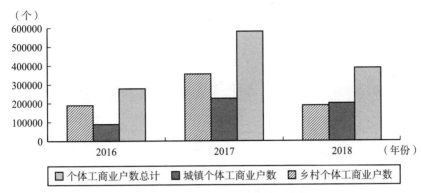

图 4-6　遵义市城乡个体工商业户数

资料来源：《遵义统计年鉴》2017～2019 年。

4.3.2　社会就业与税收收入

遵义市私营企业吸收社会就业人员从 2016 年的 360048 人下降到 2017 年的 292738 人，随后又增加到 2018 年的 503229 人，整体波动较大；反之，个体工商业吸收社会就业人员从 2016 年的 501810 人逐渐增加到 697910 人，增长 39.08%，整体上个体工商业对社会就业的贡献比起私营企业要稳定得多，并且贡献额也较大。

表 4-26　　遵义市城乡私营企业、个体工商业就业人员（2016～2018 年）

项目		2018 年	2017 年	2016 年
私营企业就业人员数（人）	总计	503229	292738	360048
	城镇	135434	44359	122280
	乡村	367795	248379	237768
个体工商业就业人员（人）	总计	697910	580789	501810
	城镇	379222	225086	129689
	乡村	318688	355703	372121

资料来源：《遵义统计年鉴》2017～2019 年。

在城乡结构方面，城镇私营企业吸收社会就业人员从 2016 年的 122280 人下降到 2017 年的 44359 人，而后又增加到 2018 年的 135434 人，整体波动较大；反之，乡村私营企业吸收就业人员从 2016 年的 237768 人逐渐增加到 2018 年的 367795 人，增长 54.69%，增长较为稳定。

对于个体工业来说，城镇个体工商业吸收社会就业人员从 2016 年的 129689 人稳定增加到 2018 年的 379222 人，增长 1.92 倍；反之乡村个体工商业吸收社会就业人员则从 2016 年的 372121 人逐渐下降到 2018 年的 318688 人。

显然，在城乡结构方面，遵义市近几年来，私营企业和个体工商业对遵义社会就业贡献的发展态势呈现相反方向变动。

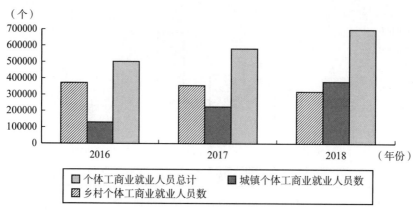

图4-7　遵义市城乡个体工商业就业人员（2016～2018年）

资料来源：《遵义统计年鉴》2017～2019。

遵义市规模以上非公有制经济工业企业对遵义市社会就业的贡献也是逐年增加。2013年末，遵义市规模以上非公有制经济工业企业从业人员有68304人，随后逐年增加，2017年最多达103630人，2018年虽有少量减少，但仍有96900人，从2013年到2018年，遵义市规模以上非公有制经济工业企业从业人员增长41.87%。此外，按企业大小来看，遵义市规模以上非公有制经济工业企业从业人员主要分布在中、小微企业，其中小微企业占比最大。2013年，遵义市规模以上非公有制经济工业小微企业从业人员有48225个，占全部规模以上非公有制经济工业企业从业人员比例超70%；2018年，遵义市规模以上非公有制经济工业小微企业从业人员增加到71150人，占当年全部规模以上非公有制经济工业企业从业人员比例超73%。可见，遵义市规模以上非公有制经济工业小微企业在吸收社会就业方面的贡献比较显著；相反，遵义市规模以上非公有制经济工业大型企业在吸收社会就业方面的贡献比较一般。

表4-27　　　　　　遵义市规模以上非公有制经济工业企业期末从业人员　　　　　　单位：人

项目	2018年	2017年	2016年	2015年	2014年	2013年
总计	96900	103630	101762	98337	85761	68304
在总计中：						
私营企业	67064	66729	60490	56150	42889	58986
在总计中：						
大型企业	832	2757	9705	12880	5354	5100
中型企业	24918	33235	26536	25068	28170	14979
小微企业	71150	67638	65521	60389	52237	48225

资料来源：《遵义统计年鉴》2014～2019。

民营经济对遵义市社会发展的贡献，不仅体现在提供大量的就业机会，还创造了高额的税费收入。按企业类型划分，2013年遵义市私营企业创造196264万元税费，占当年全部税费 6.59%；2018 年增加到 348386 万元，占当年全部税费 5.34%。2013～2018 年，遵义市个体经营每年创造税费总量除 2017 年外，都有所增加，但占比却呈现逐年下降趋势。2013 年，遵义市个体经营创造税费收入 206623 万元，占全部税费 6.94%；2018 年增加到 337708 万元，占全部税费却下降到 5.17%；2017 年，遵义市个体经营创造税费收入只有 90764 万元，占比下降到 1.73%。

表 4-28　　　　　　　　　遵义市历年按企业类型分税费收入发展情况　　　　　　　　单位：万元

项目	2018 年	2017 年	2016 年	2015 年	2014 年	2013 年
总计	6527451	5247771	4315935	3899213	1581859	2977653
国有企业	477999	367237	375589	384927	153400	324411
私营企业	348386	1312706	123021	195753	90629	196264
个体经营	337708	90764	238770	229673	110297	206623

资料来源：《遵义统计年鉴》2014～2019 年。

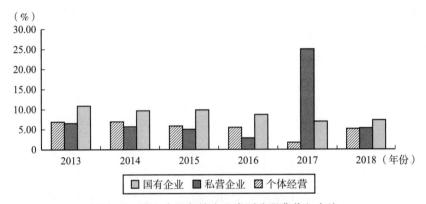

图 4-8　遵义市历年按企业类型分税费收入占比

资料来源：《遵义统计年鉴》2014～2019 年。

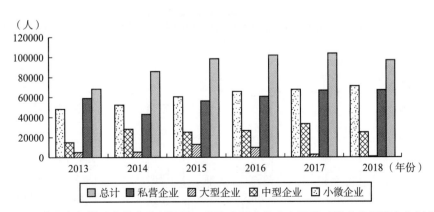

图 4-9　遵义市规模以上非公有制经济工业企业期末从业人员数（按企业规模大小划分）

资料来源：《遵义统计年鉴》2014～2019 年。

4.3.3 经济支撑

"十二五"、"十三五"期间，民营经济在遵义市经济发展中已发挥更大的支撑作用。截至 2018 年，全市民营经济增加值 1699 亿元，市场主体（含仁怀市）总量 49.64 万户，资本总量 6745.59 亿元，企业 101317 户。其中民营中小企业 98963 户，新设立市场主体 12.25 万户，同比增长 9.86%，新增注册资本 1198.11 亿元。

从纵向发展来看，民营经济对遵义市经济发展的支撑作用日趋明显。遵义市民营经济增加值从 2014 年的 967.3 亿元增加到 2018 年的 1699 亿元，增加近 76%；遵义市民营经济完成民间投资从 2014 年的 1270.48 亿元增加到 2017 年的 1728 亿元，增长 36%。

表 4－29	历年贵阳市民营经济增加值、完成民间投资情况			单位：亿元	
项目	2018 年	2017 年	2016 年	2015 年	2014 年
民营经济增加值	1699	1528.8	1560	1192.59	967.3
完成民间投资	—	1728	1622	1790	1270.48

资料来源：《遵义统计年鉴》2015～2019 年。

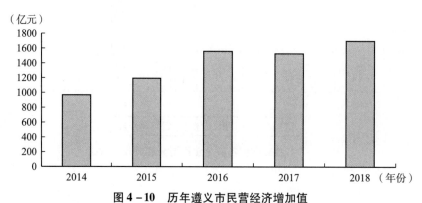

图 4－10 历年遵义市民营经济增加值

资料来源：《遵义统计年鉴》2015～2019 年。

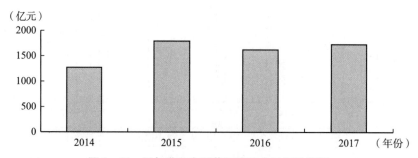

图 4－11 历年遵义市民营经济完成民间投资额

资料来源：《遵义统计年鉴》2015～2018 年。

以公有制经济为例，2013 年遵义市非公有制经济生产总值增加值为 765.41 亿元，2018 年增加到 1428.64 亿元，增长近 87%；遵义市非公有制经济占全市生产总值比重也从 2013 年的 48.30% 逐年增长，2017 年达最高水平 51.61%，2018 年虽有少量下降，但仍然达 47.62%。

表 4 - 30　　　　　遵义市历年非公有制经济生产总值增加值（2013 ~ 2018 年）

项目	2018 年	2017 年	2016 年	2015 年	2014 年	2013 年
非公有制经济生产总值增加值（亿元）	1428.64	1418.59	1239.51	1113.66	954.84	765.41
非公有制经济占生产总值比重（%）	47.62	51.61	51.56	51.5	50.94	48.30
其中：第一产业（亿元）	119.71	117.08	107.96	98.14	75.16	58.41
第二产业（亿元）	684.86	718.93	621.53	565.77	483.78	371.47
第三产业（亿元）	624.08	582.58	510.02	449.75	395.90	335.52

资料来源：《遵义统计年鉴》2014 ~ 2019 年。

从非公有制经济生产总值在三大产业中的分布来看，遵义市第二产业非公有制经济生产总值在三大产业中的比重历年来都是最大的。2013 年第二产业非公有制经济生产总值达 371.47 亿元，占当年全部非公有制经济生产总值的 48.53%；2018 年第二产业生产总值增加到 684.86 亿元，占当年全部非公有制经济生产总值的 47.94%。除第二产业外，第三产业非公有制经济生产总值对遵义市非公有制经济生产总值的贡献也不容忽视。2013 年第三产业非公有制经济生产总值达 335.52 亿元，占当年全部非公有制经济生产总值的 43.84%；2018 年第三产业非公有制经济生产总值增加到 624.08 亿元，占当年全部非公有制经济生产总值的 43.68%。

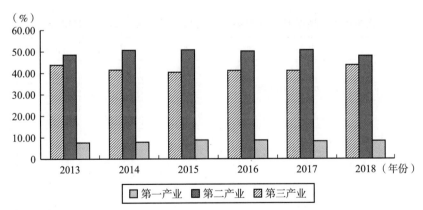

图 4 - 12　历年遵义市三大产业非公有制经济生产总值占比（2013 ~ 2018 年）
资料来源：《遵义统计年鉴》2014 ~ 2019 年。

非公有制经济固定资产投资对遵义市经济支撑作用也比较显著。2013 年遵义市非公有制经济固定资产投资总量达 429.92 亿元，占当年全社会固定资产投资的 51.8%；随后，虽然非公有制经济固定资产投资总量呈现逐年增加良好趋势，但其占全社会固定资产投资总额比重却逐年下降。2018 年，遵义市非公有制经济固定资产投资总量达 438.77 亿元，但其占比只有 21.8%。

表 4-31　　遵义市历年非公有制经济固定资产投资完成情况发展（2013~2018 年）

项目	2018 年	2017 年	2016 年	2015 年	2014 年	2013 年
非公有制经济固定资产投资（亿元）	438.77	819.23	665.77	637.25	421.02	429.92
占全部投资的比重（%）	21.8	32.6	32.2	37.6	40.1	51.8

资料来源：《遵义统计年鉴》2014~2019 年。

4.3.4　工业发展

第二产业在遵义市非公有制经济中的地位一直都占据着半壁江山。而作为第二产业的主要组成部分，遵义市非公有制工业经济的发展一定程度上体现了遵义民营经济的发展特点。以规模以上非公有制经济工业企业为例，遵义市规模以上非公有制经济工业企业市场主体发展呈现逐渐扩大趋势。2013 年遵义市规模以上非公有制经济工业企业数达 488 个，2018 年增加到 920 个，增长 88.52%。统计数据还进一步显示，遵义市规模以上非公有制经济工业企业主要以私营企业为主，其占比 2013 年最高达 93% 以上，随后虽有所下降，但至 2018 年，其占比仍超 78%。此外，若按企业规模大小划分，遵义市规模以上非公有制经济工业企业主要集中在小微企业。2013 年遵义市规模以上非公有制经济工业小微企业有 449 个，占全部规模以上非公有制经济工业企业超 92%；2018 年，遵义市规模以上非公有制经济工业小微企业增加到 874 个，占全部规模以上非公有制经济工业企业超 95%。

表 4-32　　遵义市历年规模以上非公有制经济工业企业单位数（2013~2018 年）　　单位：个

项目	2018 年	2017 年	2016 年	2015 年	2014 年	2013 年
总计	920	987	923	793	641	488
在总计中：						
私营企业	724	713	659	524	364	455
在总计中：						
大型企业	1	2	6	6	2	3
中型企业	45	67	59	56	60	36
小微企业	874	918	858	731	579	449

资料来源：《遵义统计年鉴》2014~2019 年。

在工业总产值方面，遵义市规模以上非公有制经济工业总产值从 2014 年的 892.51 亿元增加到 2016 年的 1456.09 亿元，随后，遵义市规模以上非公有制经济工业总产值却逐年下降，2018 年只有 890.02 亿元。按企业规模大小划分，历年来小微企业的工业总产值占比最大。2014 年，遵义市规模以上非公有制经济工业总产值小微企业有 613.30 亿元，占比 68.72%；2018 年，遵义市规模以上非公有制经济工业总产值小微企业增加到 664.02 亿元，占比 74.61%。可见，小微企业对遵义市规模以上非公有制经济工业总产值的贡献较为显著。

表 4-33　　　遵义市历年规模以上非公有制经济工业总产值（2014~2018 年）　　　单位：亿元

项目	2018 年	2017 年	2016 年	2015 年	2014 年
总计	890.02	1413.83	1456.09	1150.76	892.51
在总计中：					
私营企业	609.79	876.66	833.64	641.19	410.54
在总计中：					
大型企业	12.61	55.15	195.54	227.44	92.74
中型企业	213.38	305.26	330.77	181.51	186.47
小微企业	664.02	1053.42	929.77	741.81	613.30

资料来源：《遵义统计年鉴》2015~2019 年。

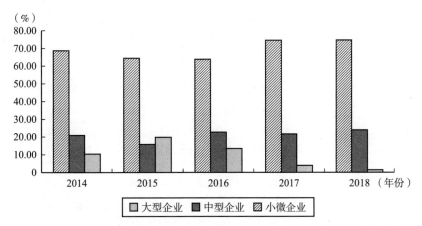

图 4-13　遵义市历年规模以上非公有制经济工业总产值占比（按企业规模大小划分）

资料来源：《遵义统计年鉴》2015~2019 年。

在利税方面，遵义市历年规模以上非公有制经济工业企业利税总额从 2013 年的 42.4 亿元逐年增加，到 2016 年，其利税总额达 152.04 亿元，增长 2.59 倍；但往后却呈现下降趋势，从 2017 年的 145.76 亿元减少到 88.19 亿元。按企业规模大小划分，遵义市历年规模以上非公有制经济工业企业利税总额贡献最大的仍是小微企业，2013 年遵义市规模以上非公有制经济小微企业利税总额 33.67 亿元，占当年规模以上非公有制经济工业企业利税总额的 79.41%；2017 年遵义市规模以上非公有制经济小微企业利税总额高达 128.04 亿元，相比 2013 年增长 2.8 倍，占当年规模以上非公有制经济工业企业利税总额的 87.84%；2018 年遵义市规模以上非公有制经济小微企业利税总额下降到 69.2 亿元，但仍占当年规模以上非公有制经济工业企业利税总额的 78.47%。可见，小微企业在遵义市规模以上非公有制经济创造的利税总额中贡献较为突出。

表 4 - 34 　　　　　　　遵义市历年规模以上非公有制经济工业企业利税总额　　　　单位：亿元

项目	2018 年	2017 年	2016 年	2015 年	2014 年	2013 年
总计	88.19	145.76	152.04	62.76	56.58	42.4
在总计中：						
私营企业	59.33	87.25	87.61	37.30	28.58	36.42
在总计中：						
大型企业	0.82	0.51	13.55	11.59	2.46	2.97
中型企业	18.18	17.22	21.46	9.59	11.95	5.76
小微企业	69.2	128.04	117.03	41.58	42.17	33.67

资料来源：《遵义统计年鉴》2014～2019 年。

在经营情况方面，2013 年遵义市规模以上非公有制经济工业亏损企业有 71 个，2018 年亏损企业数增加到 140 个。按企业规模大小分类，相比大型和小微企业，历年来规模以上非公有制经济工业中型企业亏损面都是最大的，2014 年亏损面 15%，2018 年增加到 28.89%。规模以上非公有制经济工业大型企业除 2016 年外均无亏损情况发生。相比之下，小微企业的经营情况最佳，亏损面从 2014 年到 2017 年均呈现下降趋势，但 2018 年亏损面却迅速增大，达 14.53%。

表 4 - 35 　　　　　　　遵义市历年规模以上非公有制经济工业亏损企业数　　　　单位：个

项目	2018 年	2017 年	2016 年	2015 年	2014 年	2013 年
总计	140	84	66	82	66	71
在总计中：						
私营企业	114	53	47	48	31	—
在总计中：						
大型企业	0	0	1	0	0	—
中型企业	13	11	6	12	9	—
小微企业	127	73	59	70	57	—

资料来源：《遵义统计年鉴》2014～2019 年。

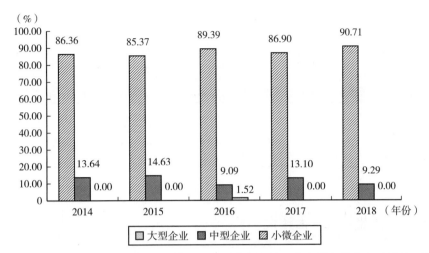

图 4-14　按企业规模大小划分遵义市规模以上非公有制经济工业亏损企业分布（2014～2018 年）

4.3.5　财政、金融服务

为鼓励、壮大民营经济发展，遵义市各部门从财政和金融方面提供各种服务扶持遵义市民营经济。表 4-36 总结了从 2014 年以来，遵义市各部门在财政和金融方面制定的各种政策和取得的成果。

表 4-36　　　　　　　　　遵义市民营企业财政、金融服务（2013～2018 年）

年份	财政、金融服务
2018	1. 市政府引导政企银合作，搭建金融机构与企业交流合作平台共同开发合作产品，如 "黔微贷" "贵园信贷通" "银政通" "贵工贷" 等，帮助企业缓解融资难。 2. 中小企业服务中心和省级示范服务平台等 18 家中小企业服务机构，通过平台信息发布、网络、活动现场咨询等方式，帮助中小企业解决融资难问题，其中，获省扶持中小企业发展专项资金扶持项目 101 个，获资金 6002 万元，同比增长 52%
2017	1. 扶持微型企业发展。在省微企办的推动下，全市 2017 年共扶持发展微型企业 2589 户，注册资本金（投资金额）6.76 亿元，户均 26.11 万元，政府资金拉动民间投资比为 1：5.22。 2. 市工委会开展 "贵工贷" 业务，下达《关于开展 "贵工贷" 支持工业中小企业融资的通知》，共组织项目 129 个、贷款需求 33.5 亿元。 3. 制定奖励政策，对完成税利较好的企业实行以奖代补政策。老干妈遵义分公司仅 2016 年就获得政府奖励性资金 4000 余万元
2016	1. 搭建金融机构与企业交流合作平台：开发合作产品 "黔微贷" "贵园信贷通" "银政通" "贵工贷" 等，帮助民营企业缓解融资难题。其中，"贵工贷" 组织项目 148 个，贷款需求 21.5 亿元；建设银行 "银保通" 为 25 家酒企提高近 3 亿元的房贷额，邮储银行首期为 31 家酒企提供 100 万～500 万元，小额贷款 1 亿元，担保公司向 8 家酒企提供贷款 2740 万元；截至 2016 年，遵义市民营贷款余额 9406256.5464 万元。 2. 遵义市政府制定《遵义市人民政府推动企业上市工业三年行动计划（2016～2018）》，将 69 家企业纳入全市上市后备资源库；组织有意进军资本市场的企业培训，推介新三板公司债等新兴融资市场及创新金融工具，帮助企业加深对资本市场的认知，增强利用资本市场服务实体经济的能力。 3. 专项资金项目扶持：省经信委发放《关于做好 2016 年省工业和信息化发展专项资金》通知，全市 90 个中小微企业、民营企业申报 97 个项目，申请资金 6429 万元，固定资产投资项目 47 个，总投资 5.95 亿元

年份	财政、金融服务
2015	1. 依托"民营企业服务年活动",举办"金融机构酒企行(遵义)""全市中小企业暨民营企业融资座谈对接会"等活动,加强民营企业对金融机构金融产品和金融服务的了解。 2. 市民营企业服务年"互联网＋"系列活动正式启动。开展区域性科技金融服务一站式征信查询服务
2014	1. 支持民营经济、中小微企业发展各类财政资金达 665 亿元,其中,争取中央和省级各类资金 315 亿元、市级 35 亿元。 2. 实施"万户小老板"工程和"3 个 15 万"小微企业扶持政策,扶持"万户小老板"、小微企业分别为 375 户和 2530 户,补助"小老板"和小微企业资金 1.62 亿元

资料来源:《遵义年鉴》2015 ~ 2019 年。

4.3.6　创业创新平台建设

为鼓励、壮大民营经济发展,遵义市各部门不仅从财政和金融方面提供各种服务,遵义市还推动各种创业创新平台建设以扶持遵义市民营经济。表 4 - 37 总结了从 2013 年以来,遵义市各部门在创业创新平台建设方面制定的各种政策和取得的成果。

表 4 - 37　　　　　　遵义市民营企业创业创新平台建设 (2013 ~ 2018 年)

年份	创业创新平台建设
2018	1. 结合工业"百千万"工程开展"民营企业服务年"活动,营造大众创业、万众创新浓厚氛围,激发民营企业创业创新活力,促进全市民营经济又好又快发展。 2. 依托国家中小企业银河培训工程、贵州省中小企业星光培训工程等平台,组织各县(市、区)拟订年度培训计划并上报培训项目,内容涉及经营管理、财务会计、市场营销、种养殖技术、知识产权及质量管理等培训项目。 3. 中小企业服务中心和省级示范服务平台等 18 家中小企业服务机构,通过平台信息发布、网络、活动现场咨询等方式,服务企业 2100 余家,为企业提供各类服务 5000 余项次;获批国家级、省级培训项目 18 个,参加培训 35 个班次,培训 3531 余人次;组织 236 户中小企业,推荐进入贵州省"专精特新"中小企业培育名单。 4. 第五届全球贵商发展大会在遵义召开,这是贵商发展大会自 2014 年开办以来首次进入地级市
2017	1. 在省微企办的推动下,全市 2017 年共扶持发展微型企业 2589 户,带动就业人员 10971 人,户均带动 4.24 人就业。创业者中,政策重点扶持创业人员 1885 人,占创业者总数的 56.61%。政策扶持就(创)业人员中,返乡农民工创业者排名第一,达 961 人。 2. 继续实施提高民营经济比重五年行动计划,推进民营企业服务年活动。全年,各级各部门开展的民营企业服务年活动累计服务企业 800 多户(次),解决民营企业发展中的各类问题 1000 多个,涵盖资源要素保障、市场开拓、人才培育等方面。 3. 依托国家中小企业银河培训工程、省中小企业星光培训工程等平台,组织各县(市、区)完成 2017 年的培训内容及经营管理、财务会计、市场营销、种养殖技术、知识产权及质量管理等系列培训项目 25 个,培训 3000 人左右,资金额度 100 多万元。 4. 开展小型微型企业创业创新示范基地的工作。 5. 市人社局开展工作培训和招聘会 443 场,为 18.58 万人提供各类公共就业创业服务,发放春风卡等宣传资料 40.36 万份,落实各项创业补贴 319.3 万元,惠及 1942 人,其中落实一次性创业补贴 120.7 万元,涉及 320 人。落实场租补贴 54.58 万元,涉及 217 人。发放创业担保贷款 4272.8 万元,扶持 440 人创业,带动 1250 人就业。 6. 对散、规模小及在竞争中容易淘汰的民营企业,采取抱团整合、创新生产模式。通过"商会＋产业＋公司＋资本"的新型互助发展模式,把所熟悉的行业领域做专、做深、做透、做精,引领行业发展,使各企业抱团发展的力量更强、凝聚力更强

年份	创业创新平台建设
2016	1. 支持大学生就业和返乡创业。市人社局（市就业局）贯彻落实《关于鼓励高校毕业生到非公有制企业就业的实施意见》精神。组织开展春风行动专场招聘会58场，累计发放春风卡等宣传资料29.28万份，本地企业吸纳农村劳动力2.22万人，实现有组织劳务输出7425万人，组织2773人参加职业技能培训。 2. 实施"雁归兴贵"返乡农民工创业就业行动计划，市政府颁布《关于进一步促进返乡农民工创业的实施意见》文件，引导和鼓励返乡农民工到民营企业就业。一季度全市实现农村劳动力转移就业57223人，6687人返乡实现就地就近就业，411人实现自主创业。 3. 创新创业培训。依托国家中小企业银河培训工程、省中小企业星光培训工程等平台，组织各县（市、区）完成全市2016年各项培训计划；制定《遵义市大众创新活动周工作方案》、印发《关于举报2016年遵义市中小企业星光培训工程计划的通知》，培训资金110万元，培训人员1500人，组织6位中小企业优秀管理人才参与申请"全省领军人才培训班"；参与协助省中小企业局组织中小企业培训三次，培训人员27人，组织全市中小企业以及相关管理部门工作人员赴西安培训47人。 4. 创业创新示范基地建设。开展园区创业创新基地、中小微企业创业园、众创空间、返乡农民工创业示范园等建设，积极争创国家、省级示范平台，并发挥引领示范作用。全市利用园区标准厂房等打造中小微企业"创客空间"、创业基地、科技孵化器等，全年全市有21个科技企业孵化器（众创空间、大学科技园等）服务面积110万平方米，孵化、入驻企业和团队100余个涉及电子信息、文化创意、生物医药、装备制造等产业和领域。其中，赤水市小微企业创业基地成为首批"国家小型微型企业创业创新示范基地"国家级经济技术开发区"汇融众创空间"获得"国家级众创空间"称号、娄山关高新技术产业开发区科技企业孵化器为全省首批大众创业万众创新示范园，仁怀市中小企业服务中心解决融资难入围工信部"中小企业创业创新服务典型案例"
2015	1. 创新创业培训。依托国家中小企业银河培训工程、省中小企业星光培训工程等平台，加大对民营企业培训力度。组织参加省工程创意设计及知识产权、市场开拓及电商营销培训等13个培训班次、参训217人。举办"遵义市中小企业民营经济专题培训班"，组织各县（市、区）民营经济主管部门、中小企业服务中心等56人参加培训，提升全市民营经济管理服务能力；各县（市、区）中小企业服务中心开展"星光培训工程"等6个培训班，培训1400多人次。推荐1名民营企业家参加工信部主办的工业企业"领军人才"培训计划。 2. 民营企业创新能力突破。新增民营企业院士工作站1个、总数达4个；新增民营高新技术企业30户、总数达40户；年末，建成26个国家级、省级企业技术中心；民营企业专利申请受理量3031件、专利授权量1882件。 3. 启动"民营企业服务年活动"。市委办、市政府办联合印发《遵义市"民营企业服务年"活动实施方案》，并开展各项服务工作，全年累计服务企业600多户次，解决民营企业发展中的各类问题800多个
2014	1. 市人民政府出台《遵义市提高民营经济比重五年行动计划的通知》。开展"服务企业、服务项目"和工业"百千万"工程活动，累计帮助民营经济、中小微企业解决各类发展问题380多次。 2. 建成遵义市中小企业服务大厅，新增3个省级中小企业服务示范平台；出台《遵义市党委联系人才工作制度》《遵义市引进高层次人才绿色通道实施办法》《关于推进非公企业专业技术人才职称评定、教育培训和学术交流等工作的意见》等文件，引进各类高层次人才313人，各类急需紧缺人才1157人，上报非公企业中级职称191人、高级职称112人。 3. 利用国家中小企业"银河培训工程"、贵州省中小企业"星光培训工程"及"阳光培训工程"等平台组织全市民营经济、中小企业高级管理人员、专业技术人员、财务会计人员等参加各类培训2000多人次；组织500多户次民营企业参加中国中小企业博览会、中国（贵州）酒博会、香港中小企业博览会、东盟中小企业博览会、巴黎国际食品展等各类国内、国际展销会等，为民营企业搭建展品展示、品牌打造等平台；出台《关于开展规范性文件清理工作的通知》，清理制约民营经济、中小微企业发展的障碍。 4. 民营企业创新能力突破。支持民营企业与高校、科研院所加强合作交流，参与遵义市国家创新型城市试点建设工作，建设企业技术中心。新增院士工作站3个、高新技术企业10户，4户民营企业被认定为省级产学研结合示范基地。建成22个国家级、省级企业技术中心。民营企业专利申请受理量2519件、专利授权量1528件。 5. 遵义市中小企业服务大厅建成投运，为全市民营经济、中小微企业提供工商注册、咨询、培训等综合性"一站式"代办服务

资料来源：《遵义年鉴》2015～2019年。

4.4 安顺市民营经济发展

自撤地设市以来，安顺市民营经济实现了从无到有、从小到大，从弱到强的跨越发展。安顺市民营企业蓬勃发展，激活市场要素，成为推动改革开放、促进经济发展、扩大社会就业、保障改善民生的重要力量。曾经的本土"草根经济"在历经几十年的春风化雨，成长为"参天大树"，枝繁叶茂，撑起该市经济发展的"脊梁"。

4.4.1 市场主体

截至 2019 年底，安顺市民营企业总数达 35034 户。2012～2017 年，市场主体数连续保持两位数的增长，新设立市场主体数屡创历史新高。2015 年民营企业和个体户 108363 户，占市场主体的 96.17%。2016 年民营企业和个体户 124199 户，占市场主体的 95.68%。2017 年民营企业和个体户 141434 户，占市场主体的 95.15%。2016 年全年的新设立市场主体 24040 户，2017 年全年新设立市场主体 39180 户，同比增长了 62.98%，2017 年比 2016 年超出了 15140 户。2019 年，全市共有各类市场主体 164547 户。其中民营企业数量为 39303 户，比 2017 年新设市场主体数多 123 户，市场主体数不断大幅上升。

4.4.2 经济贡献

2010 年开始实施工业强市战略，大力开展民营企业"百千万"工程帮扶、"双服务"及"民营企业服务年"等活动，全市民营经济保持快速发展，在经济总量中的占比不断提高，贡献率越来越大。2000 年，以非公有制为主体的其他类型工业仅实现总产值 8.15 亿元，同比增长 22.52%；2018 年安顺市民营经济增加值完成 585 亿元，同比增长 8.7%，民营经济增加值占 GDP 的比重突破 65%，占比居全省前列；截至 2019 年底，全市民营经济增加值完成 657.18 亿元，同比增长 8.17%，是 2000 年民营经济增加值完成情况的 80 倍之多，2019 年民营经济增加值占 GDP 比重已达到 65.1%，占比连续 6 年居我省首位。

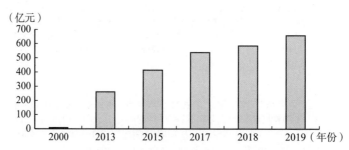

图 4-15　安顺市历年民营经济增加值（2000～2019 年）

资料来源：《安顺统计年鉴》2001～2020 年。

在完成民间投资方面，2012～2015 年，民间投资出现了超高速的增长。2012 年，安顺市实现民间投资 181 亿元，同比增长 50.83%。2013 年，安顺市实现民间投资 270 亿元，同比增长 49.17%，超额完成省"三年倍增计划"任务。2014 年全市实现民间投资额 339.54 亿元，同比增长 24.05%。2015 年，全市实现民间投资额 428.15 亿元，同比增长 30.99%。2016 年、2017 年仍然保持了 14% 以上的高增速。2016 年，安顺市实现民间投资 490 亿元，同比增长 15.3%。2017 年实现民间投资 567.52 亿元，同比增长 14.96%。2018 年，民间投资额累计实现 602.12 亿元，同比增长 6.1%。2019 年，民间投资额累计实现 635.48 亿元，同比增长 5.54%，累计完成全年市级（630 亿元）目标任务的 100.87%。2019 年全市民间投资高出 2012 年民间投资的 3.5 倍。

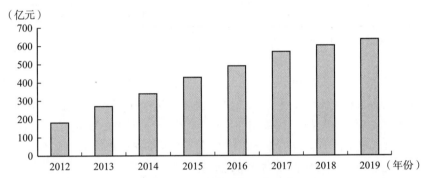

图 4-16　安顺市历年民营经济完成民间投资总额（2012～2019 年）

资料来源：《安顺统计年鉴》2013～2020 年。

4.4.3　规模以上工业企业

自撤地设市以来，随着全市工业经济发展的基础条件进一步改善，在既有产业、企业的基础上，围绕深化对水能、煤炭的开发利用，建立了一批新企业，壮大了工业总量。规模以上工业产业已逐步形成以无机化工、精细化工为主的化工产业，以水力发电、煤炭采掘加工为主的能源产业，以优质粮油加工、白酒、特色食品、旅游商品生产为主的轻工产业及以建材、冶金、矿产品采掘加工为主的原材料产业。大部分工业产业、行业都形成了龙头企业带动，呈集聚发展的态势。

以规模以上工业企业为例，2013 年，安顺市规模以上工业企业数有 263 个，其中私营企业有 99 个，占比 37.64%；2018 年安顺市规模以上工业企业数有 373 个，其中私营企业有 242 个，占比 64.88%；2013～2018 年，安顺市规模以上私营工业企业数增长 1.4 倍。可见，近年来，安顺市规模以上私营工业企业发展规模迅猛，已经是全市规模以上工业企业的脊梁骨。

按企业规模来看，2013 年，全市只有 55 个大中型规模以上工业企业，而小型规模以上工业企业数量则高达 190 个，占当年全部规模以上工业企业 72.24%；到 2018 年，全市大中型规模以上工业企业进一步减少到只有 33 个，而小型规模以上工业企业则增长到 340 个，占当年全部规模以上工业企业 91.15%。可见，安顺市规模以上工业企业越来越以小型企业为主，即其民营性质越来越明显。

表 4 - 38　　　　　　　历年安顺市规模以上工业企业数（2013～2018 年）　　　　单位：个

项目	2018 年	2017 年	2016 年	2015 年	2014 年	2013 年
总计	373	368	354	311	288	263
在总计中：						
私营企业	242	198	166	125	111	99
大型企业	6	7	8	7	7	5
中型企业	27	34	42	45	40	50
小型企业	340	327	276	232	218	190
其中：纯小型企业	290	—	—	—	—	—
微型企业	50	—	28	27	23	18

资料来源：《安顺统计年鉴》2014～2019 年。

　　规模以上工业企业是安顺市经济总量的主要贡献者。2018 年，全市实现地区生产总值 802.46 亿元，其中规模以上工业企业工业总产值就高达 690.95 亿元，占全市超 86%。从 2013～2017 年，安顺市规模以上私营工业企业工业总产值从 95.75 亿元增加到 197.73 亿元，增长超 1 倍。规模以上私营工业企业工业总产值占全部规模以上工业企业工业总产值也从 2013 年的 22.77%，增加到 2017 年的 28.62%。

　　按企业发展规模来看，规模以上小型工业企业对全省全部规模以上工业企业总产值的贡献也逐年增大。2013 年，规模以上小工业企业工业总产值有 151.8 亿元，占当年全部规模以上工业企业工业总产值超 36%；2017 年，规模以上中小工业企业工业总产值有 351.49 亿元，占当年全部规模以上工业企业工业总产值超 50%。可见，安顺市规模以上小型工业企业对全市经济总产值的贡献越来越显著。

表 4 - 39　　　　　历年安顺市规模以上工业企业工业总产值（2013～2017 年）　　　　单位：亿元

项目	2017 年	2016 年	2015 年	2014 年	2013 年
总计	690.95	612.41	548.24	463.05	420.43
在总计中：					
私营企业	197.73	192.89	131.73	108.61	95.75
大型企业	214.81	89.55	103.46	72.33	80.33
中型企业	124.65	151.76	136.11	169.78	181.09
小型企业	351.49	338.89	259.44	225.07	151.80
微型企业	—	32.21	49.24	8.83	7.20

资料来源：《安顺统计年鉴》2014～2018 年。

　　规模以上私营工业企业不仅是安顺市经济总量的主要贡献者，也是全市税收的主要创造者。2013 年，全市规模以上私营工业企业应交税费及附加有 6.8 亿元，占全部规模以上工业企业应交税金及附加 33.53%；2018 年，全市规模以上私营工业企业应交税金及附加增加到 9.03 亿元，占全部规模以上工业企业应交税金及附加 25.47%，虽占比有所下降，但总量在 6 年内增长近 33%。

按企业规模来看，全市规模以上小型工业企业创造的应交税金及附加也逐年增加。2013 年，全市规模以上小型工业企业应交税金及附加共 7.21 亿元，占当年全部规模以上工业企业应交税金及附加超 35%；2018 年，全市规模以上中小工业企业应交税金及附加共 17.97 亿元，占当年全部规模以上工业企业应交税金及附加超 50%，相比 2013 年，总量增长近 1.5 倍。可见，近年来安顺市规模以上小型工业企业创造的应交税金及附加在全市规模以上工业企业应交税金及附加的地位越来越重要。

表 4－40　　　　　　　历年安顺市规模以上工业企业应交税金及附加　　　　　　单位：亿元

项目	2018 年	2017 年	2016 年	2015 年	2014 年	2013 年
总计	35.45	22.36	23.82	22.86	20.59	20.28
在总计中：						
私营企业	9.03	5.76	6.36	6.21	5.89	6.8
大型企业	10.23	4.73	4.27	4.34	3.48	2.72
中型企业	7.25	5.70	7.80	7.45	8.12	10.08
小型企业	17.97	11.93	11.19	10	8.76	7.21
其中：纯小型企业	16.65	—	—	—	—	—
微型企业	1.32	—	0.56	1.03	0.22	0.26

资料来源：《安顺统计年鉴》2014～2019 年。

规模以上私营工业企业不仅从经济总量和税收方面对安顺市的经济发展产生重要影响，还从吸收就业方面对安顺市社会发展产生重要影响。2015～2018 年，安顺市规模以上工业企业从业人员期末人数从 6.87 万人减少到 6.38 万人，但规模以上私营工业企业从业人员期末人数却从 1.46 万人增加到 1.66 万人。其中，以规模以上小型工业企业最为明显，其从业人员期末人数从 2015 年的 1.79 万人逐年增加，到 2018 年达 2.24 万人。

表 4－41　　　　　历年安顺市规模以上工业企业从业人员期末人数　　　　　单位：万人

项目	2018 年	2017 年	2016 年	2015 年
总计	6.38	7.37	6.94	6.87
在总计中：				
私营企业	1.66	1.77	1.56	1.46
大型企业	2.35	2.93	2.03	2.40
中型企业	1.79	2.03	2.78	2.61
小型企业	2.24	2.41	2.10	1.79

资料来源：《安顺统计年鉴》2016～2019 年。

在经营状况方面，2013 年，安顺市规模以上工业企业亏损企业有 42 个，其中私营企业有 8 个，占比 19%；到 2018 年，安顺市规模以上工业企业亏损企业增加到 57 个，其中私营企业增加到 37 个，占比近 65%；2013～2018 年，全市规模以上工业企业亏损企业数增长约 26%，但私营工业企业亏损数增长超 3.6 倍。可见，相比之下，近年来安顺市规模以上私营工业企业经营状况每况愈下。按企业规模来看，安顺市规模以上工业企业亏损企业也主要集中在小型企业中。2013 年，全市规模以上小型工业企业亏损数有 29 个，占当年全部规模以上亏损企业的约 69%；2018 年，全市规模以上小型工业企业亏损数有 53 个，占当年全部规模以上亏损企业的约 93%。可见，近年来规模以上私营、小型工业企业亏损面较大，经营状况不佳。

表 4－42　　　　　　　　　历年安顺市规模以上工业企业亏损企业　　　　　　　单位：个

项目	2018 年	2017 年	2016 年	2015 年	2014 年	2013 年
总计	57	53	28	44	34	42
在总计中：						
私营企业	37	22	8	18	9	8
大型企业	1	1	2	1	2	2
中型企业	3	8	5	11	5	6
小型企业	53	44	18	26	23	29

资料来源：《安顺统计年鉴》2014～2019 年。

4.4.4　金融、财政服务

表 4－43　　　　　　　　安顺市民营企业金融、财政服务（2013～2018 年）

年份	金融、财政服务
2018	1. 安顺银保监分局：①认真贯彻落实小微企业金融服务工作，持续推进小微企业金融服务。截至 2018 年末，全市银行业金融机构小微企业贷款余额 364.47 亿元，比年初增长 55.86 亿元，增速 18.10%，高于各项贷款增速 3.78 个百分点，贷款户数 27085 户，小微企业贷款申贷获得率 95.49%。②将小微企业金融服务纳入金融机构绩效考核。如：辖内农合机构新增"小微企业扩面"指标，涉及个体工商户贷款占比、个体工商户贷款户数增长、"4321"贷款投放任务完成比例及"黔微贷"贷款投放任务完成比例四个细化指标，并将小微企业"两增"纳入专项重点工作进行考核；持续推进"银税互动"，助力小微企业发展。截至 2018 年末，辖内 8 家机构与税务部门签订了合作协议，开展银税互动业务，全市银税合作贷款余额 1.78 亿元，比年初增长 0.92 亿元，增速 106.98%，贷款户数 243 户，比年初增长 52 户，其中信用贷款余额 1.33 亿元，信用贷款户数 224 户。 2. 中国人民银行安顺市中心支行：①先后组织召开金融服务小微企业工作会议，认真贯彻《关于进一步深化小微企业金融服务的意见》文件精神，做好小微企业金融服务工作。截至 10 月末，全市中小微企业贷款余额 455.25 亿元，同比增长 23.85%，比全市贷款平均增幅高 8.85 个百分点。②推动银行业机构金融产品和服务方式创新，满足小微企业多元化的融资需求。截至 2018 年 9 月，已完成"中小企业创业贷"审批 23 户，贷款累计投放金额达 2 亿元。优化创业就业金融服务，加大对小微企业多主体的支持力度。③用好用活中征应收账款融资服务平台，拓宽中小企业融资渠道。1～10 月，为全辖企业提供了 71 笔应收账款融资，实现融资金额 107.61 亿元。④扎实做好高校毕业生、残疾人、返乡创业农民工、农村自主创业农民等小微企业群体创业就业的支持力度。

年份	金融、财政服务
2018	3. 中国工商银行安顺分行：①推进信贷资金投入：推出"创业贷""税务贷""经营快贷"等小微企业信贷产品，向中小企业累计投放贷款 1.06 亿元；②推行普惠金融"中小企业创业贷"，以实际行动服务实体经济。 4. 中国邮政储蓄银行安顺分行：支持中小企业、新型农村经营主体、创业就业人员等贷款近 3.5 亿元，成为服务安顺市地方经济发展和社会建设的重要金融力量。 5. 安顺农村商业银行股份有限公司：积极研发创新"诚商贷""快车贷""烟草 e 贷""顺利贷"等信贷产品。探索打造"信贷工厂"模式，以"做小、做散、做面、高效"为目标，成立市府和西山两个小微中心，小微中心实行负责人独立审批制，真正做到为小微企业提供高效便捷的金融服务。 6. 开发"民营企业税收助手"。安顺市税务局以为纳税人服务为中心，开发"民营企业税收助手"公共服务平台，运用信息化手段，借力"互联网 + 政务"优势，集中部门力量，整合政策资源和服务内容，创新服务手段，打通"政商银"链条，为民营企业提供更优质、更高效的服务模式
2017	1. 安顺银监分局：①不断深化小微企业金融服务。推动建行、邮储行、贵阳银行与税务部门签订《银税互动合作协议》，降低小微企业融资门槛，引导银行业创新融资模式，优化信贷流程，缩减小微企业融资成本。如农村信用社开发的"黔微贷""金纽带"、贵阳银行的"税源 e 贷"，建行"小微快贷""速贷通"和"成长之路"等信贷产品。②制定并下发《安顺银监分局 2017 年小微企业金融服务考核办法》，定期对辖内银行支持小微金融服务情况进行通报考核。③2017 年末，安顺市小微企业贷款余额 308.60 亿元，比年初增加 87.66 亿元，增幅 39.68%，高于各项贷款增幅 21.59 个百分点，贷款户数 61750 户，比上年同期增加 5553 户，申贷获得率达 98.79%，总体上完成"三个不低于"目标。 2. 中国人民银行安顺市中心支行：①着力改进和提升"三农"和小微企业金融服务。②全市完成中小微企业贷款余额 354.66 亿元，较年初增加 82.07 亿元，同比增长 25.7%。③指导安顺农商行推出小微服务 e 平台，强化农商银行、企业、农户三方合作，采取"扶持 + 孵化 + 服务"的方式，开展"订单作业"。 3. 中国工商银行安顺分行：在全省率先实现小微企业"创业贷"产品落地，并实现投放 9560 万元。 4. 贵州银行安顺分行：积极推行"小微贷款"业务，做好"4321"担保体系落地，7 家担保公司准入获批，合计授信额度 81000 万元。发放"4321"贷担风险担保贷款 9 笔，金额 3520 万元；拓展微型企业客户，对符合"3 个 15 万"扶持政策的微型企业、微型企业法定代表人开展授信业务，新增"黔微贷"客户 77 户，金额 4621 万元。小微贷款余额 27.94 亿元，全年累计发放金额 2.75 亿元，其中经营类贷款 255 笔，金额 2.48 亿元，消费类贷款 180 笔，累放金额 0.27 亿元。 5. 安顺农村商业银行股份有限公司：以"信用工程""农户小额信用贷款""黔微贷""贵园信贷通"等信贷产品为有效载体，发放小微企业贷款余额 31.84 亿元，较年初增加 4.35 亿元，增幅 19.34%。小微企业贷款分别实现"两个不低于"的目标。 6. 中国邮政储蓄银行安顺分行：2017 年实现小微企业贷款累计投放 20.16 亿元，惠及农户、小微企业 7000 余户。 7. 安顺市农村信用社：2017 年实现小微企业（含个体经营性贷款）余额 139.79 亿元，较年初增加 29.28 亿元，增幅 26.49%。涉小微企业贷款余额和新增额居全市银行业机构首位。 8. 落实国家各项税收优惠政策。2017 年有 31278 户次纳税人享受小微企业增值税优惠政策，减免增值税额 19391.83 万元，优惠面达 100%；809 户企业享受小型微利企业所得税优惠政策，共计减免企业所得税 642.18 万元，户均减免额 0.8 万元；12 户企业享受研发费用加计扣除税收优惠政策，共计加计扣除研发费用 6590.81 万元，减免企业所得税 1647.7 万元。截至 12 月底，营改增试点纳税人达 20133 户（其中"四大行业"有 13138 户），全市共为纳税人减税 76000 万元，实现了行业税负"只减不增"的改革目标，有力助推了安顺经济结构的转型升级。 9. 大力推进税银互动，为中小企业精准"输血"，2017 年，全市 150 余户纳税人通过"税银互动"贷款 1.17 亿元，企业发展动力得到激发

年份	金融、财政服务
2016	1. 出台"微保贷""中小企业创业贷"等扶持政策。 2. 安顺银保监分局：督促银行设立小微贷款专营部，2016 年全市各银行业金融机构共设立 7 家小微贷款专营部；持续推进"银税互动"，助力小微企业发展，其中建行、邮储行、贵阳银行、普定联社和镇宁联社 5 家银行业金融机构与税务部门签订合作协议。2016 年末，全市银行业金融机构小微企业贷款额 220.94 亿元，增幅 16.46%，高于各项贷款增幅 3.73 个百分点，贷款户数比上年同期增加 862 户，申贷获得率达 98.67%，比上年同期高 0.43 个百分点，整体实现了"三个不低于"目标。 3. 中国工商银行安顺分行：促成《安顺市中小企业创业贷融资管理暂行办法》在全市公开印发。 4. 中国建设银行安顺分行：严格把握客户准入条件，持续优化小企业信贷资产质量。 5. 安顺农村商业银行：①小微企业金融服务：针对小微企业金融服务需求，创新研发小微企业金融服务 e 平台，推行"商圈＋商户"的"1＋N"服务模式，实现小微企业金融服务手续简、时间短，融资需求智能匹配的目标。目前，小微金融服务 e 平台已对 10000 余户小微企业（个体工商户）建档评级，授信总额 20.28 亿元，小微企业贷款余额 49.73 亿元，小微企业贷款增速 19.54%，高于各项贷款平均增速 0.42 个百分点，贷款户数高于上年同期 47 户，小微企业申贷获得率高于上年同期 0.22 个百分点；②金融服务示范点建设：确定西山、东关、产业园区支行为小微企业金融服务示范点。 6. 中国邮政储蓄银行安顺分行：小微企业贷款累计投放 16 亿元，惠及农户、小微企业 6000 余户；2016 年，小企业成功授信 13690 万元，实现放款共计 11718 万元，其中小企业重点产品"医院贷"推广取得突破，成功授信 9700 万元。 7. 银税互动合作：制定《安顺市银税互动助力小微企业发展工作方案》，签订《安顺市银税互动合作协议》，强化信息共享机制，形成市场监管合力，助力小微企业发展，例如：安顺市国地税局、贵阳银行安顺分行积极推行"银税互动——税源贷"业务，将企业纳税信用与融资能力有机结合，使纳税信用信息成为小微企业的信用资产，提升纳税信用的含金量；截至 2016 年底，通过"银税互动"业务，对 36 户纳税人，信用贷款达 5117 万元，相比上年同期增长达 24 倍之多
2015	1. 安顺银保监分局：督促各银行业金融机构以"四单原则"为核心，强化小微企业金融服务"六项机制"建设，通过搭建银企交流平台、加强目标考核、实行差异化监管、加强宣传指导等措施，拓宽小微企业金融服务覆盖面，加大小微企业金融服务支持力度。截至 2015 年 12 月末，全市小微企业贷款（包括小型企业贷款、微型企业贷款、小微企业主贷款和个体工商户贷款）余额 189.72 亿元，比年初增加 51.93 亿元，增幅 37.69%，高于各项贷款增幅 19.99 个百分点，小微企业贷款增量比去年同期增加 21.31 亿元，贷款户数比上年同期增加 3654 户，申贷获得率比去年同期提高 596 个百分点，实现了"三个不低于'政策目标。 2. 中国建设银行安顺分行：执行"以小为主、以微为重"的小企业业务发展方针；2015 年小企业贷款新增 6405 万元。 3. 中国银行安顺分行：通过中小微企业授信，不断拓展中小企业金融服务渠道。 4. 中国农业银行安顺分行：小微企业贷款余额增加 78062 万元，贷款增量达年计划 221.13%，增速 135.7%；全面完成银监会要求的小微企业"三个不低于"目标。 5. 中国邮政储蓄银行股份有限公司：推广"贵工贷""医院贷"等小企业重点产品，成功授信 6300 万元，放款 2400 万元；2015 年，共发放小企业贷款 1.93 亿元，余额 1.89 亿元，同比增长 9900 万元，增幅 50.26%。 6. 贵州银行安顺分行：2015 年，以"贴近市场，贴近客户，提高市场响应能力"为原则，积极拓展"贵园贷通""银政贷""社保养老贷"业务，以创新产品创新业务拓展小微业务发展市场。成功与镇宁产业园区签订合作协议，授信 3000 万元，已发放"贵园贷通"3 笔，金额共计 500 万元。 7. 安顺农商银行：不断做大小微金融，共发放小微企业贷款 41 亿元，占各项贷款的 69.04%，贷款户数达 29640 户。其中，"3 个 15 万"微型企业贷款 1.2 亿元，"贵园信贷通"贷款 1.3 亿元，实现了"三个不低于"目标。 8. 安顺市农村信用社：实施"黔微贷"，满足小微企业融资需求。截至 2015 年 12 月末，安顺农信社小微企业贷款余额 87.88 亿元，发放户数 525 万户；其中 3 个"15 万"微型企业贷款 2.98 亿元，发放户数 0.24 万户；小微企业贷款增速 27.28%，高于各项贷款增速 8.1 个百分点；贷款户数 525 万户，比去年同期新增 0.62 万户；申贷获得率 99.13%，实现了小微企业贷款"三个不低于"目标

年份	金融、财政服务
2014	1. 推动"政银企担"中小微企业融资体系建设，组织上海股权交易中心来安顺开展融资需求培训，动员中小企业到上海股权交易中心挂牌上市。 2. 安顺银保监分局：组织全辖银行业金融机构开展主题为"助小微、强服务、防风险、惠民生"的小微企业金融服务宣传活动。截至 2014 年末，全市小微企业贷款余额 137.80 亿元，比年初增加 30.63 亿元，增幅 28.58%，高于各项贷款增速 8.19 个百分点，整体实现"两个不低于"政策目标。 3. 中国邮政储蓄银行股份有限公司：依托覆盖城乡的网络优势，坚持服务中小企业，2014 年实现小微企业和小额贷款 1.12 亿元
2013	1. 安顺银监分局：深化"六项机制"建设，搭建银企交流平台、加强目标考核、实行差异化监管、加强宣传指导等措施，拓宽小微企业金融服务覆盖面，加大小微企业金融服务支持力度。大力普及小微企业金融服务知识，完善服务制度建设，鼓励各机构进行产品和服务创新。截至 2013 年末，辖内各机构共成立了 14 个小微企业服务中心，全市小微企业贷款余额 10717 亿元，比年初增加 542 亿元，比上年同期增量少减 26.05 亿元，增速 532%，低于各项贷款增速 1763 个百分点 2. 中国建设银行安顺分行：成立小企业营销团队，积极拓展小企业信贷业务；与政府共商解决小企业融资难问题，加强与工商联、商协会的合作，搭建西秀区、镇宁县助保贷平台，为抵押不足的小企业再添一条融资渠道；积极做好"助保贷"的营销工作。借助政府增信，确保增加 1~2 个"助保贷"业务平台；2013 年实现小企业贷款新增 13166 万元。 3. 中国农业银行安顺分行：小微企业金融服务，累计发放小微企业贷款 183 笔，金额合计 55656 万元。 4. 贵州银行安顺分行：2013 年，累计发放小微企业贷款 1192 户，截至年末小微型企业贷款余额 193 亿元，小微型企业贷款占全部贷款余额的 31.6%。2013 年 11 月，市西市场、小十字商圈、德力粮油市场小微集群商户综合授信 31 亿元，小微企业综合授信审批累计达 568 亿元，小微型企业贷款满足率、覆盖率、满意率逐年提升，有力支持了小微企业发展。 5. 安顺市农村信用社：针对小微企业特点，提供全方位的金融服务。全市小微企业（个体工商户）建档面 100%，小微企业（个体工商户）评级面达 8895%；全市小微企业（个体工商户）贷款余额 85.79 亿元，较年初增加 24.82 亿元，增幅 4071%，高于各项贷款平均增幅的 1181 个百分点，增量高于 2012 年同期 11.36 亿元。小微企业（个体工商户）贷款实现"两个不低于"的目标

资料来源：《安顺市年鉴》2014~2019 年。

4.4.5 发展经验

第一，大胆先行先试，打造改革试验区。

20 世纪 90 年代，安顺经济技术开发区敢为人先，在全省率先出让国有土地使用权，划出 5 万平方公里的土地借体招商，借船出海，以租赁、托管、兼并、合作等形式为国企改革注入新的活力，在全省第一个培育了国有、集体、个体三种经济成分为一体的"混血儿"企业。以土地置换的方式解决资金不足困难，建成纵横交错的道路交通网络。大力筑巢引凤，在营造环境、完善服务设施的基础上再进行房地产开发。创建发展基金，支持中小企业发展。

第二，加大政策支持，营造发展氛围。

近二十年来，在中央、省、市一系列政策措施的推动下，全市民营经济发展取得较大成效。《国务院关于鼓励支持和引导个体私营等非公有制经济发展的若干意见》，这是国家层面第一个专门支持非公有制经济发展的文件，文件共 36 条，简称"非公 36 条"。2009 年 8 月安顺市发布《中共安顺市委安顺市人民政府关于大力推进非公有制经济又好又快发展的实施意见》，文件共 38 条，支持非公有制经济加快发展。2010 年以来，中央、省相继出台关于支持民营经济发展的意见。市委、市政府迅速响应，出台相关实施意见和任务分工方案，并制定了《安顺市扶持微型企业发展实施办法》等一系列政策文件，大力实施"民营经济三年倍增计划"和"民营经济五年行动计划"。逐步消除影响民营经济发展的体制机制障碍，营造公平竞争、法治保障的发展环境，不断激发民营经济发展内生动力。

第三，深化制度改革，提高服务效率。

首先，商事制度改革，尽心服务企业。党的十八届二中全会提出"改革工商登记制度"，开启了商事制度改革的序幕。安顺市工商局针对开办企业准入难、门槛高、环节多、效率低、期限长等突出问题，以商事登记制度改革为切入点，不断深化，逐步拓展，商事制度的总体框架基本确立，适应国际商事制度普遍趋势的制度体系逐步形成，为全市民企发展提供方便快捷的注册渠道。

其次，坚持政策引导，因企施策，有序推进。引导和鼓励全市民营企业建立现代企业制度，完善各项服务体系。一是促进民营企业产权明晰。引导企业通过清产核资、界定产权、清理债权债务，对商标商誉、专利技术、知识产权等无形资产进行评估。二是促进民营企业产权多元化。引导企业进行资本的多元化、社会化改造，实现企业产权结构的多元化、企业投资主体的多元化，进行股份制运作、公司化经营等。三是引导企业内部产权结构合理化。通过企业内部产权的合理再分配，增加职业经理人及技术骨干、员工的持股比重，增加企业家员工培训批次，加强企业家素质提升，提高企业管理人员素质等。四是引导企业实施技术改造，提升品牌质量，促进转型升级，坚持提质增效，提升企业的核心竞争力，确保企业向有市场、有资源、有效益的方向发展。

最后，推动"专精特新"工程，培育新型中小企业。遴选一批领军企业、骨干企业、成长企业进行重点培育，促进企业走专业化、精细化、特色化、新颖化发展之路，培育一批主营业务突出、竞争力强、成长性好的"专精特新"中小企业。一是促进技术改造。加强技术改造专业化服务指导，加快推动中小企业应用新技术、新工艺、新装备、新材料。支持中小企业加快淘汰落后工艺技术，应用国内外先进节能、节水、节材和安全生产的工艺技术。鼓励中小企业加大研发投入，加强技术改造，引进先进适用技术、工艺和设备，改造传统工艺，优化生产流程。二是培育名牌企业。全面推进中小企业品牌建设，以增品种、提品质、创品牌为主攻方向，提高品牌核心竞争力。开展中小企业品牌培育试点、示范工作，培育一批名牌产业和知名企业。三是加强市场开拓。支持中小企业参加境内外展览展销活动，加大产品和品牌宣传推介。对参加中国国际中小企业博览会、APEC中小企业技术交流暨展览会、香港国际中小企业博览会、石博会、酒博会、食博会、药交会等境内外知名的展览会、博览会的企业给予补助。鼓励中小企业创新销售模式，利用阿里巴巴、京东等大型电商平台开拓市场，推动"黔货出山"。四是建设人才队伍。加强中小企业人才队伍建设，提升中小企业人才队伍素质，强化中小企业人才培训、培养和引进。充分利用国家中小企业银河培训工程、中小企业经营管理领军人才培训及省中小企业星光培训工程等平台，对企业经营者、主要管理人员组织专门培训，帮助他们开阔思路、拓展视野、更新理念，培养战略思维和持续创新能力。

4.5　毕节市民营经济发展

4.5.1　市场主体

2018 年末，全市共有个体经营户 23.30 万个，其中第二产业个体经营户 3.08 万个，第三产业个体经营户 20.22 万个。在第二产业和第三产业个体经营户中，位居前三位的行业是：批发和零售业 12.53 万个，占 53.78%；住宿和餐饮业 3 万个，占 12.88%；交通运输、仓储和邮政业 2.22 万个，占 9.53%。

表 4-44　　　按行业门类分组毕节市法人单位与个体经营户（2018 年）

项目	法人单位		个体经营户	
	数量（万个）	比重（%）	数量（万个）	比重（%）
合计	3.43	100	23.30	100
采矿业	0.08	2.33	0.01	0.04
制造业	0.53	15.45	1.64	7.04
电力、热力、燃气及水生产和供应业	0.02	0.58	0.03	0.13
建筑业	0.17	4.96	1.36	5.84
批发和零售业	0.80	23.32	12.53	53.78
交通运输、仓储和邮政业	0.09	2.62	2.22	9.53
住宿和餐饮业	0.18	5.25	3	12.88
信息传输、软件和信息技术服务业	0.04	1.17	0.05	0.21
金融业	0.01	0.29	—	—
房地产业	0.09	2.62	0.01	0.04
租赁和商务服务业	0.26	7.58	0.23	0.99
科学研究和技术服务业	0.07	2.04	0.03	0.13
水利、环境和公共设施管理业	0.04	1.17	0.01	0.04
居民服务、修理和其他服务业	0.13	3.79	1.62	6.95
教育业	0.12	3.50	0.08	0.34
卫生和社会工作	0.07	2.04	0.34	1.46
文化、体育和娱乐业	0.11	3.21	0.12	0.52
公共管理、社会保障和社会组织	0.60	17.49	—	—

注：表中合计数含从事农、林、牧、渔专业及辅助性活动和兼营第二、第三产业活动的农、林、牧、渔业法人单位与个体经营户。

资料来源：毕节市第四次全国经济普查公报。

2018 年末，全市共有第二产业和第三产业的企业法人单位 2.62 万个，其中，内资企业占 99.93%，港、澳、台商投资企业占 0.04%，外商投资企业占 0.03%。内资企业中，国有企业占全部企业法人单位的 0.39%，私营企业占 91.59%。

表 4-45　　　　　　按登记注册类型分组毕节市企业法人单位（2018 年）

项目	单位数（万个）	比重（%）
合计	2.6167	100
内资企业	2.6148	99.93
国有企业	0.0102	0.39
集体企业	0.0215	0.83
股份合作企业	0.0018	0.07
联营企业	0.0014	0.05
有限责任公司	0.1622	6.20
股份有限公司	0.0210	0.80
私营企业	2.3967	91.59
其他企业	0	0
港、澳、台商投资企业	0.0011	0.04
外商投资企业	0.0008	0.03

资料来源：毕节市第四次全国经济普查公报。

4.5.2　经济支撑

2015 年毕节市规模以上工业企业创造工业总产值共 810.12 亿元，其中私营企业创造 329.41 亿元，占全部规模以上工业企业工业总产值超 40%；随后，毕节市规模以上工业企业创造的工业总产值逐年增加。到 2018 年，毕节市规模以上工业企业创造工业总产值减少到 783.22 亿元，但私营企业创造工业总产值却增加到 443.59 亿元，占全部规模以上工业企业工业总产值增加到近 57%。按企业规模大小划分，毕节市规模以上工业企业工业总产值很大一部分是由小型企业创造的。2015 年，全市规模以上工业企业工业总产值中有 473.85 亿元是由小型企业创造的，占当年全市规模以上工业企业工业总产值近 58%；2018 年，全市规模以上工业企业工业总产值中有 474.09 亿元是由小型企业创造的，占当年全市规模以上工业企业工业总产值超 60%。

表 4-46　　　历年毕节市规模以上工业企业工业总产值（2013~2018 年）　　　　单位：亿元

项目	2018 年	2017 年	2016 年	2015 年
总计	783.22	1033.33	987	810.12
在总计中：				
私营企业	443.59	524.75	423.07	329.41

项目	2018 年	2017 年	2016 年	2015 年
大型企业	79.22	90.88	96.11	86.59
中型企业	229.91	322.21	232.71	249.68
小型企业	474.09	620.25	645.63	473.85
其中：纯小型企业	416.05	590.44	618.88	452.54
微型企业	58.04	29.80	26.75	21.31

资料来源：《毕节统计年鉴》（2016~2019 年）。

在创造税收方面，2015 年，全市共有 801713 万元税收收入，其中，私营企业有 119315 万元，个体经营户有 40540 万元，分别占全市税收收入的约 15% 和 5%；随后，毕节市私营企业和个体经营户创造的税收，除 2016 年外，其他年份均呈现出逐年增加趋势。到 2018 年，全市共有 2193822 万元税收收入，其中，私营企业有 218485 万元，个体经营户有 155243 万元，分别占全市税收收入的约 10% 和 7%。相比私营企业，从 2015~2018 年个体经营户创造的税收收入增长速度较快。

表 4-47　　　　历年毕节市分企业类型税收收入（2015~2018 年）　　　　单位：万元

项目	2018 年	2017 年	2016 年	2015 年
总计	2193822	1984490	927792	801713
在总计中：				
国有企业	406323	283371	182944	103291
私营企业	218485	218111	48194	119315
个体经营	155243	128939	67668	40540

资料来源：《毕节统计年鉴》2016~2019 年。

4.5.3　社会贡献

2018 年末，全市第二产业和第三产业法人单位从业人员 58.1 万人，比 2013 年末增加 9.7 万人，增长 200.41%，其中女性从业人员 22.33 万人。第二产业的从业人员为 15.44 万人，减少 4 万人，减少 20.58%；第三产业的从业人员为 42.66 万人，增加 13.82 万人，增长 47.92%。其中，个体经营户从业人员 54.37 万人，其中女性从业人员 27.03 万人。

在个体经营户从业人员中，位居前三位的行业是：批发和零售业 26.99 万人，占 49.64%；住宿和餐饮业 8.09 万人，占 14.87%；居民服务、修理和其他服务业 5.54 万人，占 10.2%。

表 4 - 48　　　　按行业门类分组的法人单位与个体经营户从业人员（2018 年）

项目	法人单位从业人员（万人）	其中：女性	个体经营户从业人员（万人）	其中：女性
合计	58.10	22.33	54.3697	27.0311
采矿业	4.28	0.45	0.0850	0.0042
制造业	6.87	2.93	3.7889	1.6140
电力、热力、燃气及水生产和供应业	0.83	0.20	0.0088	0.0020
建筑业	3.46	0.71	3.8208	0.5807
批发和零售业	5.04	2.12	26.9918	15.0854
交通运输、仓储和邮政业	1.41	0.44	2.3317	0.3724
住宿和餐饮业	1.35	0.81	8.0868	4.8787
信息传输、软件和信息技术服务业	0.40	0.16	0.1818	0.1127
金融业	0.78	0.32	—	—
房地产业	2.03	0.77	0.0142	0.0069
租赁和商务服务业	2.81	0.92	0.9921	0.2849
科学研究和技术服务业	0.89	0.23	0.0950	0.0152
水利、环境和公共设施管理业	0.90	0.40	0.0185	0.0097
居民服务、修理和其他服务业	1.04	0.48	5.5431	2.6380
教育业	7.08	3.71	0.7828	0.6166
卫生和社会工作	3.57	2.31	0.6086	0.3300
文化、体育和娱乐业	0.79	0.39	0.8863	0.4797
公共管理、社会保障和社会组织	14.44	4.93	—	—

注：表中合计数含从事农、林、牧、渔专业及辅助性活动的法人单位与个体经营户从业人员。且合计数和分行业数据均不包含银保监会、证监会和铁路运输业从业人员数。

资料来源：毕节市第四次经济普查。

4.5.4　工业发展

2018 年末，毕节市有内资工业企业法人单位 6367 个，其中，私营企业 5916 个，占 92.8%。在内资工业企业法人单位从业人员中，私营企业占 70.1%。

表 4 - 49　　　按登记注册类型分组的毕节市工业企业法人单位和从业人员（2018 年）

项目	企业法人单位（个）	从业人员（人）
合计	6379	119761
内资企业	6367	119216
国有企业	22	1320

项目	企业法人单位 （个）	从业人员 （人）
集体企业	14	853
股份合作企业	9	67
联营企业	4	53
有限责任公司	326	29961
股份有限公司	41	995
私营企业	5916	85353
其他企业	35	614
港、澳、台商投资企业	6	356
外商投资企业	6	189

资料来源：毕节市第四次经济普查。

在规模以上工业企业中，2015年毕节市工业企业中私营企业有240个，占当年全市工业企业数近60%；2018年毕节市工业企业中私营企业增加到355个，比2015年增加近48%，占当年全市工业企业数超71%。历年来，毕节市工业企业中小型企业是主要组成部分。2015年，毕节市有312个小型企业，占当年全部工业企业近78%；2018年，毕节市有439个小型企业，占当年全部工业企业近88%。

表4-50　　　　历年毕节市规模以上工业企业数（2015～2018年）　　　　单位：个

项目	2018年	2017年	2016年	2015年
总计	499	549	512	401
在总计中：				
私营企业	355	360	320	240
大型企业	7	4	8	5
中型企业	53	81	81	84
小型企业	439	464	386	312
其中：纯小型企业	344	420	369	284
微型企业	95	44	17	28

资料来源：《毕节统计年鉴》2016～2019年。

在亏损企业中，私营企业和小型企业的亏损面较大。2015年，全市有亏损企业116个，其中私营企业亏损企业达58个，占比50%；小型企业亏损企业达90个，占比近76%。2018年，全市有亏损企业减少到84个，其中私营企业亏损企业达46个，占比近55%；小型企业亏损企业减少到62个，占比近74%。

表4-51　　　历年毕节市规模以上工业企业亏损企业数（2013~2018年）　　单位：个

项目	2018年	2017年	2016年	2015年
总计	84	100	123	116
在总计中：				
私营企业	46	55	79	58
大型企业	1	1	1	1
中型企业	21	26	27	25
小型企业	62	73	85	90
其中：纯小型企业	44	67	83	85
微型企业	18	6	2	5

资料来源：《毕节统计年鉴》2016~2019年。

在规模以上工业企业从业人员方面，2015年全市有9.12万人，其中私营企业从业人员有4.05万人，占当年全市规模以上工业企业从业人员超44%；2018年，全市规模以上工业企业从业人员减少到7.07万人，其中私营企业从业人员有3.83万人，占当年全市规模以上工业企业从业人员增加到超54%。按企业规模大小划分，毕节市规模以上工业企业从业人员也主要集中在小型企业。2015年，全市规模以上工业企业从业人员中有3.66万人分布在小型企业中，占当年全部规模以上工业企业从业人员40%；2018年，全市规模以上工业企业从业人员中有3.15万人分布在小型企业中，占当年全部规模以上工业企业从业人员超44%。

表4-52　　　历年毕节市规模以上工业企业从业人员期末人数（2015~2018年）　　单位：万人

项目	2018年	2017年	2016年	2015年
总计	7.07	9.45	9.88	9.12
在总计中：				
私营企业	3.83	4.63	4.36	4.05
大型企业	1.14	0.80	0.92	0.90
中型企业	2.78	4.52	4.06	4.56
小型企业	3.15	4.13	4.54	3.66
其中：纯小型企业	3.04	4.01	4.49	3.60
微型企业	0.11	0.13	0.04	0.05

资料来源：《毕节统计年鉴》2016~2019年。

在建筑业方面，2018年末，全省建筑业企业法人单位1703个，其中，国有企业占0.2%，集体企业占0.8%，私营企业占89.7%。全省建筑业企业从业人员34622人，其中，国有企业占3.2%，集体企业占2.3%，私营企业占69.9%。

表 4 - 53　　　　　　　　按登记注册类型分组的建筑业企业法人单位和从业人员

项目	企业法人单位（个）	从业人员（人）
合计	1703	34622
内资企业	1703	34622
国有企业	4	1102
集体企业	13	781
股份合作企业	0	0
联营企业	0	0
有限责任公司	148	8063
股份有限公司	11	487
私营企业	1527	24189
其他内资企业	0	0
港、澳、台商投资企业	0	0
外商投资企业	0	0

资料来源：《毕节统计年鉴》2019 年。

4.5.5　融资服务

表 4 - 54　　　　　　　　毕节市民营企业融资服务（2013～2018 年）

年份	融资服务
2018	1. 毕节市政府发放贵州省首笔支小再贷款，继续实施扶贫再贷款"两建两优"的管理模式，为解决村民创收的民营、小微企业提供资金支持。贵州省首笔 7000 万元"信贷资产质押"支小再贷款发放到毕节。2018 年末毕节市小微企业贷款余额 397.74 亿元，较年初增加 149.12 亿元，同比增幅 59.98％，高于全市各项贷款增速 40.29％。 2. 毕节市实施《中华人民共和国中小企业促进法》；出台《毕节市拖欠民营企业中小企业退款实施办法》，并实施针对拖欠民营企业、中小企业转款的专项行动；成立"毕节市服务民营企业省长直通平台"，共受理转办事项 14 个，切实解决民营企业、中小企业发展难点问题；组织企业参加第十届 APEC 中小企业交流展销会、"6·27 中小微企业宣传日"、广州中博会、省民博会、香港创智营商博览会等各类展销会活动，帮助企业开拓国内外市场；组织民营企业、中小企业相关人员参加贵州省"星光培训"及省、市相关部门举办的企业管理等各类培训，共举办培训班 6 期，培训 1200 余人次；建立了覆盖全市的中小企业服务机构，63 家中小企业进入省"专精特新"培育名单。全市民营经济市场达 38.18 万户，实现民营经济增加值 1286 亿元，占 GDP 比重 59％，超过全省平均水平
2017	1. 2017 年底小微企业贷款 248.62 亿元，较年初增加 69.77 亿元，增速达到 39.01％；小微企业金融服务取得新突破，年末小微企业贷款余额 304.23 亿元，同比增速 34.16％，高于各项贷款增速 18.9 个百分点，贷款户数 3.04 万户，较去年同期增加 0.79 万户，申贷获得率 99.06％，高于去年同期 1.02 个百分点。 2. 民营经济已经成为全市经济发展的重要支柱，在带动就业和促进民间投资方面发挥极其重要的作用。全年完成民间投资 1377 亿元，实现民营经济增加值 1049.7 亿元，占 GDP 比重 57％，市场主体累计达 45.7 万户，完成注册资本累计达 1372 亿元，新增就业 10.67 万人。 3. 2017 年，市科技局加强科技型企业备案工作，6 家中小企业进入"科技型中小企业库"

年份	融资服务
2016	1. 大力扶持民营经济体，先后为金沙台金农业、威宁泰丰、威宁香炉山等地方重点扶植的高成长性小微企业进行贷款投放，截至年底，实现小企业贷款投放 23 户，储备小企业客户 30 户，贷款金额近 2 亿元。 2. 大力实施民营经济"三年倍增计划"，大力培育市场主体，继续加大对雪榕集团等龙头企业扶持力度，落实扶持微型企业发展等配套政策，多渠道加大财税金融支持，民营经济发展势头趋好。全年完成民营经济增加值 890 亿元，占 GDP 比重 54.7% 以上；民营经济市场主体（含个体工商户和私营企业）累计达36.5 万户，占年度任务数 36 万户的 101.38%，注册资本累计达 1026.22 亿元，占年度任务数 910 亿元的120.88%；完成民间投资 1205 亿元，占全社会固定资产投资的 75.3%；新增就业 9 万余人
2015	2015 年，努力推动民营经济加快发展，毕节市完成民营经济增加值 780 亿元，占 GDP 比重达 51% 以上。民间投资完成 1045 亿元，约占全社会固定资产投资的 51.7%。注册资本累计达 862.43 亿元，市场主体（个体工商户和私营企业）累计达 31 万户。全市中小微企业、民营经济等市场主体新增就业 8.25 万人。"民营企业服务年"活动有序开展，建立工作台账分解表及问题台账制，全年共收集整理 159 户民营企业，有力破解民营经济"七难"问题
2014	1. 深入实施"民营经济五年提升行动计划""万户小老板"和"3 个 15 万"工程，推广"先照后证"，全面提高民营经济比重，全年完成民间投资 866 亿元，实现民营经济增加值 625 亿元，市场主体达到25.7 万户，民营经济注册资本达到 768.5 亿元，新增就业 7.5 万人。黔西县绿原食品开发有限公司、金沙绿色建材有限公司等 5 家民营企业成功挂牌实现 Q 版上市，实现毕节市企业上市"零突破"。 2. 增强民营经济发展活力，合理引导民营资本进入银行业。农商行改制和农村信用社、黔西县联社改制农商行、织金农商、大方县联社都注入了民营资本。 3. 创新农村金融服务模式。重点加大对农业产业园区的中小企业、农业产业化龙头企业的支持力度，引入现代农业产业链服务模式。依托产业链上的核心经营主体，建立健全"龙头企业 + 农户"等服务模式。加大小微企业扶持力度，全年累计发小微企业贷款 3.64 亿元，小微企业贷款余额达 6.17 亿元，较年初增长 2.01 亿元，增幅 48.31%，高于各项贷款平均增幅 14.63 个百分点。小微企业贷款在法人贷款中的占比达 11.06%，较年初提升了 0.26 个百分点
2013	1. 组建副县级事业单位市民营经济发展局，完善职能和机构设置，强化协调服务。全市启动建设中小微企业创业园 53 个，建成 26 个，入园企业 469 户，解决就业 3 万余人。全年完成民间投资 658 亿元，同比增长 39.7%，实现民营经济增加值 510 亿元，同比增长 21.4%。民营经济占 GDP 的比重由上年的 42% 提升到 46%，全面完成民营经济"三年倍增计划"，全市民营经济发展步伐加快效果明显。 2. 引导毕节金融机构将信贷资金更多投向实体经济，特别是"三农"和中小微型企业，确保信贷投放体现宏观调控意图且主要投向"三农"、小微型企业及民生经济。中行毕节分行 10 月 10 日与七星关区微小企业合作发展商会会员举行银企合作座谈会，经多次沟通协商，于 1 月 14 日正式签署合作协议。中行毕节分行将密切加强与七星关区微企合作发展商会的合作，共商发展大计，以期实现双赢。 3. 毕节市民营科技企业 13 家，其中技工贸收入上万元的 13 家；从业人员 1704 人，年末资产总额 105205万元，技工贸总收入 88398 万元。搭建毕节市科技型中小企业创新服务平台，入库企业 30 家，专家 50多人，成果 20 多条，储备工业科技项目 50 余个

资料来源：历年《毕节年鉴》。

4.6 铜仁市民营经济发展

在过去的"十二五""十三五"发展期间，铜仁市不断充实和完善市级重大项目库、专项基金项目库和 PPP 项目库，形成"谋划一批、成熟一批、落地一批、充实一批"的项目接续机制。着力走好生态产业化新路，大力发展有机生态农业、林业，扶持新型建筑建材业、农特产品加工业，开发休闲、度假生态旅游产品，建设以水、风、太阳能为主的低碳产业，研发保健药食产品，形成农业、工业、旅游、能源、健康"五位一体"的生态产业化发展格局。按照"大项目—产业链—产业集群—产业基地"的思路，引进产业带动力强的龙头企业，通过纵向延伸和横向拓展，形成配套完整和优势互补的产业链。抓好创新平台建设，建设以铜仁高新区为重点的科技孵化基地，加快建设锰产业、锂电池、页岩气、中成药等研发中心，成立铜仁科学院。力争新建工程技术研究中心2家、博士科研工作站1个、院士工作站1个、产业战略技术联盟1个。力争在新材料、新能源、生物医药、现代农业等领域取得一批重大成果。为中小企业发展提供各类金融服务，建立各类中小企业创业创新示范基地、辅助平台。本小节将以第一、第二、第三、第四次经济普查数据为基础，分析铜仁市民营经济在工业、金融服务和财税、商贸平台建设方面的发展情况。

4.6.1 工业发展

2018年，铜仁市实现工业增加值204.81亿元，比上年增长5.2%，其中：规模以上工业同比增长5.0%。在规模以上工业中，按轻重工业分，轻工业同比增长4.4%；重工业同比增长10.3%。按经济类型分，国有企业同比增长12.7%；集体企业同比下降13.3%；股份制企业同比增长2.2%；其他经济类型企业同比下降10.7%。

以工业经济类型划分，铜仁市非公有制工业总产值从2013年的386.20亿元增加到2017年的905.47亿元，增长约134.46%。2013~2018年，非公有制工业总产值占全市工业总产值比重从2014年的19%上升到2017年的75%。在工业增加值方面，铜仁市非公有制工业增加值从2013年的53.93亿元，增加到2017年的160.04亿元，增长1.97倍；非公有制工业增加值占全市工业增加值比重也从2013年的0.56增长到2017年的0.71。

表4-55　　　　　　铜仁市工业总产值、工业增加值发展（规模以上）

项目	2018年	2017年	2016年	2015年	2014年	2013年
全市工业总产值（亿元）	—	905.47	688.74	601.31	478.25	386.20
非公有制工业总产值（亿元）	—	680.42	—	—	90.40	—
全市工业增加值（亿元）	173.33	226.20	197.10	167.07	139.99	96.40
非公有制工业增加值（亿元）	—	160.04	137.26	109.17	90.40	53.93
非公有制工业总产值占全市工业总产值比重	—	75%	—	—	19%	—
非公有制工业增加值占全市工业增加值比重	—	71%	70%	65%	65%	56%

资料来源：《铜仁统计年鉴》2014~2019年。

以私营工业企业为例，铜仁市私营企业工业总产值从2013年的182.14亿元增加到2016年的384.80亿元，增长约1.11倍；其工业增加值从2013年的31.64亿元增加到2018年的112.15亿元，增长2.54倍。可见，近年来铜仁市民营工业经济份额逐步增大，私营工业企业经济效益逐步提升，已逐渐成为铜仁市工业经济发展的重要组成。

表4-56　　　　铜仁市私营企业工业总产值、工业增加值发展（规模以上）　　单位：亿元

项目	2018年	2017年	2016年	2015年	2014年	2013年
私营企业工业总产值	—	—	384.80	335.55	253.09	182.14
私营企业工业增加值	112.15	108.67	91.42	65.52	54.15	31.64

资料来源：《铜仁统计年鉴》2014～2019年。

在工业总产值方面，铜仁市规模以上工业企业总产值从2013年的96.40亿元增加到2018年的237.51亿元，增长146.38%。其中，规模以上私营工业企业增加值从2013年的31.64亿元增加到2018年的112.15亿元，增长2.54倍；相比之下，国有工业企业增加值从2013年的25.82亿元增加到2018年的33.20亿元，增长只有28.58%。显然，私营工业企业的增加值增长速度远远高于国有企业，也高于全市平均水平。

表4-57　　铜仁市年销售收入2000万元及以上工业企业增加值发展（2013～2018年）　单位：亿元

项目	2018年	2017年	2016年	2015年	2014年	2013年
全部工业增加值	237.51	226.20	197.10	167.07	139.99	96.40
其中：国有企业	33.20	29.46	32.49	31.19	41.65	25.82
私营企业	112.15	108.67	91.42	65.52	54.15	31.64

资料来源：《铜仁统计年鉴》2014～2019年。

规模以上工业增加值在经济类型结构方面，私营企业却表现良好。其工业增加值在全市的占比从2013年的32.82%增加到2018年的47.22%，增长速度较快。相比之下，铜仁市规模以上国有企业工业增加值在全市的占比却从2013年的26.82%减少到2018年的13.98%。显然，2013～2018年，私营工业企业对铜仁市工业增加值的贡献份额与日俱增。

表4-58　　　铜仁市规模以上工业增加值经济类型结构发展（2013～2018年）　　　单位：%

项目	2013年	2014年	2015年	2016年	2017年	2018年
国有企业	26.78	29.75	18.67	16.48	13.02	13.98
私营企业	32.82	38.68	39.22	46.38	48.04	47.22

注：规模以上工业增加值口径为主营业务收入2000万元及以上工业企业。
资料来源：《铜仁统计年鉴》2014～2019年。

在规模以上工业总产值方面，私营工业企业表现良好，由2013年的182.15亿元增加到2017年的493.47亿元，五年间，铜仁市规模以上工业企业工业总产值增长1.7倍，增长速度非常快。

表 4 - 59　　　　铜仁市规模以上工业企业工业总产值发展（2013~2017 年）　　　单位：亿元

项目	2013 年	2014 年	2015 年	2016 年	2017 年
国有企业	47.14	32.19	30.63	30.65	106.77
有限责任公司	110.78	152.14	195.01	238.01	—
股份有限公司	30.47	17.01	18.73	14.05	—
私营企业	182.15	253.09	335.55	384.80	493.47

资料来源：《铜仁统计年鉴》2014~2019 年。

在铜仁市全社会固定资产投资方面，按登记注册分类，私营工业企业全社会固定资产投资总额从 2013 年的 196.94 亿元逐年增加，但到 2017 年却下降到只有 148.53 亿元。

表 4 - 60　　　按登记注册分类铜仁市全社会固定资产投资发展（2013~2017 年）　　　单位：亿元

项目	2017 年	2016 年	2015 年	2014 年	2013 年
国有独资公司	168.40	62.80	1.70	2.70	3.44
其他有限责任公司	31.50	43.55	83.96	139.87	112.6
私营企业	148.53	190.76	172.87	254.10	196.94
个体经营	1.58	9.29	4.94	12.34	13.87

资料来源：《铜仁统计年鉴》2014~2019 年。

4.6.2　金融服务

为鼓励、壮大民营经济发展，铜仁市各部门从金融方面提供各种服务扶持铜仁市民营经济。下表总结了从 2013 年以来，铜仁市各部门在金融方面制定的各种政策和取得的成果。

表 4 - 61　　　　　　　铜仁市民营企业金融服务（2013~2018 年）

年份	金融服务
2018	1. 落实"几家抬"工作机制，推动市政府出台《铜仁市民营和小微企业融资服务年实施方案》，明确 16 项金融服务措施，开展"百名行长进企业"活动，摸清企业融资需求，推动民营小微企业融资环境整体改善。全市民营小微企业"申贷获得率"提升 3 个百分点，信用贷款、担保贷款分别较年初增长 23.5% 和 22.1%，融资成本同比下降 0.37 个百分点，推动铜仁市成为国务院明确的深化民营和小微企业金融服务综合改革试点。 2. 落实小微贷款利息减免政策，截至 3 月 31 日，全辖共计有 11 家法人机构符合单户授信 1000 万（含）以下小微企业贷款利息收入免增值税标准，符合免税条件的贷款金额累计 111.60 亿元，符合免税条件的贷款利息收入累计 1.11 亿元，免税金额累计 423.16 万元。 3. 组织开展"民营小微企业大走访"，针对省工商联推荐的两类名单中铜仁的 55 户企业，按照区域和经营范围进行分类，由市县行行领导带队开展走访工作，并根据走访调研情况建立重点支持客户信息库，逐一明确培育重点和建设性措施。 4. 围绕"一区一链一市场""千户行动"目标客户，把握"4321"担保联盟合作契机，加大对小微企业、民营企业、扶贫、涉农领域营销推动力度。 5. 将利率优惠审批管理倾向三农、小微、个体工商户，支持实体经济发展。围绕实现"两增两控"工作目标，推动普惠金融服务实体，将信贷资源优先投放于民营企业和小微实体，通过应收账款质押、金融链、银行承兑汇票、"贵园信贷通"等业务，支持地方实体经济树品牌、强企业

年份	金融服务
2017	围绕"小额化、标准化、综合化、集约化、网络化、智能化"大数据产品标准，立足铜仁资源特色，以"七贷一透"等大数据产品为武器，着力推进小微企业发展，累计发放小微企业贷款278笔，累计投放1.6亿元
2016	1. 建行铜仁市分行积极贯彻党中央、国务院关于促进小微企业发展的战略部署，落实省分行"以小为主、以微为重"小企业大数据信贷业务要求，积极推进小企业大数据产品，有力支持区域内小企业实体发展。开办小微企业大数据信贷产品善融贷、税易贷、POS贷、信用贷、薪金贷、善融e贷、创业贷、结算透。思南农商行"妇惠家合妇女创业小额贷款"获银监会、银行业协会"最佳微型企业金融产品创新奖"。2016年全年发放小微企业贷款29户，发放金额5430万元。 2. 积极支持小微企业建档、评级授信工作和企业信贷需求、风险控制评估工作，建立"3个15万"微企项目库，并提供及时、全面、便捷、高效的服务，2016年全市农信社累计向2018户微型企业发放"黔微贷"3.53亿元
2015	1. 运用支农再贷款、再贴现等货币政策工具，引导金融机构调整优化信贷结构，支持"三农"、小微企业、就业创业等经济社会发展薄弱环节。2015年末，全市小微企业贷款余额93.69亿元，同比增长20.47亿元。 2. 持续做好小微金融服务统计工作，进行信贷产品创新和推广，建立健全"银税合作"长效工作机制，已利用税务信息累计发放19笔786万元小微企业贷款。 3. 加强"税易贷"业务推动，在全省系统内率先实现"三个一"，即第一家签下小微企业"银税互动——税易贷"业务合作框架协议；第一家实现业务合作框架协议1市2区5县全覆盖；第一家实现投放。 4. 主动推出返乡农民工贷款、"三权"质押贷款、"一高一特"贷款、"黔微贷""贵园信贷通"等贷款品种及"续贷"业务
2014	1. 深化小微金融服务，召开全市银企融资对接座谈会，促成银企签约28亿元，批准设立2家小微支行和1家社区支行。 2. 加大对小微企业跟踪力度，确保小微企业到期贷款的收回率，建立小微企业到期贷款管理、卡透不良、农户不良贷款等风险治理工作进度每周通报制度。 3. 采取"贸易融资""应收账款抵押""商品质押""第三方担保""委托贷款""非信贷融资"等多种形式，积极帮助中小企业、小微企业等解决融资难问题。 4. 持续将小企业业务发展作为工作重点，深入到各县、城区商会、专业市场、工业园区等区域进行产品推介，为小微企业解决1.80亿元融资需求
2013	1. 进一步完善小微企业金融服务体制机制，研究制定了《铜仁市银行金融机构小微企业金融服务工作考核评价暂行办法》，对小微企业贷款在不良贷款容忍度等方面实施差异化监管政策。 2. 组织银行业金融机构认真开展"第二届小微企业金融服务宣传月"活动，活动期间累计发放宣传资料8000余份。 3. 要求银行业金融机构深入小微企业调研，加大小微企业金融服务创新力度，提供真正契合小微企业实际需求的金融服务。 4. 加大小微企业金融服务收费纠偏力度，开展小微企业金融服务收费情况专项检查，规范银行业金融机构收费行为，切实降低小微企业融资成本。截至12月末，小微企业贷款余额117.48亿元，比年初增加29.59亿元，增长33.6%，小微企业授信户数达9.89万户。 5. 大力拓展中小企业，特别是小微企业授信客户的发展，支持市内各工业园区经济建设及园区招商企业的发展，截至2013年12月末，铜仁分行共发放中小企业贷款4780万元。 6. 加大对"三农"和中小微企业的信贷支持力度，加大对民生工程尤其是城乡居民创业就业及消费的信贷支持力度，确保涉农和小微企业贷款增速不低于全年贷款平均增速。截至12月末，小微企业贷款余额28.92亿元，增长30.3%。 7. 加速推进个体工商户和小企业贷款的建档、评级、授信工作，对个体工商户和小企业资料进行清理，采取主动营销的方式，在个体工商户和小企业中结识信用社黄金客户

资料来源：《铜仁年鉴》2014~2019年。

4.6.3　财税、商贸平台建设

为鼓励、壮大民营经济发展，铜仁市各部门不仅从金融方面提供各种服务，还推动各种财税、商贸平台建设以扶持铜仁市民营经济。表4－26总结了从2013年以来，铜仁市各部门在财税、商贸平台建设方面制定的各种政策和取得的成果。

表4－62　　　　　　铜仁市民营企业财税、商贸平台建设（2013～2018年）

年份	财税、商贸平台建设
2018	1. 铜仁作为全省唯一的深化民营和小微企业金融服务综合改革试点城市，获得中央财政5000万元奖励支持；并且争取到梵净山保护管理资金，连续5年按6000万元/年拨付。 2. 落实小微企业普惠性减税政策，实施社保降率减费政策。全年集中培训150余期，培训纳税人18360人次。共计减免各类税收28.63亿元，惠及全市54452户纳税人和缴费人，惠及率98%以上
2017	1. 开启税邮合作，实现税务、邮政、纳税人"三方"共赢。推进纳税信用联动．深入开展"银税互动"，强化纳税信用评价结果的增值使用，全年帮助小微企业获得授信贷款共计7308万元。 2. 着力推进供给侧结构性改革。投入资金56.5亿元，推动农业供给侧结构性改革；筹集资金5764万元，支持中小企业及实体经济创新发展；取消行政事业性收费7项、停征14项、降标4项，取消政府性基金2项，行政事业性收费全年减收760万元，政府性基金减收2200万元
2016	1. 督促各地宣传落实"二维码"一次性告知服务，实现纳税人基础办税流程、报送资料、办理时限等一次性电子化告知。通过"一口受理、统一办理"，与工商、质监、国税等部门统一办证流程工作效率明显提高继续与金融、国税部门共同开展银税互动为小微企业提供信用融资服务。 2. 稳步推进中小商贸流通企业服务体系建设试点工作，探索"构建一套服务保障体系强管理、树立一项行动标识出特色、搭建一个信息平台聚资源、推行'一站式'服务提效率、顺应一种发展趋势促转型"的"五个一"中小商贸流通企业服务体系"铜仁模式"，为铜仁市1390户中小商贸流通企业达成融资16.11亿元，切实解决中小商贸流通企业用人难、融资难、转型难问题，推动136家传统流通企业成功实现移动互联网＋转型升级。 3. 在政府主导下，10月1日起市局与工商、质监、人社、统计部门共推企业"五证合一""一照一码"，截至12月20日，全市共办理2650户；12月1日起与工商部门共推个体工商户"两证整合"，深入推进商事制度改革，为纳税人提供便利化服务
2015	创新投融资方式，全市各省级经济开发区均成立了投融资平台公司，结合"贵园信贷通"融资政策，帮助开发区辖区内70余户中小企业融资3亿余元，有效解决了融资难、融资贵等问题，进一步夯实了区内中小经济实体
2014	1. 在内贸流通方面，市政府出台《铜仁市中小商贸流通企业服务体系建设试点工作实施方案》《关于推进铜仁市2014年商品市场建设"五个升级工程"工作方案》《关于加快推进农贸市场建设发展的实施意见》等文件，促进内贸流通工作实现新的发展。 2. 全面实施城乡商贸升级行动计划，深入实施"万村千乡""百千市场"工程建设，启动笑哈哈农产品集散交易中心、万丰国际商贸城、武陵山现代医药物流园、西南物流商贸城一级产品批发市场、金团国际小商品、义乌小商品专业批发市场，打造笑哈哈国际商贸物流城、农产品集散交易中心省级示范商贸流通专业市场。启动中小商贸流通企业服务体系建设试点工作，建立工作站9个，联系点10个，确定服务机构和服务商50家，备案企业400家，争取上级专项资金352万元，完成服务中心信息化平台网络体系建设，服务平台全面建设已投入试运行

年份	财税、商贸平台建设
2013	1. 通过电价补贴，小微企业补贴和亏损补贴、航线补贴等方式，兑现企业亏损补贴 1.90 亿元，小微企业补贴 7750 万元，航线补贴 3902 万元，支持重点企业、小微企业、基地和产业园区建设及旅游业发展。 2. 执行地税系统满足减免税优惠条件并享受有关税收优惠政策的个体工商户 1995 户，全年减免营业税 1008.06 万元

资料来源：《铜仁年鉴》2014~2019 年。

4.7 黔东南苗族侗族自治州民营经济发展

4.7.1 市场主体

《中共中央关于制定国民经济和社会发展十三个五年规划的建议》指出："十三五"是加快转变经济发展方式的攻坚时期。加快转变经济发展方式，其实质在于提高经济发展的质量，推动社会的全面进步，意义重大。"十三五"期间，黔东南州民营市场主体发展迅速。截至 2019 年底，全市民营企业数量 247706 家、注册资本 94355.48 亿元，分别占全州企业总数和注册资本总量的 95.64%，日均新增市场主体 405 家，全州规模和限额以上民营企业 3274 家，占全市总量的 87%，民营经济支撑作用突出（黔东南统计年鉴，2019）。

具体来说，以个体工商业为例，从 2015 年到 2019 年，黔东南州个体工商业户数从 147844 个增加到 250590 个，增长超 1.6 倍。若按企业控股情况分类，黔东南州私营企业发展速度越发突出。从 2015 年到 2019 年，黔东南州私营企业户数从 25341 个发展到 45772 个，增长超 1.8 倍，年均增长近 16%。作为民营经济的重要主体，黔东南州个体工商业对全市民营经济市场规模发展贡献较为突出。

表 4-63　　黔东南州私营企业、个体工商业户数发展（2015~2019 年）　　单位：个

项目	2019 年	2018 年	2017 年	2016 年	2015 年
私营企业户数	45772	41827	36590	27523	25341
个体工商业户数	250590	233798	209475	159193	147844

资料来源：《黔东南统计年鉴》2015~2019 年。

通过观察私营企业、个体工商业户数城乡比重发展图，分析二者的走向，可以看出黔东南州 2015 年以来个体工商户城乡比例总体走高，而私营企业户数正在总体下降，反映出私营企业在城市中的发展态势更好，而个体工商户在乡村发展更好。

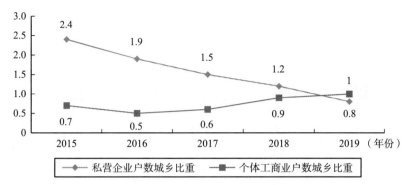

图 4 – 17　黔东南州私营企业、个体工商业户数城乡比重发展（2015 ～ 2019 年）

资料来源：《黔东南统计年鉴》2015 ～ 2019 年。

4.7.2　社会贡献

"十二五""十三五"期间，黔东南民营经济发挥着吸纳社会就业人员主力军作用，对社会贡献巨大。从表中可以看出，截至 2019 年，私营企业雇工人数总计 2074200 人，其中城镇 221800 人，乡村 1852400 人；个体工商从业人员总计 428792 人，其中城镇 234211 人，乡村 405581 人。可见民营企业为黔东南州的社会就业提供了巨大贡献，吸纳的大量就业人员对于推动当地经济发展、提高人民收入和生活水平，以及维护社会治安意义重大。

从表 4 – 64 数据可得，2015 年以来，乡村个体户从业人员增长最大，截至 2019 年，数据增长了 3.5 倍，从 116056 人增长到 405581 人，这反映了民营经济在乡村的就业推动作用尤为明显。黔东南州是以乡村人口为主要构成的农业大州，民营经济在增加农民就业和乡村建设方面贡献突出。

表 4 – 64　　　　黔东南州民营企业拉动就业人数（2015 ～ 2019 年）

项目		2019 年	2018 年	2017 年	2016 年	2015 年
私营企业雇工人数（人）	总计	2074200	2063200	2052500	2023600	1997300
	城镇	221800	209400	222200	240000	240500
	乡村	1852400	1853800	1830300	1783600	1756800
个体工商业从业人员（人）	总计	428792	394889	359399	268171	231595
	城镇	234211	183342	108809	136244	115537
	乡村	405581	211547	250590	131927	116056

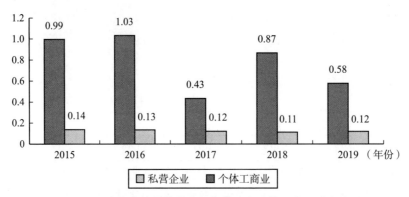

图 4 - 18　黔东南州私营企业、个体工商业从业人员城乡比重

4.7.3　经济支撑

"十二五""十三五"期间,黔东南州民营经济对全州经济的支撑作用非常突出。2019 年,据黔东南统计年鉴数据显示,黔西南州全州 2019 年度累计国有企业、股份公司及私营企业税收收入 802314 万元。其中国有企业 59867 万元,股份公司 621743 万元,私营企业 37241 万元。虽然私营企业在税收上的贡献不如国有企业和股份制公司,但是从 2015～2019 年的发展状况来看,私营企业在税收贡献上的增速的三者之间最快的,从 2015 年的 27894 万元增长到 2019 年的 37241 万元,五年期间增幅达到 33%。可见,私营企业在黔东南州的快速发展势头已相当明显(见表 4 - 65)。

表 4 - 65　黔东南州国有企业、股份公司及私营企业税收收入发展(2015～2019 年)　单位:万元

项目	2019 年	2018 年	2017 年	2016 年	2015 年
总计	802314	759328	560924	690998	656316
国有企业	59867	55754	53241	444783	43471
股份公司	621743	408892	344897	458292	324471
私营企业	37241	34271	30889	28981	27894

资料来源:《黔东南统计年鉴》2015～2019 年。

在固定资产投资方面,2015 年以来,全州固定资产投资呈现较快增长态势,为全州稳投资稳预期工作创造了较为有利条件。进一步分析国有经济和非国有经济在全社会固定资产投资中的占比,从 2015 年的 0.16,在短短 5 年时间里就增长到了 2019 年的 1.18,非国有经济从原本只占国有经济的六分之一,完成了对国有经济的反超,成为了黔东南州全社会固定资产投资方面的重要主体,展现出了非国有经济,尤其是私营经济,在社会投资领域对全州的突出贡献。

表 4 – 66　　黔东南州全社会固定资产投资（按控股情况划分）（2015 ~ 2019 年）

项目	2019 年	2018 年	2017 年	2016 年	2015 年
国有经济（亿元）	2408.3	2244.74	1894.74	1559.7	1278.32
非国有经济（亿元）	2554.91	2278.3	2279.56	1607.1	247.1
非国有和国有经济比重	1.18	1.02	1.49	1.55	0.16
私营个体（亿元）	2535.28	2240.62	2169.09	1381.84	218.11

资料来源：《黔东南统计年鉴》2015 ~ 2019 年。

从全社会固定资产投资在三大产业的分布来看，从 2015 年至 2019 年，黔东南州非国有经济在第一产业和第二产业的全社会固定资产投资金额都超过了国有经济，尤其是第二产业，非国有和国有经济的比重达到了 2.8，非国有经济金额将是国有经济的三倍，可见非国有经济主体更加青睐于工业投资，而国有经济对服务业的关注和投资较高。工业是现代社会的重要产业，工业生产水平决定了一个国家的生产能力，非国有经济对第二产业的热衷，体现出来黔东南州民间资本对实业生产的期待值更高，也从侧面反映出了黔东南州非国有经济主体的社会责任意识较高。

表 4 – 67　　黔东南州全社会固定资产投资额在三大产业中的分配（按控股情况划分）

（2015 ~ 2019 年）　　　　　　　　　　　　　　　　　　单位：万元

项目		2019 年	2018 年	2017 年	2016 年	2015 年
第一产业	国有经济	577623	657285	325846	244755	466248
	非国有经济	911245	862452	1148952	785546	542385
	非国有和国有经济比重	1.8	1.2	1.3	1.2	1.34
第二产业	国有经济	2487562	2007456	1756423	1426563	1754625
	非国有经济	6545868	5322547	5947563	5007586	4956321
	非国有和国有经济比重	2.8	2.6	3.4	2.94	1.6
第三产业	国有经济	14720773	16673445	11577476	9268068	6476814
	非国有经济	12684053	13527016	14018983	11975316	10274146
	非国有和国有经济比重	0.86	0.81	1.21	1.29	1.59

资料来源：《黔东南统计年鉴》2015 ~ 2019 年。

4.7.4　工业发展

近年来，黔东南州非公有制经济结构调整已由过去的流通餐饮、服务等逐步转向有一定规模以上的工业，其种类、档次、规模效益日益突出，实力增强。2019 年全州规模以上工业企业工业总产值中，非公有制工业企业的比重超过了 60%。尤其引人注目的是施秉、麻江、镇远、凯里 4 县市外来投资的非公有制规模以上工业企业已分别占该县市规模以上业总产值的 79.5%、31.8%、57.3% 和 42.97%。

表 4 – 68 　　黔东南州非公有制工业总产值、工业增加值发展（2015～2019 年）

项目	2019 年	2018 年	2017 年	2016 年	2015 年
全市工业总产值（亿元）	1032	848.33	792.43	766.323	739.92
非公有制工业总产值	557.4	402.78	347.9	345.43	350.5
非公有制工业总产值占全市工业总产值比重	0.53	0.47	0.43	0.45	0.47
全市工业增加值（亿元）	131.7	142.48	141.88	132.4	155.97
非公有制工业增加值（亿元）	88.9	101.4	94.7	125.4	134.7
非公有制工业增加值占全市工业增加值比重	0.67	0.71	0.41	0.36	0.44

资料来源：《黔东南统计年鉴》2015～2019 年。

根据黔东南统计年鉴数据，2019 年，黔东南州非公有制工业增加值同比增长 13.5%，贡献率达到 67%，比 2015 年提高 23 个百分点。虽然这数据比 2018 年有所降低，但是站在五年的维度来看，总体上有了较大的提升。可见黔东南非公有制工业的产值已经发展到了与公有制经济几乎同等的水平，体现出了近些年来非公有制经济在政府的大力扶持下生命力旺盛，成为全市工业生产的主力军。

按登记注册类型分类，黔东南私营企业的工业总产值从 2015 年的 74.1 亿元增长到 2019 年的 157.42 亿元，增长率达到了 110%；私营企业工业增加值从 2015 年的 45.49 亿元增长到 2019 年的 78.4 亿元，增长率达到了 72%。这体现出黔东南私营企业在五年来实现了快速发展，增长速度几乎翻倍，这将大大改善黔东南私营经济发展的土壤，为私营经济的进一步发展奠定坚实的基础。

表 4 – 69 　　黔东南私营企业工业总产值、工业增加值发展（2015～2019 年）　　　单位：亿元

项目	2019 年	2018 年	2017 年	2016 年	2015 年
私营企业工业总产值	157.42	128.8	99.45	84.29	74.1
私营企业工业增加值	78.4	64.8	48.26	40.06	45.49

资料来源：《黔东南统计年鉴》2015～2019 年。

2019 年上半年，全省规模以上私营工业覆盖 39 个大类行业、166 个中类行业，行业覆盖率分别为 95.1% 和 80.2%。大类行业中民营工业增加值占比超过 90% 的有 12 个行业，其中农副食品加工业、医药制造业和食品制造业等重要行业，占比分别为 96.1%、92.7% 和 92.2%；在煤炭、建材、化工等传统优势行业中，占比分别达到 77.6%、76.5%、53.3%；新兴产业中汽车制造业占比为 82.0%、电子行业占比为 55.5%。从统计的工业产品看，民营工业产品覆盖率为 46.3%，其中辣椒制品、起重机、新能源汽车、民用钢制船舶和光伏电池等 164 种产品均由民营企业生产。民营工业在越来越多的行业领域

地位增强，支撑作用明显。

在销售收入 2000 万元及以上的规模工业企业中，2019 年，黔东南州共有 559 个规模以上工业企业，比 2015 年增加了 280 个，市场主体总量增长 1 倍，年均增长 20%。在规模以上非公有制工业企业方面，2019 年，全州共有 477 个企业，相比 2015 年，2019 年全州规模以上非公有制工业企业市场主体总量增加 289 个，增长超 1.5 倍；规模以上非公有制工业企业数占全州规模以上工业企业总数的比例也从 2015 年的 67.4% 增加到 2019 年的 83%。此外，全州规模以上私营工业企业市场主体也从 2015 年的 56 个增加到 2019 年的 257 个，增长近 3.6 倍，规模以上私营工业企业数占全州规模以上工业企业数量的比例也从 2015 年的 20% 增加到 2019 年的 46%。

表 4-70　黔东南州年销售收入 2000 万元及以上工业企业数发展（2015～2019 年）　单位：个

项目	2019 年	2018 年	2017 年	2016 年	2015 年
总计	559	476	388	304	279
国有企业	13	18	4	—	—
非公有制工业	477	398	304	215	188
私营企业（按等级注册）	257	246	199	146	56

资料来源：《黔东南统计年鉴》2015～2019 年。

从 2015 年至 2019 年，黔东南州规模以上民营工业企业不仅在市场主体方面发展迅速，而且在工业总产值和增加值方面也取得了极大的进展。2019 年全州规模以上工业企业工业总产值有 5574.88 亿元，比 2015 年增加近 2300 亿元，增长 0.7 倍。对私营企业来说，2019 年全州规模以上私营工业企业工业总产值有 960.4 亿元，比 2015 年增加近 740 亿元，增长 3.35 倍。相比之下，黔东南州规模以上私营工业企业工业总产值的增速远远快于全省平均水平。

表 4-71　黔东南州年规模以上工业企业总产值发展（2015～2019 年）　单位：亿元

项目	2019 年	2018 年	2017 年	2016 年	2015 年
工业总产值	5574.88	4974.16	4257.9	3889.78	3274.96
内资企业	4576.8	4004.4	3557.4	1885.46	1495.95
国有企业	1088.4	1124.6	455.45	332.09	378.37
私营企业	960.4	880.45	267.15	263.58	220.71

资料来源：《黔东南统计年鉴》2015～2019 年。

此外，按登记注册类型分，在工业增加值经济类型结构方面，2015～2019 年，私营企业在所有经济结构中所占的比例在不断增加。同国有企业、有限责任公司和股份有限公司比起来，私营经济是显然的弱势地位，但是一直都在稳中求进，在 2016 年，私营企业的工业增加值在经济结构中的占比已经超过了股份有限公司，且在后续的三年里一直保持此种状态，这体现出了私营企业的发展尽管现在不如其他经济类型，但也依靠着自身广泛的群众基础和国家的政策扶持不断向好的方向发展，具有很好的发展潜力。

表4-72　　黔东南州规模以上工业增加值经济类型结构发展（2015~2019年）　　单位：%

项目	2015年	2016年	2017年	2018年	2019年
国有企业	37.42	33.91	34.98	27.43	27.6
有限责任公司	32.83	35.67	33.86	36.46	40.85
股份有限公司	13.2	10.73	12.03	11.84	9.47
私营企业	10.52	10.94	12.78	14.92	14.9

资料来源：《黔东南统计年鉴》2015~2019年。

4.7.5　财政、金融服务

表4-73　　　　　　　　黔东南州民营企业金融服务（2015~2019年）

年份	金融服务
2019	黔东南州金融办通过开展金融项目融资对接活动，促成121个项目签约，金额达183.97亿元；其中，12家金融机构和企业代表进行了现场签约，涉及金额41亿元。目前，黔东南州政金企融资对接服务平台已入驻银行金融机构34家，发布信贷金融产品107款，注册企业3904家，共发布融资需求1104笔，成功撮合852笔，帮助852户企业实现融资63.43亿元
2018	通过设立金融纠纷调解委员会，明确金融纠纷调委会案件受理、开展调解员岗前培训、工作调研、金融知识普法宣传等工作职责。同时，组建高水平金融纠纷调解队伍，完善调解员人才库制度，积极推动金融纠纷调解委员会建设，吸纳人大代表、政协委员、人民陪审员、专家学者、律师、仲裁员、退休法律工作者等具备条件的个人担任调解员，定期对调解员开展业务培训，提高调解员职业道德、法律知识、金融知识和调解技能水平
2017	规定了金融纠纷调解委员会受理纠纷范围、组织调解、调解时限、申请司法确认和调解档案管理等，确保调解工作流畅。鼓励全州县（市）金融纠纷调解委员会建立小额纠纷快速解决机制和中立评估机制。对赔付金额在5万元以内（或经双方协商同意10万元内）的金融纠纷，可以根据法律、行政法规、司法解释、行业惯例，依照公平公正的原则，提出纠纷解决意见；对于争议较大、具有典型性的金融纠纷，县（市）金融纠纷调解委员会可以聘请无利害关系的独立专家，作出建议性评估报告，供当事人参考
2016	一是开展政企融资对接会议。6月底，组织并参加了省级银企扶贫与农业产业化项目对接会，上报了154个与农业银企对接、促进融资需求相关的项目，融资需求金额110.82亿元，签约项目97个，签约金额50.26亿元，居全省第二位。7月底，组织工业企业参加省工业大数据信息项目银企对接会，共推荐融资项目145个，总融资需求32.82亿元；签约项目77个，签约金额26.76亿元。8月底，组织全州服务业企业参加全省服务业转型银企对接会，共上报融资需求项目502个，资金需求2840亿元，居全省第一；签约项目115个，签约金额244.31亿元，居全省第三；现场签约项目5个，签约金额22.04亿元。第二，密切关注项目的准备、推广和储备。12月末，全州共有贷款融资项目108个，计划融资254.94亿元；向银行申报融资项目142个，批准贷款153.98亿元。与国家工业和信息化委员会合作，定期协调和收集"百万"工业企业的融资。清理国家银行贷款已批未放项目，截至12月底，已批未放项目97个，贷款金额329.23亿元，未偿还贷款217.32亿元
2015	中国邮政储蓄银行三穗支行、农村信用社三穗县富民支行、贵阳银行丹寨支行等11家金融网点开业。年末，全州金融机构开设544家分行，新改制设立6家农村商业银行，均已上市开业。截至12月底，元泉地区已有7家农村商业银行和2家社区支行，农村信用社POS金融服务实现村村通、全覆盖。中国农业银行惠农通行政村覆盖率近70%，邮政储蓄银行乡镇覆盖率93%。黔东南州已引进定河财产保险和人寿保险两家保险公司。县、市小额贷款公司和融资性担保机构覆盖率分别为70.6%和82.35%

资料来源：《黔东南统计年鉴》2016~2020年。

4.7.6　创业创新平台建设

表 4 – 74　　　黔东南州民营企业创业创新平台建设（2015～2019 年）

年份	创业创新基地、平台建设
2019	1. 抓营商环境，按照部门职能职责，抓牢抓实创新平台培育和成果转化项目申报实施工作，协同配合做好资料归集，按时报送营商环境指标优化提升省直部门考核调度表和包容普惠创新指标有关情况。 2. 抓创新创业平台建设培育。加强创新创业载体建设和培育，积极抓好现有 1 个国家级众创空间、9 个国家级星创天地、2 个国家级科技孵化器、2 个省级大学科技园、3 个省级众创空间、7 个省级星创天地等科技孵化平台建设。指导省级苗侗特色文化创意专业孵化器平台通过省级验收。 3. 抓创新创业平台绩效评估。印发《黔东南州科学技术局关于开展黔东南州省级及以上科技创新创业平台运行情况进行摸底调查的通知》，指导各县市针对现有的苗侗民族特色文化创业孵化器等 138 个科技创新创业平台参加省科技厅组织实施的绩效评估，不断优化平台布局，提升平台承载能力。 4. 抓创新创业平台人才培训。抓好科技企业孵化器等创新创业平台管理运营和服务人才培训，组织全州 10 名孵化器、众创空间人员参加第 23 期"浙江省科技企业孵化器从业人员培训"，均通过考试取得相应资格证书，切实提升全州创新创业平台管理水平。 5. 抓黔东南高新区创新体系建设。争取省级科技资金 1000 万元用于民族文化创意产品公共研发平台项目建设，目前研发平台基本完成厂房装修，传统中试生产线设备共计 20 台、已到场 19 台、3D 打印生产线设备 8 台已全部到场，正在安装调试。州级支持高新区建设 1000 万元工业产业发展资金已拨付 500 万元，用于众创空间、科技孵化器建设
2018	强化运营管理，引导已获批创新创业平台扩大资源共享力度。一是清华启迪科技园丹寨科技企业孵化器、贵州省苗侗特色文化创意专业孵化器，目前可提供孵化场地共 79000 平方米，公共服务面积 4145 平方米，2018 年上半年，共举办创新创业活动 2 次，对在孵企业培训 290 人次。二是黔粹传人工作室、镇远县科技特派员众创空间、雷阿哥众创空间、雷山电商众创空间，目前可提供孵化场地共 9890 平方米，公共服务面积 6300 平方米，提供工位数 204 个，具备创业导师队伍 80 人，2018 年上半年举办创新创业活动 35 场次，获得技术支撑服务的团队和企业数量达 25 个。充分利用省级平台，促进黔东南州创新资源共享开放。一是通过贵州省科技资源服务网共享黔东南州创博生产力促进有限公司等科技创新服务资源，可提供知识产权申报、院校企合作、创业项目规划等 12 类科技服务。二是通过贵州省大型科研仪器共享平台，推动黔东南州黄平县农业局、凯里学院、黔东南州民族医药研究院、贵州中科汉天下电子有限公司共计 20 台大型科研仪器面向社会提供服务
2017	全州高新技术产业产值突破 100 亿元，同比增长 28.2% 以上；州级综合科技进步水平指数达到 40.9%，比上年增长 10.52 个百分点。16 个县综合科技进步水平指数均超过同步小康考核标准。获国家和省科技和知识产权计划项目立项 125 项，获立项资金 5533 万元；新增国家火炬特色产业基地、国家级众创空间、省级工程技术研究中心等科技创新创业平台 26 个；4 家单位入选国家首批"星创天地"，入选数量全省第一；新立项省级农业科技园区 6 个，立项数全省第一；新增国家高新技术企业 6 家，省级备案科技型企业 457 家，其中 29 家企业遴选进入省级科技型企业成长梯队培育计划；完成技术合同登记 73 份，登记交易额 6938 万元；37 家企业获得价值 567 万元科技创新券；选聘第二批州级个人科技特派员 117 名，法人科技特派员 10 个深入基层开展创新创业活动；3 项科技创新成果获得省政府科技进步奖表彰。获批"国家专利质押融资试点州"，为贵州省唯一获批地级市州；完成专利申请 2641 件（其中发明专利 1058 件），专利授权 655 件，专利申请总量位居全省第三；办理专利执法案件 376 件，办理数排名全省第二
2016	全州综合科技进步水平指数达到 30.38%，比上年增长 525 个百分点。全年组织申报国家和省科技项目 254 项，申报资金 132 亿元，立项 162 项，立项资金 6875.5 万元。新增国家高新技术企业 4 个、国家级农业科技园区 1 个，国家知识产权试点城市（州）1 个，国家知识产权强县工程试点县 2 个，国家传统知识产权试点县 1 个；省级高新技术产业化基地 1 个，省级农业科技示范园区 4 个，省级大学科技园 1 个，省级众创空间 1 个，省级工程技术研究中心 2 个，省级可持续发展实验区 1 个，省级工程技术创新战略联盟 1 个，省级创新型企业 2 个，省级知识产权优势企业 1 个，省级知识产权优势培育企业 6 个。其中，国家级农业科技园区，国家知识产权试点城市（州），国家知识产权强县工程试点县，国家传统知识产权试点县，省级大学科技园，省级众创空间，省级工程技术研究中心在黔东南州实现零突破。全年完成专利申请 1409 件（其中，发明专利 688 件），专利授权 648 件

年份	创业创新基地、平台建设
2015	全州综合科技进步水平指数达到 25.13%，同比增长 4.1%。全年组织申报国家和省科技项目 334 项，申报资金 2.15 亿元，立项 148 项，立项资金 5627.5 万元。新增国家高新技术企业、省级高新技术产业化基地、省级农业科技示范园区、省级创新型企业、省级知识产权优势企业等科技创新创业平台 41 个，其中，省级产业技术创新战略联盟在黔东南州实现零突破。知识产权工作快速推进，全年完成专利申请 1735 件（其中，发明专利 532 件），专利授权 1204 件

资料来源：《黔东南统计年鉴》2016～2020 年。

4.8 黔西南布依族苗族自治州民营经济发展

黔西南州资源富集、区位优势独特，近年来采取多种措施扶持民营经济发展，大力营造有利于民营经济发展的开放环境、政策环境、法治环境和社会环境，鼓励和引导民营经济进入煤炭、建材、冶金、房地产、食药品、商贸流通、住宿餐饮等特色优势产业，多领域推进全州民营企业转型升级，不断提升民营经济发展水平。民营经济已逐步成为黔西南州经济发展新的增长点、新的支撑点、新的带动点，为繁荣地方经济、构建和谐社会作出了重要贡献，黔西南州民营经济已经步入了一个新的发展阶段，民营经济对经济发展、调整产业结构、繁荣城乡市场、扩大社会就业、改善人民生活等方面具有重要作用。

4.8.1 市场主体

经过"十三五"发展，黔西南州个体工商户从 2013 年的 56685 个增加到 2018 年的 156283 个，五年间增长 1.76 倍。从产业分布来看，个体工商户中第三产业占比大约 95%，可见黔西南州工商户主要分布在第三产业。

表 4－75　　　　　　　　　黔西南州个体工商户数

年份	2013 年		2018 年	
	总数（个）	占比（%）	总数（个）	占比（%）
个体经营户	56685	100.0	156283	100.00
第二产业	3053	5.4	8167	5.2
第三产业	53632	94.6	148116	94.8

资料来源：黔西南州第三、第四次全国经济普查公报。

若按行业门类分组，2013 年黔西南州个体工商户前三大行业是批发和零售业，交通运输、仓储和邮政业与住宿和餐饮业，其占比分布为 48.08%、30.62% 和 7.95%；2018 年，黔西南州个体工商户前三大行业是批发和零售业，住宿和餐饮业和交通运输、仓储和邮政业，其占比分别为 51.2%、13.5% 和 11.2%。经过五年的发展，黔西南州个体工商户中批发和零售业继续发挥其优势产业作用，发展规模进一步扩大到超 50%，成为黔西南州个体工商户的支柱性产业。除批发和零售业外，黔西南州其他产业发展规模差距缩小，产业结构得到了进一步的优化。

表 4 – 76　　　　　　　　按行业门类分组的法人单位与个体经营户

年份	2013 年				2018 年			
	法人单位		个体经营户		法人单位		个体经营户	
项目	数量（个）	比重（%）	数量（个）	比重（%）	数量（个）	比重（%）	数量（个）	比重（%）
合计	10495	100.00	56685	100.00	29495	100.00	156283	100.00
采矿业	500	4.76	48	0.08	481	1.6	117	0.1
制造业	1792	17.07	2662	4.70	5574	18.9	8222	5.3
电力、热力、燃气及水生产和供应业	144	1.37	43	0.08	248	0.8	45	0.03
建筑业	232	2.21	300	0.53	1529	5.2	8150	5.2
批发和零售业	1517	14.45	27254	48.08	6569	22.3	80091	51.2
交通运输、仓储和邮政业	210	2.00	17358	30.62	659	2.2	17568	11.2
住宿和餐饮业	151	1.44	4506	7.95	669	2.3	21034	13.5
信息传输、软件和信息技术服务业	58	0.55	219	0.39	605	2.1	422	0.3
金融业	47	0.45	—	—	206	0.7	0	0.00
房地产业	296	2.82	23	0.04	694	2.4	2357	1.5
租赁和商务服务业	598	5.70	388	0.68	2358	8.0	2036	1.3
科学研究和技术服务业	257	2.45	158	0.28	1001	3.4	153	0.1
水利、环境和公共设施管理业	64	0.61	28	0.05	346	1.2	65	0.04
居民服务、修理和其他服务业	171	1.63	3283	5.79	922	3.1	13181	8.4
教育业	1315	12.53	27	0.05	2099	7.1	619	0.4
卫生和社会工作	293	2.79	150	0.26	527	1.8	1042	0.7
文化、体育和娱乐业	184	1.75	233	0.41	771	2.6	1179	0.8
公共管理、社会保障和社会组织	2542	24.22	—	—	4197	14.2	0	0.0

注：表中合计数含从事农、林、牧、渔专业及辅助性活动和兼营第二、第三产业活动的农、林、牧、渔业法人单位与个体经营户。

资料来源：黔西南州第三、第四次全国经济普查公报。

按登记注册类型划分，2013 年黔西南州有私营企业 3346 个，占当年全市企业法人单位数 31.88%；2018 年黔西南州有私营企业增加到 18910 个，占当年全市企业法人单位数

85.38%。五年间，黔西南州私营企业单位数增长超 4.6 倍。

表 4 – 77 按登记注册类型分组黔西南州企业法人单位

年份	2013 年		2018 年	
项目	单位数（个）	比重（%）	单位数（个）	比重（%）
合计	10495	100	22147	100.00
内资企业	10486	99.91	22131	99.93
国有企业	2679	25.53	199	0.90
集体企业	99	0.94	100	0.45
股份合作企业	100	0.95	13	0.06
联营企业	42	0.40	18	0.08
有限责任公司	1910	18.20	2665	12.03
股份有限公司	166	1.58	226	1.02
私营企业	3346	31.88	18910	85.38
其他企业	2144	20.43	—	—
港、澳、台商投资企业	3	0.03	9	0.04
外商投资企业	6	0.06	7	0.03

资料来源：黔西南州第三、第四次全国经济普查公报。

在工业企业方面，2013 年全市共有 2435 个工业企业，其中私营企业有 1723 个，占当年全市工业企业超 70%；2018 年，全市工业企业法人单位数增加到 6302 个，其中私营企业法人单位数增加到 5622 个，占当年全市工业企业超 89%。五年间，黔西南州私营工业企业数增长 2.26 倍。

表 4 – 78 按登记注册类型分组黔西南州工业企业法人单位

年份	2013 年	2018 年
项目	企业法人单位（个）	企业法人单位（个）
合计	2435	6302
内资企业	2432	6295
国有企业	70	54
集体企业	15	9
股份合作企业	30	4
联营企业	5	3
有限责任企业	362	444
股份有限公司	40	35

年份	2013 年	2018 年
项目	企业法人单位（个）	企业法人单位（个）
私营企业	1723	5622
其他企业	187	124
港、澳、台商投资企业	1	4
外商投资企业	2	3

资料来源：黔西南州第三、第四次全国经济普查公报。

在建筑业企业中，2013 年黔西南州共有 3617 个建筑企业，其中私营企业有 1411 个，占当年全市建筑企业仅约 39%；到 2018 年，黔西南州建筑企业法人单位数减少到 1529 个，其中私营企业有 1269 个，占当年全市建筑企业 83%。五年间，全市建筑业企业发展规模缩小近半，但私营企业占比却显著增加，到 2018 年，黔西南州建筑业企业主要由私营企业构成。

表 4 - 79　　　　按登记注册类型分组黔西南州建筑业企业法人单位

年份	2013 年		2018 年	
项目	企业法人单位（个）	占比（%）	企业法人单位（个）	占比（%）
合计	3617	100	1529	100
内资企业	3610	99.81	1529	100
国有企业	124	3.43	4	0.26
集体企业	122	3.37	7	0.46
股份合作企业	22	0.61	0	0
联营企业	10	0.28	0	0
有限责任公司	1715	47.41	231	15.11
股份有限公司	100	2.76	18	1.18
私营企业	1411	39.01	1269	83.00
其他内资企业	106	2.93	0	0
港、澳、台商投资企业	2	0.06	0	0
外商投资企业	5	0.14	0	0

资料来源：黔西南州第三、第四次全国经济普查公报。

在批发和零售业企业中，2013 年黔西南州共有 1517 个批发和零售企业，其中私营企业有 633 个，占当年全市批发和零售企业约 41%；2018 年，全市批发和零售企业法人单位数增加到 6569 个，其中私营企业增加到 5436 个，占当年全市批发和零售企业约 82%。五年间，黔西南州批发和零售业私营企业法人单位数增长超 7.5 倍，发展规模迅猛，并且成为全市批发和零售业企业的主要活动主体。

表 4 - 80   按登记注册类型分组黔西南州批发和零售业企业法人单位

年份	2013 年		2018 年	
项目	企业法人单位（个）	占比（%）	企业法人单位（个）	占比（%）
合计	1517	100	6569	100
内资企业	1515	100	6564	99.92
国有企业	61	4.03	42	0.64
集体企业	19	1.25	46	0.70
股份合作企业	16	1.05	—	—
联营企业	7	0.46	—	—
有限责任公司	656	43.30	737	11.22
股份有限公司	36	2.38	61	0.93
私营企业	633	41.78	5436	82.75
其他企业	87	5.74	242	3.68
港、澳、台商投资企业及外商投资企业	2	0.13	5	0.08

资料来源：黔西南州第三、第四次全国经济普查公报。

在住宿和餐饮业企业中，2013 年黔西南州共有 150 个住宿和餐饮企业，其中私营企业有 94 个，占当年全市住宿和餐饮企业总数 62.67%；2018 年，黔西南州住宿和餐饮企业增加到 669 个，其中私营企业有 577 个，占当年全市住宿和餐饮企业总数 86.25%。五年间，全市住宿和餐饮业私营企业增加超 5 倍，发展规模增长迅猛。

表 4 - 81   按登记注册类型分组黔西南州住宿和餐饮业企业法人单位

年份	2013 年		2018 年	
项目	企业法人单位（个）	占比（%）	企业法人单位（个）	占比（%）
合计	150	100	669	100
内资企业	150	100	669	100
国有企业、集体企业、联营企业	9	6	11	1.64
有限责任公司	34	22.67	57	8.52
股份有限公司	1	0.67	6	0.90
私营企业	94	62.67	577	86.25
其他企业	12	8	18	2.69

资料来源：黔西南州第三、第四次全国经济普查公报。

在租赁和商务服务业企业中，2013 年黔西南州共有 576 个租赁和商务服务业企业，其中，私营企业有 184 个，占当年全市租赁和商务服务业企业仅约 32%；2018 年，黔西南州租赁和商务服务业企业增加到 2296 个，其中，私营企业有 1844 个，占当年全市租赁和商务服务业企业增加到约 80%。五年间，黔西南州租赁和商务服务业私营企业增长约 9 倍，发展规模迅速扩大。

表 4 - 82　　按登记注册类型分组黔西南州租赁和商务服务业企业法人单位

年份	2013 年		2018 年	
项目	企业法人单位（个）	占比（%）	企业法人单位（个）	占比（%）
合计	576	100	2296	100
内资企业	575	99.83	2294	99.91
国有企业	33	5.73	18	0.78
集体企业	4	0.69	3	0.13
股份合作企业	11	1.91	2	0.09
联营企业	6	1.04	3	0.13
有限责任公司	287	49.83	365	15.90
股份有限公司	18	3.13	21	0.91
私营企业	184	31.94	1844	80.31
其他企业	32	5.56	38	1.66
港、澳、台商投资企业	0	0.00	—	—
外商投资企业	1	0.17	2	0.09

资料来源：黔西南州第三、第四次全国经济普查公报。

在居民服务、修理和其他服务业企业中，2013 年黔西南州共有 169 个居民服务、修理和其他服务企业，其中私营企业有 81 个，占当年全市居民服务、修理和其他服务企业总数约 48%；2018 年，黔西南州居民服务、修理和其他服务企业增加到 914 个，其中，私营企业法人单位数增加到 823 个，占当年全市居民服务、修理和其他服务企业也增加到约 90%。五年间，黔西南州居民服务、修理和其他服务私营企业法人单位数增长超 9 倍，已成为全市居民服务、修理和其他服务业的支柱型企业。

表 4 - 83　　按登记注册类型分组黔西南州居民服务、修理和其他服务业企业法人单位

年份	2013 年		2018 年	
项目	企业法人单位（个）	占比（%）	企业法人单位（个）	占比（%）
合计	169	100	914	100
内资企业	169	100.00	914	100.00

年份	2013 年		2018 年	
项目	企业法人单位（个）	占比（%）	企业法人单位（个）	占比（%）
国有企业	7	4.14	4	0.44
集体企业	1	0.59	2	0.22
股份合作企业	5	2.96	0	0.00
联营企业	1	0.59	0	0.00
有限责任公司	51	30.18	76	8.32
股份有限公司	7	4.14	7	0.77
私营企业	81	47.93	823	90.04
其他企业	16	9.47	2	0.22
港、澳、台商投资企业	0	0.00	0	0.00
外商投资企业	0	0.00	0	0.00

资料来源：黔西南州第三、第四次全国经济普查公报。

在信息传输、软件和信息技术服务业企业中，2013 年黔西南州共有 40 个信息传输、软件和信息技术服务企业，其中私营企业有 17 个，占当年全市住宿和餐饮企业总数仅约 42%；2018 年，黔西南州信息传输、软件和信息技术服务业企业增加到 589 个，其中私营企业有 472 个，占当年全市信息传输、软件和信息技术服务业企业总数约 80%。五年间，全市信息传输、软件和信息技术服务业企业增加超 26 倍，发展规模增长迅猛。

表 4-84　按登记注册类型分组黔西南州信息传输、软件和信息技术服务业企业法人单位

年份	2013 年		2018 年	
项目	企业法人单位（个）	占比（%）	企业法人单位（个）	占比（%）
合计	40	100	589	100
内资企业	38	95.00	588	99.83
国有企业	2	5.00	1	0.17
有限责任公司	14	35.00	106	18.00
股份有限公司	2	5.00	9	1.53
私营企业	17	42.50	472	80.14
其他企业	3	7.50	—	—
港、澳、台商投资企业	1	2.50	1	0.17
外商投资企业	1	2.50	—	—

资料来源：黔西南州第三、第四次全国经济普查公报。

在科学研究和技术服务业企业中，2013 年黔西南州共有 200 个科学研究和技术服务业企业，其中私营企业有 66 个，占当年全市住宿和餐饮企业总数仅约 33%；2018 年，黔西南州科学研究和技术服务业企业增加到 809 个，其中私营企业有 636 个，占当年全市科学研究和技术服务业企业总数约 79%。五年间，全市科学研究和技术服务业企业增加超 8.6 倍，发展规模增长迅猛。

表 4 - 85　　按登记注册类型分组黔西南州科学研究和技术服务业企业法人单位

年份	2013 年		2018 年	
项目	企业法人单位（个）	占比（%）	企业法人单位（个）	占比（%）
合计	200	100	809	100
内资企业	200	100.00	809	100.00
国有企业	12	6.00	11	1.36
集体企业、股份合作企业、联营企业	6	3.00	8	0.99
有限责任公司	96	48.00	138	17.06
股份有限公司	7	3.50	9	1.11
私营企业	66	33.00	636	78.62
其他企业	13	6.50	7	0.87
港、澳、台商投资企业	0	0.00	0	0.00
外商投资企业	0	0.00	0	0.00

资料来源：黔西南州第三、第四次全国经济普查公报。

4.8.2　社会就业

经过"十三五"期间的发展，黔西南州民营经济已成为解决社会就业的主要贡献者。按行业门类分组，2013 年黔西南州法人单位从业人员共有 282181 人，其中个体经营户从业人员有 127907 人，占当年全州法人单位从业人员总数超 45%；2018 年，全州法人单位从业人员总数增加到 390891 人，其中个体经营户从业人员也增加到 431659 人，超全州法人单位从业人员总数。若进一步按行业分组，2013 年黔西南州个体经营户从业人员中，位居前三位的行业是：批发和零售业 61571 人，约占 48%；交通运输、仓储和邮政业 26100 人，约占 20%；住宿和餐饮业 15415 人，约占 12%。2018 年，黔西南州个体经营户从业人员中，位居前三位的行业仍然是：批发和零售业 202742 人，占 47.0%；住宿和餐饮业 64588 人，占 15.0%；居民服务、修理和其他服务业 46247 人，占 10.7%。可见，在个体经营户从业人员中，黔西南州主要集中在传统第三产业服务业中。

表 4－86   按行业门类分组黔西南州法人单位与个体经营户从业人员   单位：人

年份	2013 年		2018 年	
项目	法人单位从业人员	个体经营户从业人员	法人单位从业人员	个体经营户从业人员
合计	282181	127907	390891	431659
采矿业	48845	449	26449	570
制造业	40759	8943	60315	26592
电力、热力、燃气及水生产和供应业	7058	93	6197	39
建筑业	13394	797	39529	34989
批发和零售业	19404	61571	41599	202742
交通运输、仓储和邮政业	8288	26100	8661	27491
住宿和餐饮业	3423	15415	8662	64588
信息传输、软件和信息技术服务业	1945	495	4746	1305
金融业	1853	—	5693	0
房地产业	5733	65	11082	4677
租赁和商务服务业	6493	955	16800	6200
科学研究和技术服务业	2485	456	6587	1816
水利、环境和公共设施管理业	1110	61	4870	289
居民服务、修理和其他服务业	2276	10008	6700	46247
教育	45237	284	48826	2849
卫生和社会工作	12815	593	20532	2844
文化、体育和娱乐业	1640	1614	4615	8421
公共管理、社会保障和社会组织	55762	—	68942	0

注：表中合计数含从事农、林、牧、渔专业及辅助性活动的法人单位与个体经营户从业人员，且合计数和分行业数据均不包含银保监会、证监会和铁路运输业从业人员数。

资料来源：黔西南州第三、第四次全国经济普查公报。

按登记注册类型分组，在工业企业中，2013 年黔西南州工业企业从业人员共有 96658人，其中私营企业从业人员 52402 人，占当年全州工业企业从业人员总数的约 54%；2018年，黔西南州工业企业从业人员减少到 92961 人，但私营企业从业人员却增加到 66633 人，占当年全州工业企业从业人员总数的约 72%。相比全州工业企业从业人员发展趋势，近五年来，黔西南州私营工业企业成为了全州工业企业从业人员的主力军。

表 4 –87　　　　　　　按登记注册类型分组黔西南州工业企业从业人员

年份	2013 年		2018 年	
项目	从业人员（人）	占比（%）	从业人员（人）	占比（%）
合计	96658	100	92961	100
内资企业	95442	98.74	91521	98.45
国有企业	8046	8.32	2070	2.23
集体企业	216	0.22	118	0.13
股份合作企业	1081	1.12	34	0.04
联营企业	336	0.35	24	0.03
有限责任企业	25883	26.78	19891	21.40
股份有限公司	4903	5.07	1887	2.03
私营企业	52402	54.21	66633	71.68
其他企业	2575	2.66	864	0.93
港、澳、台商投资企业	195	0.20	278	0.30
外商投资企业	1021	1.06	1162	1.25

资料来源：黔西南州第三、第四次全国经济普查公报。

　　在建筑业从业人员中，2013 年黔西南州建筑业从业人员共有 473553 人，其中私营企业有 55380 人，占全州建筑业从业人员总数仅约 12%；2018 年，全州建筑业从业人员减少到 39529 人，其中私营企业从业人员也减少到 31537 人，占全州建筑业从业人员总数却增加到约 80%。在全州建筑业从业人员总数减少的发展趋势中，私营企业从业人员占比却迅速上升，成为全州建筑业从业人员的主要支撑企业。

表 4 –88　　　　　　　按登记注册类型分组黔西南州建筑业从业人员

年份	2013 年		2018 年	
项目	从业人员（人）	占比（%）	从业人员（人）	占比（%）
合计	473553	100	39529	100
内资企业	473473	99.98	39529	100.00
国有企业	102464	21.64	1003	2.54
集体企业	23046	4.87	1016	2.57
股份合作企业	670	0.14	0	0.00
联营企业	136	0.03	0	0.00
有限责任公司	270144	57.05	5360	13.56
股份有限公司	20629	4.36	613	1.55
私营企业	55380	11.69	31537	79.78

年份	2013 年		2018 年	
项目	从业人员（人）	占比（%）	从业人员（人）	占比（%）
其他内资企业	1004	0.21	0	0.00
港、澳、台商投资企业	6	0.00	0	0.00
外商投资企业	74	0.02	0	0.00

资料来源：黔西南州第三、第四次全国经济普查公报。

在批发和零售业从业人员中，2013 年黔西南州批发和零售业从业人员共有 19404 人，其中私营企业有 6014 人，占当年全州批发和零售业从业人员总数仅约 30%；2018 年，黔西南州批发和零售业从业人员增加到 41599 人，其中私营企业有 30237 人，占当年全州批发和零售业从业人员总数增加到约 73%。五年来，黔西南州私营批发和零售企业从业人员增长超 4 倍，黔西南州批发和零售业从业人员越来越向私营企业集中。

表 4 - 89   按登记注册类型分组黔西南州批发和零售业企业从业人员

年份	2013 年		2018 年	
项目	从业人员（人）	占比（%）	从业人员（人）	占比（%）
合计	19404	100	41599	100
内资企业	19340	99.67	41222	99.09
国有企业	2548	13.13	1825	4.43
集体企业	307	1.58	250	0.60
股份合作企业	144	0.74	—	—
联营企业	61	0.31	—	—
有限责任公司	8718	44.93	7080	17.02
股份有限公司	1131	5.83	908	72.69
私营企业	6014	30.99	30237	72.69
其他企业	417	2.15	922	2.22
港、澳、台商投资企业及外商投资企业	64	0.33	377	0.91

资料来源：黔西南州第三、第四次全国经济普查公报。

在住宿和餐饮业企业从业人员中，2013 年黔西南州住宿和餐饮业企业从业人员共有 3419 人，其中私营企业有 978 人，占当年全州住宿和餐饮业企业从业人员总数仅约 29%；2018 年，黔西南州住宿和餐饮业企业从业人员增加到 8662 人，其中私营企业从业人员增加到 6346 人，占当年全州住宿和餐饮业企业从业人员总数也增加到约 73%。五年间，黔西南州私营企业住宿和餐饮业企业从业人员增长近 5.5 倍，也逐渐成为全州住宿和餐饮业企业从业人员的支柱型企业。

表 4 - 90　　　　　　按登记注册类型分组黔西南州住宿和餐饮业企业从业人员

年份	2013 年		2018 年	
项目	从业人员（人）	占比（%）	从业人员（人）	占比（%）
合计	3419	100	8662	100
内资企业	3419	100. 00	8662	100. 00
国有企业、集体企业、联营企业	338	9. 89	313	3. 61
有限责任公司	1948	56. 98	1370	15. 82
股份有限公司	7	0. 20	570	6. 58
私营企业	978	28. 60	6346	73. 26
其他企业	148	4. 33	63	0. 73

资料来源：黔西南州第三、第四次全国经济普查公报。

在信息传输、软件和信息技术服务业企业从业人员中，2013 年黔西南州信息传输、软件和信息技术服务业企业从业人员共有 1688 人，其中私营企业仅有 44 人，占当年全州信息传输、软件和信息技术服务业企业从业人员总数仅约 2.6%；2018 年，黔西南州信息传输、软件和信息技术服务业企业从业人员增加到 4489 人，其中私营企业从业人员增加到 2219 人，占当年全州信息传输、软件和信息技术服务业企业从业人员总数也增加到约 49%。五年间，黔西南州信息传输、软件和信息技术服务业企业从业人员增长近 50 倍，也逐渐成为全州吸收信息传输、软件和信息技术服务业企业从业人员的支柱型企业。

表 4 - 91　　　按登记注册类型分组黔西南州信息传输、软件和信息技术服务业企业从业人员

年份	2013 年		2018 年	
项目	从业人员（人）	百分比（%）	从业人员（人）	百分比（%）
合计	1688	100	4489	100
内资企业	1328	78. 67	4270	95. 12
国有企业	11	0. 65	24	0. 53
有限责任公司	697	41. 29	1461	32. 55
股份有限公司	570	33. 77	566	12. 61
私营企业	44	2. 61	2219	49. 43
其他企业	6	0. 36	—	—
港、澳、台商投资企业	359	21. 27	219	4. 88
外商投资企业	1	0. 06	—	—

资料来源：黔西南州第三、第四次全国经济普查公报。

在科学研究和技术服务业企业从业人员中，2013 年黔西南州科学研究和技术服务业企

业从业人员共有 1853 人，其中私营企业有 409 人，占当年全州科学研究和技术服务业企业从业人员总数仅约 22%；2018 年，黔西南州科学研究和技术服务业企业从业人员增加到 6174 人，其中私营企业从业人员增加到 4261 人，占当年全州科学研究和技术服务业企业从业人员总数也增加到约 69%。五年间，黔西南州私营企业科学研究和技术服务业企业从业人员增长近 9.5 倍，也逐渐成为全州科学研究和技术服务业企业从业人员的支柱型企业。

表 4 - 92　　　按登记注册类型分组黔西南州科学研究和技术服务业企业从业人员

年份	2013 年		2018 年	
项目	从业人员（人）	占比（%）	从业人员（人）	占比（%）
合计	1853	100	6174	100
内资企业	1853	100.00	6174	100.00
国有企业	415	22.40	247	4.00
集体企业	1	0.05	62	1.00
股份合作企业	34	1.83	—	—
联营企业	3	0.16	35	0.57
有限责任公司	901	48.62	1387	22.47
股份有限公司	37	2.00	152	2.46
私营企业	409	22.07	4261	69.02
其他企业	53	2.86	30	0.49
港、澳、台商投资企业	—	—	—	—
外商投资企业	—	—	—	—

资料来源：黔西南州第三、第四次全国经济普查公报。

在租赁和商务服务业企业从业人员中，2013 年黔西南州租赁和商务服务业企业从业人员共有 6269 人，其中私营企业有 1333 人，占当年全州租赁和商务服务业企业从业人员总数仅约 21%；2018 年，黔西南州租赁和商务服务业企业从业人员增加到 16179 人，其中私营企业从业人员增加到 12199 人，占当年全州租赁和商务服务业企业从业人员总数也增加到约 73%。五年间，黔西南州私营企业租赁和商务服务业企业从业人员增长超 8 倍，全州租赁和商务服务业企业从业人员逐渐向私营企业靠拢。

表 4 - 93　　　按登记注册类型分组黔西南州租赁和商务服务业企业从业人员

年份	2013 年		2018 年	
项目	从业人员（人）	占比（%）	从业人员（人）	占比（%）
合计	6269	100	16719	100
内资企业	6264	99.92	16714	99.97

年份	2013 年		2018 年	
项目	从业人员（人）	占比（%）	从业人员（人）	占比（%）
国有企业	1007	16.06	157	0.94
集体企业	33	0.53	22	0.13
股份合作企业	113	1.80	8	0.05
联营企业	61	0.97	22	0.13
有限责任公司	3435	54.79	3916	23.42
股份有限公司	121	1.93	132	0.79
私营企业	1333	21.26	12199	72.96
其他企业	161	2.57	258	1.54
港、澳、台商投资企业	0	—		—
外商投资企业	5	0.08	5	0.03

资料来源：黔西南州第三、第四次全国经济普查公报。

在居民服务、修理和其他服务业企业从业人员中，2013 年黔西南州居民服务、修理和其他服务业企业从业人员共有 2198 人，其中私营企业有 935 人，占当年全州居民服务、修理和其他服务业企业从业人员总数仅约 42%；2018 年，黔西南州居民服务、修理和其他服务业企业从业人员增加到 6668 人，其中私营企业从业人员增加到 5727 人，占当年全州居民服务、修理和其他服务业企业从业人员总数也增加到约 86%。五年间，黔西南州居民服务、修理和其他服务业私营企业从业人员增长超 5 倍，全州居民服务、修理和其他服务业企业从业人员逐渐向私营企业倾斜。

表 4-94　按登记注册类型分组黔西南州居民服务、修理和其他服务业企业从业人员

年份	2013 年		2018 年	
项目	从业人员（人）	占比（%）	从业人员（人）	占比（%）
合计	2198	100	6668	100
内资企业	2198	100.00	6668	100.00
国有企业	53	2.41	18	0.27
集体企业	5	0.23	17	0.25
股份合作企业	200	9.10	—	—
联营企业	3	0.14	—	—
有限责任公司	842	38.31	858	12.87
股份有限公司	81	3.69	36	0.54
私营企业	935	42.54	5727	85.89

续表

年份	2013 年		2018 年	
项目	从业人员（人）	占比（%）	从业人员（人）	占比（%）
其他企业	79	3.59	12	0.18
港、澳、台商投资企业	0	0.00	—	—
外商投资企业	0	0.00	—	—

资料来源：黔西南州第三、第四次全国经济普查公报。

4.9 黔南布依族苗族自治州民营经济发展

截至 2018 年末，黔南布依族苗族自治州共有从事第二产业和第三产业活动的法人单位 38298 个，比 2013 年末增加 25796 个，增长 206.3%；产业活动单位 47760 个，增加 26138 个，增长 120.9%。全州 GDP 总量达到 1397.24 亿元，同比增速 10.8%，人均 GDP 为 42515 元，同比增速 10.3%，全州经济总量首次在全省 9 个市（州）中上升到第四位。黔南州各方面社会经济发展取得的巨大成就与其民营经济的发展密切相关。

4.9.1 市场主体

2018 年末，黔南州共有从事第二产业和第三产业活动的个体经营户 144834 个，其中，第二产业个体经营户 8867 个，占全州个体经营户总数 6.1%，第三产业个体经营户有 135967 个，占全州个体经营户总数 93.9%。可见，黔南州个体经营户主要集中在第三产业。按行业门类分组，2018 年末，在黔南州个体经营户中，位居前三位的行业是：批发和零售业 82027 个，占 56.6%；住宿和餐饮业 22005 个，占 15.2%；交通运输、仓储和邮政业 15148 个，占 10.5%。

表 4 - 95　　　　　　　　　按行业门类分组黔南州个体经营户（2018 年）

项目	数量（个）	比重（%）
合计	144834	100
采矿业	71	0.0
制造业	6986	4.8
电力、热力、燃气及水生产和供应业	22	0.0
建筑业	2044	1.4
批发和零售业	82027	56.6

项目	数量（个）	比重（%）
交通运输、仓储和邮政业	15148	10.5
住宿和餐饮业	22005	15.2
信息传输、软件和信息技术服务业	555	0.4
金融业	—	—
房地产业	48	0.0
租赁和商务服务业	1703	1.2
科学研究和技术服务业	128	0.1
水利、环境和公共设施管理业	22	0.0
居民服务、修理和其他服务业	11868	8.2
教育业	473	0.3
卫生和社会工作	811	0.6
文化、体育和娱乐业	910	0.6
公共管理、社会保障和社会组织	—	—

注：表中合计数含从事农、林、牧、渔专业及辅助性活动和兼营第二、第三产业活动的农、林、牧、渔业法人单位与个体经营户。

资料来源：黔南州第四次全国经济普查公报。

进一步，若按登记注册类型分组，2018 年末黔南州第二产业和第三产业共有私营企业法人单位数 26479 个，占当年全州企业法人总数 84.8%。

表 4 - 96　　　　　按登记注册类型分组黔南州企业法人单位（2018 年）

项目	单位数（个）	比重（%）
合计	31224	100
内资企业	31160	99.8
国有企业	180	0.6
集体企业	140	0.4
股份合作企业	21	0.1
联营企业	19	0.1
有限责任公司	3916	12.5
股份有限公司	405	1.3
私营企业	26479	84.8
其他企业	—	—
港、澳、台商投资企业	28	0.1
外商投资企业	36	0.1

资料来源：黔南州第四次全国经济普查公报。

按登记注册类型分组，2018年末黔南州共有工业企业法人单位7230个，其中，私营企业有6354个，占当年全州工业企业法人单位总数近88%。可见，私营工业企业是黔南州工业经济发展的主体。

表4-97　　　　按登记注册类型分组黔南州工业企业法人单位（2018年）

项目	企业法人单位（个）	占比（%）
合计	7230	100.00
内资企业	7203	99.63
国有企业	34	0.47
集体企业	32	0.44
股份合作企业	6	0.08
有限责任公司	631	8.73
股份有限公司	75	1.04
私营企业	6354	87.88
其他企业	69	0.95
港、澳、台商投资企业	12	0.17
外商投资企业	15	0.21

资料来源：黔南州第四次全国经济普查公报。

在建筑企业中，2018年末全州共有建筑企业法人单位数2546个，其中私营企业法人单位数有2169个，占当年全州建筑业企业法人单位总数超85%。可见，私营企业是推动黔南州建筑业经济发展的主体。

表4-98　　　　按登记注册类型分组黔南州建筑业企业法人单位（2018年）

项目	企业法人单位（个）	占比（%）
合计	2546	100
内资企业	2544	99.92
国有企业	2	0.08
集体企业	10	0.39
有限责任公司	324	12.73
股份有限公司	39	1.53
私营企业	2169	85.19
外商投资企业	2	0.08

资料来源：黔南州第四次全国经济普查公报。

在批发和零售业企业中，2018 年黔南州共有 9106 个批发和零售业企业，其中，私营企业法人单位数为 7513 个，占当年全州批发和零售业企业法人单位总数超 82%。可见，私营企业是推动黔南州批发和零售业经济发展的主体。

表 4 – 99　　按登记注册类型分组黔南州批发和零售业企业法人单位（2018 年）

项目	企业法人单位（个）	占比（%）
合计	9106	100
内资企业	9098	99.91
国有企业	45	0.49
集体企业	57	0.63
股份合作企业	8	0.09
联营企业	10	0.11
有限责任公司	852	9.36
股份有限公司	82	0.90
私营企业	7513	82.51
其他企业	531	5.83
港、澳、台商投资企业	4	0.04
外商投资企业	4	0.04

资料来源：黔南州第四次全国经济普查公报。

在住宿和餐饮业企业方面，2018 年末黔南州共有 1995 个住宿和餐饮业企业，其中私营企业法人单位数为 1840 个，占当年全州住宿和餐饮业企业法人单位总数近 92%。可见，私营企业是推动黔南州住宿和餐饮业经济的主体。

表 4 – 100　　按登记注册类型分组黔南州住宿和餐饮业企业法人单位（2018 年）

项目	企业法人单位（个）	占比（%）
合计	2002	100
内资企业	1995	99.65
国有企业	6	0.30
集体企业	6	0.30
有限责任公司	124	6.19
股份有限公司	14	0.70
私营企业	1840	91.91
其他	5	0.25
港、澳、台商投资企业、外商投资企业	7	0.35

资料来源：黔南州第四次全国经济普查公报。

在信息传输、软件和信息技术服务业企业中，2018 年末黔南州共有 570 个信息传输、软件和信息技术服务企业法人单位，其中私营企业法人单位数有 487 个，占当年全州信息传输、软件和信息技术服务业企业法人单位总数超 85%。可见，私营企业是推动黔南州信息传输、软件和信息技术服务业经济的主体。

表 4－101　　　　　　按登记注册类型分组黔南州信息传输、软件和信息技术
服务业企业法人单位（2018 年）

项目	企业法人单位（个）	占比（％）
合计	570	100
内资企业	567	99.47
国有企业	4	0.70
有限责任公司	66	11.58
股份有限公司	7	1.23
私营企业	487	85.44
港、澳、台商投资企业	1	0.18
外商投资企业	2	0.35

资料来源：黔南州第四次全国经济普查公报。

在租赁和商务服务业企业中，2018 年末黔南州共有 3812 个租赁和商务服务业企业法人单位，其中，私营企业法人单位数有 2843 个，占当年全市租赁和商务服务业企业法人单位总数近 75%。可见，私营企业是推动黔南州租赁和商务服务业经济的主体。

表 4－102　　按登记注册类型分组黔南州租赁和商务服务业企业法人单位（2018 年）

项目	企业法人单位（个）	占比（％）
合计	3812	100
内资企业	3809	99.92
国有企业	27	0.71
集体企业	8	0.21
股份合作企业	2	0.05
有限责任公司	795	20.86
股份有限公司	62	1.63
私营企业	2843	74.58
其他企业	70	1.84
外商投资企业	3	0.08

资料来源：黔南州第四次全国经济普查公报。

在科学研究和技术服务业企业中，2018 年黔南州共有 1047 个科学研究和技术服务业企业，其中私营企业有 765 个，占当年全州科学研究和技术服务业企业法人单位总数约 73%。可见，私营企业也是推动黔南州科学研究和技术服务业经济的重要贡献者。

表 4 – 103　按登记注册类型分组黔南州科学研究和技术服务业企业法人单位（2018 年）

项目	企业法人单位（个）	占比（%）
合计	1047	100
内资企业	1045	99.81
国有企业	23	2.20
集体企业	9	0.86
股份合作企业	1	0.10
有限责任公司	178	17.00
股份有限公司	14	1.34
私营企业	765	73.07
其他企业	55	5.25
外商投资企业	2	0.19

资料来源：黔南州第四次全国经济普查公报。

在居民服务、修理和其他服务业企业中，2018 年黔南州共有 1336 个居民服务、修理和其他服务业企业，其中私营企业法人单位数有 1180 个，占当年全州居民服务、修理和其他服务业企业法人单位总数超 88%。可见，私营企业是黔南州居民服务、修理和其他服务业经济发展的主要推动者。

表 4 – 104　按登记注册类型分组黔南州居民服务、修理和其他服务业企业法人单位（2018 年）

项目	企业法人单位（个）	占比（%）
合计	1336	100
内资企业	1336	100.00
国有企业	3	0.22
集体企业	4	0.30
有限责任公司	138	10.33
股份有限公司	5	0.37
私营企业	1180	88.32
其他企业	5	0.37

资料来源：黔南州第四次全国经济普查公报。

4.9.2 社会就业

2018 年末，全州第二产业和第三产业法人单位从业人员（不含银保监会、证监会和铁路运输业，下同）525440 人。在法人单位从业人员中，位居前三位的行业是：制造业120611 人；公共管理、社会保障和社会组织 88279 人；批发和零售业 49241 人，占全州法人单位总数大约分别为 23%、16.80% 和 9.37%。前三大产业吸收社会就业人员占比不足 50%。

2018 年末，全州第二产业和第三产业个体经营户从业人员 344298 人，与法人单位从业人员分布情况不同，黔南州个体经营户从业人员中位居前三位的行业主要分布在第三产业，分别是：批发和零售业、住宿和餐饮业和居民服务、修理和其他服务业，占全州个体经营户从业人员总数分别为 52.17%、17.75% 和 10.43%。前三大产业吸收社会就业人员占比超 80%，表明黔南州个体经营户从业人员在各产业中的分布较为不均衡。

表 4 - 105　　按行业门类分组黔南州法人单位与个体经营户从业人员（2018 年）

项目	法人单位从业人员（人）	占比（%）	个体经营户从业人员（人）	占比（%）
合计	525440	100	344298	100
采矿业	15540	2.96	247	0.07
制造业	120611	22.95	19895	5.78
电力、热力、燃气及水生产和供应业	5106	0.97	25	0.01
建筑业	40481	7.70	10370	3.01
批发和零售业	49241	9.37	179616	52.17
交通运输、仓储和邮政业	13058	2.49	21756	6.32
住宿和餐饮业	17188	3.27	61123	17.75
信息传输、软件和信息技术服务业	4964	0.94	1172	0.34
金融业	7300	1.39	—	—
房地产业	23691	4.51	104	0.03
租赁和商务服务业	31206	5.94	5170	1.50
科学研究和技术服务业	8949	1.70	506	0.15
水利、环境和公共设施管理业	6415	1.22	127	0.04
居民服务、修理和其他服务业	10426	1.98	35927	10.43
教育业	47729	9.08	2766	0.80
卫生和社会工作	25379	4.83	2206	0.64
文化、体育和娱乐业	8247	1.57	3288	0.95
公共管理、社会保障和社会组织	88279	16.80	—	—

注：表中合计数含从事农、林、牧、渔专业及辅助性活动的法人单位与个体经营户从业人员，且合计数和分行业数据均不包含银保监会、证监会和铁路运输业从业人员数。

资料来源：黔南州第四次全国经济普查公报。

按登记注册类型分组，2018 年末黔南州工业企业从业人员共有 141170 人，其中私营企业从业人员有 102617 人，占当年全州工业企业从业人员总数约 73%。可见，在工业企业从业人员中，私营工业企业为黔南州提供了近四分之三的就业岗位，是吸纳全州工业企业就业人口的主要经济成分。

表 4 - 106　　　　　　按登记注册类型分组黔南州工业企业从业人员

项目	从业人员（人）	占比（%）
合计	141170	100
内资企业	136554	96.73
国有企业	823	0.58
集体企业	628	0.44
股份合作企业	48	0.03
有限责任公司	29082	20.60
股份有限公司	3040	2.15
私营企业	102617	72.69
其他企业	316	0.22
港、澳、台商投资企业	3551	2.52
外商投资企业	1062	0.75

资料来源：黔南州第四次全国经济普查公报。

在建筑业企业从业人员中，2018 年黔南州共有 40481 人建筑企业从业人员，其中，私营企业有 21015 人从业人员，占当年全州建筑业企业从业人员总数约 52%。可见，在建筑业企业从业人员中，私营建筑企业为全州提供了超半的就业岗位，是挑起全州建筑业企业就业半壁江山的重要贡献者。

表 4 - 107　　　按登记注册类型分组黔南州建筑业企业从业人员（2018 年）

项目	从业人员（人）	占比（%）
合计	40481	100
内资企业	40261	99.46
国有企业	125	0.31
集体企业	1702	4.20
有限责任公司	16672	41.18
股份有限公司	747	1.85
私营企业	21015	51.91
外商投资企业	220	0.54

资料来源：黔南州第四次全国经济普查公报。

在批发和零售业企业从业人员中，2018 年黔南州共有 49241 人从业人员，其中私营企业有 37004 人从业人员，占当年全州批发和零售业企业从业人员总数超 75%。可见，私营批发和零售业企业为全州提供了约四分之三就业岗位，是黔南州批发和零售业企业就业岗位的主要提供者。

表 4 – 108　　　　　　按登记注册类型分组黔南州批发和零售业企业从业人员

项目	从业人员（人）	占比（%）
合计	49241	100
内资企业	48992	99.49
国有企业	1972	4.00
集体企业	200	0.41
股份合作企业	81	0.16
联营企业	38	0.08
有限责任公司	6773	13.75
股份有限公司	614	1.25
私营企业	37004	75.15
其他企业	2310	4.69
港、澳、台商投资企业	92	0.19
外商投资企业	157	0.32

资料来源：黔南州第四次全国经济普查公报。

在住宿和餐饮业企业从业人员中，2018 年末黔南州共有 17188 人住宿和餐饮业企业从业人员，其中，私营企业有 13588 人从业人员，占当年全州住宿和餐饮业企业从业人员总数约 79%。可见，私营住宿和餐饮企业是黔南州住宿和餐饮业就业岗位的主要创造者。

表 4 – 109　　　　按登记注册类型分组黔南州住宿和餐饮业企业从业人员（2018 年）

项目	从业人员（人）	占比（%）
合计	17188	100
内资企业	16916	98.42
国有企业	180	1.05
集体企业	98	0.57
有限责任公司	2817	16.39
股份有限公司	211	1.23
私营企业	13588	79.06
其他企业	22	0.13
港、澳、台商投资企业、外商投资企业	272	1.58

资料来源：黔南州第四次全国经济普查公报。

在信息传输、软件和信息技术服务业从业人员中，2018年末黔南州共有4872人信息传输、软件和信息技术服务业从业人员，其中私营企业有2713信息传输、软件和信息技术服务业从业人员，占当年全州信息传输、软件和信息技术服务业从业人员总数近56%。私营信息传输、软件和信息技术服务业企业从业人员总数虽不及其他产业私营企业从业人员，但仍挑起了黔南州信息传输、软件和信息技术服务业吸纳社会就业半壁江山的重担。

表4－110　　按登记注册类型分组黔南州信息传输、软件和信息技术服务业从业人员

项目	从业人员（人）	占比（%）
合计	4872	100
内资企业	3773	77.44
国有企业	14	0.29
有限责任公司	413	8.48
股份有限公司	634	13.01
私营企业	2713	55.69
港、澳、台商投资企业	361	7.41
外商投资企业	738	15.15

资料来源：黔南州第四次全国经济普查公报。

在租赁和商务服务业企业从业人员中，2018年末黔南州共有30769人在租赁和商务服务业企业中就业，其中在私营企业就业的有21558人，占当年全州租赁和商务服务业企业从业人员总数约70%。可见，私营企业是吸纳黔南州租赁和商务服务业从业人员的主体。

表4－111　　按登记注册类型分组黔南州租赁和商务服务业企业从业人员

项目	从业人员（人）	占比（%）
合计	30769	100
内资企业	30753	99.95
国有企业	474	1.54
集体企业	21	0.07
股份合作企业	14	0.05
有限责任公司	7280	23.66
股份有限公司	1117	3.63
私营企业	21558	70.06
其他企业	288	0.94
外商投资企业	16	0.05

资料来源：黔南州第四次全国经济普查公报。

在科学研究和技术服务业企业从业人员中，2018年末黔南州共有7532人科学研究和技术服务业从业人员，其中私营企业有5086人从业人员，占当年全州科学研究和技术服务业从业人员总数超67%。可见，私营企业是吸纳科学研究和技术服务业从业人员的主要经济成分。

表4-112　　按登记注册类型分组黔南州科学研究和技术服务业企业从业人员（2018年）

项目	从业人员（人）	占比（%）
合计	7532	100
内资企业	7477	99.27
国有企业	443	5.88
集体企业	107	1.42
股份合作企业	4	0.05
有限责任公司	1479	19.64
股份有限公司	98	1.30
私营企业	5086	67.53
其他企业	260	3.45
外商投资企业	55	0.73

资料来源：黔南州第四次全国经济普查公报。

在居民服务、修理和其他服务业企业从业人员中，2018年黔南州共有10355人居民服务、修理和其他服务业从业人员，其中，私营企业吸纳了8684人从业人员，占当年全州居民服务、修理和其他服务业从业人员总数近84%。可见，私营企业是提供居民服务、修理和其他服务业就业岗位的主体。

表4-113　　按登记注册类型分组黔南州居民服务、修理和其他服务业企业从业人员（2018年）

项目	从业人员（人）	占比（%）
合计	10355	100
内资企业	10355	100.00
国有企业	68	0.66
集体企业	47	0.45
有限责任公司	1509	14.57
股份有限公司	24	0.23
私营企业	8684	83.86
其他企业	21	0.20

资料来源：黔南州第四次全国经济普查公报。

4.10　各市（州）民营经济发展比较

4.10.1　各市（州）人口、经济总量发展比较

贵州省面积约 17.6 万平方公里，辖 9 个市和自治州，分别是贵阳市、遵义市、铜仁市、毕节市、安顺市、六盘水市、黔西南布依族苗族自治州、黔东南苗族侗族自治州和黔南布依族苗族自治州。

据贵州省统计年鉴数据显示，2013 年末，贵州省常住人口约 3500 万人，2018 年末上升到 3600 万人。具体到各个市（州），不管在 2013 年末还是 2018 年末，贵州省常住人口总量排名前三位的都是毕节市、遵义市和贵阳市，三个城市常住人口总量占全省常住人口总量超 50%。其中，毕节市常住人口总量均居首位，分别约为 654 万人和 689 万人。其次为遵义市，分别为 614 万人和 627 万人。2013 年末和 2018 年末常住人口总量最少的均是安顺市，分别约为 230 万人和 235 万人。表 4－114 具体展示了 2013 年末及 2018 年末贵州各市（州）人口总量发展情况。

表 4－114　　　　　　贵州省各市（州）常住人口发展情况

项目	年末常住人口			
年份	2013		2018	
	总量（万人）	占全省比重（%）	总量（万人）	占全省比重（%）
贵州省	3502.22	100	3600	100
毕节市	653.82	18.67	688.61	19.13
遵义市	614.25	17.54	627.07	17.42
贵阳市	452.19	12.91	488.19	13.56
铜仁市	310.4	8.86	316.88	8.80
六盘水市	287.45	8.21	293.73	8.16
安顺市	230.05	6.57	235.31	6.54
黔西南布依族苗族自治州	282.22	8.06	287.17	7.98
黔东南苗族侗族自治州	348.34	9.95	353.83	9.83
黔南布依族苗族自治州	323.5	9.24	329.21	9.14

资料来源：《贵州统计年鉴》2013/2018 年。

在地区生产总值方面，2013 年末和 2018 年末，贵阳市经济总量均居第一位，分别为 2085.42 亿元和 3798.45 亿元，占全省经济总量均超 25%；2013 年末和 2018 年末，经济总量创造值位居第二位的是遵义市，分别为 1584.67 亿元和 3000.23 亿元，占全省经济总量约 20%。全省经济总量创造值最低的是安顺市，2013 年末和 2018 年末占全省经济总量均不足 6%。表 4-115 具体展示了 2013 年末及 2018 年末贵州各市（州）经济总量发展情况。

表 4-115　　　　　　　　贵州省各市（州）经济总量发展情况

项目	2013 年末		2018 年末	
	总值（亿元）	人均生产总值（元）	总值（亿元）	人均生产总值（元）
贵州省	8006.79	22922	14806.45	41244
贵阳市	2085.42	46479.79	3798.45	78449
六盘水市	882.11	30770	1525.69	52059
遵义市	1584.67	25852	3000.23	47931
铜仁市	535.22	17270	1066.52	33720
毕节市	1041.93	15953	1921.43	28794
安顺市	429.16	18725	849.4	36164
黔西南布依族苗族自治州	558.91	19840	1163.77	40608
黔东南苗族侗族自治州	585.64	16838	1036.62	29358
黔南布依族苗族自治州	645.54	19981	1313.46	39965

资料来源：《贵州统计年鉴》2013/2018 年。

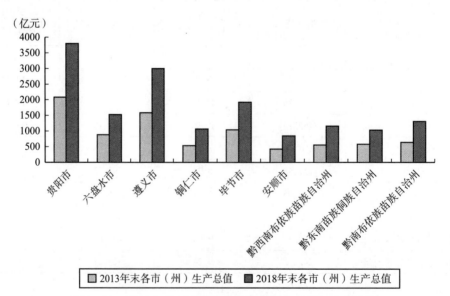

图 4-19　2013 年末、2018 年末贵州省各市（州）生产总值

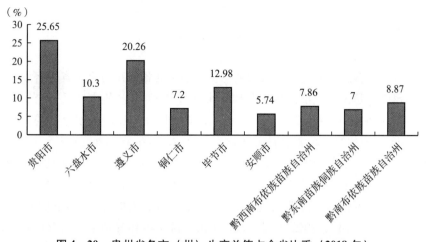

图 4–20 贵州省各市（州）生产总值占全省比重（2018 年）

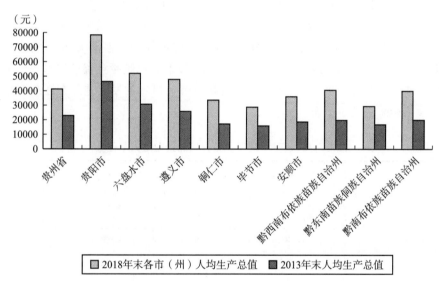

图 4–21 贵州省各市（州）人均生产总值（2013/2018 年）

在人均生产总值方面，2013 年末和 2018 年末，贵阳市人均生产总值均居全省第一位，从 46479.79 元上升到 78449 元，五年内增长近 69%。其次为六盘水市，从 2013 年末的 30770 元增加到 2018 年末的 52059 元，五年内增长近 70%。遵义市虽然在 2013 年末和 2018 年末经济总量位居全省第二，但其人均生产总值不及六盘水市，只有 25852 元和 47931 元，但五年内增长均超贵阳市和六盘水市，超 85%。全省人均生产总值最低的是毕节市，2013 年末和 2018 年末其人均生产总值只有 15953 元和 28794 元，五年内增长超 80%。在这五年内，虽然铜仁市、毕节市、安顺市、黔西南布依族自治州、黔东南苗族侗族自治州、黔南布依族苗族自治州人均生产总值低于全省平均水平，但五年内人均生产总值增长速度都高于全省平均增长速度。可见，全省各市（州）经济发展差距在逐渐缩小，区域经济发展越来越趋于平衡。

4.10.2 各市（州）私营企业发展规模比较

民营经济是社会经济发展不可或缺的力量，是拉动各市州乃至全省经济发展的动力和引擎，而市州经济是民营经济的最优载体。2013 年末到 2018 年末，贵州全省企业法人总数从 146514 个增加到 280475 个，增长近 1 倍，其中按登记注册类型分组的私营企业法人单位数从 2013 年末的 52895 个增加到 2018 年末的 236366 个，增长近 3.5 倍，超过全省企业法人单位数增长速度。从内部结构来看，按登记注册类型分组的私营企业法人单位数占全省企业法人单位数比重从 2013 年末的 36% 增加到 2018 年末的 84%。可见，"十二五"到"十三五"期间，贵州民营经济发展规模增长迅猛，已经成为贵州经济发展的重要支撑。

具体到各个市（州），2013 年末，六盘水市、遵义市和安顺市的私营企业发展规模超全省平均水平，毕节市和黔东南苗族侗族自治州居全省平均水平，贵阳市、铜仁市、黔西南布依族苗族自治州和黔南布依族苗族自治州私营企业发展规模低于全省平均水平。到 2018 年末，全省民营经济发展规模格局发生较大变动，发展速度最快的是毕节市，最慢的是贵阳市。"十二五"期间，私营企业发展规模较低的铜仁市、黔西南布依族苗族自治州和黔南布依族苗族自治州，经过"十三五"期间的发展，已超越全省平均水平。可见，从"十二五"到"十三五"期间，贵州民营经济在各市（州）的发展差距在逐渐缩小，区域民营经济发展越来越趋于平衡。

表 4－116　　按市（州）、登记注册类型分组的企业法人单位数

项目	2013 年末企业法人单位总数（个）	2013 年末私营企业法人单位数（个）	2018 年末企业法人单位总数（个）	2018 年末私营企业法人单位数（个）
贵州省	146514	52895	280475	236366
贵阳市	34270	10655	75868	58340
六盘水市	10974	5500	19066	16520
遵义市	21435	9411	39809	34550
安顺市	9061	3384	19562	17168
毕节市	15546	5543	26167	23967
铜仁市	15656	5284	26382	23534
黔西南布依族苗族自治州	10448	3344	22147	18910
黔东南苗族侗族自治州	16667	6056	20251	16898
黔南布依族苗族自治州	12457	3718	31223	26479

注：私营企业：指由自然人投资设立或由自然人控股，以雇佣劳动为基础的营利性经济组织。包括按照《公司法》《合伙企业法》《私营企业暂行条例》以及《个人独资企业法》规定登记注册的私营独资企业、私营合伙企业、私营有限责任公司、私营股份有限公司和个人独资企业。

资料来源：贵州省第三、第四次经济普查。

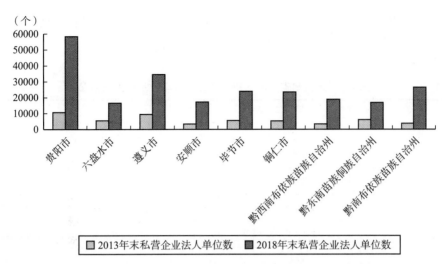

图 4 – 22 2013 年末、2018 年末贵州省私营企业法人单位数

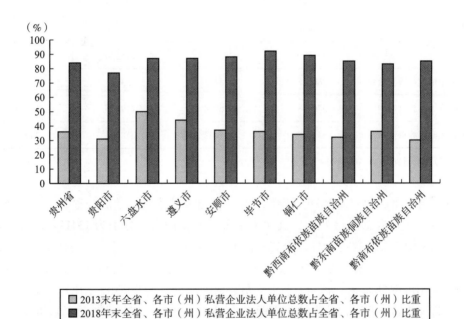

图 4 – 23 贵州省各市（州）私营企业法人单位数占比（2013/2018 年末）

4.10.3 各市（州）私营企业从业人员发展比较

民营企业行业分布较广，且经营方式灵活多样，投资活力强，单位投资容纳的劳动力和单位投资新增加的劳动力较高。"十二五"和"十三五"区间，贵州私营企业规模不断扩大，对缓解社会就业压力具有突出效果。总体上，贵州全省私营企业解决就业人员总数从 2013 年末的 920237 人增加到 2018 年末的 2117761 人，增加超 1.3 倍。不仅如此，私营企业从业人员总数占全省从业人员比重从 2013 年末的 21% 增加到 2018 年末的 54%。可

见，从 2013 年末到 2018 年末，贵州私营企业吸收社会就业人员呈激烈上升趋势，解决了贵州省一半以上的社会就业。社会就业的贡献已占据全省半壁江山。

表 4 - 117　　　　　按地区分组贵州省各市（州）企业法人单位从业人员情况

项目	2013 年		2018 年	
	全省/各市（州）从业人员数（人）	私营企业从业人员总数（人）	全省/各市（州）从业人员数（人）	私营企业从业人员总数（人）
贵州省	4357197	920237	3890787	2117761
贵阳市	1270555	132027	1359283	465602
六盘水市	384391	102968	301850	153848
遵义市	640989	166456	565447	337793
安顺市	247482	55141	225524	136587
毕节市	480436	134117	330606	233377
铜仁市	334600	85576	275280	210710
黔西南布依族苗族自治州	280328	73472	253953	186090
黔东南苗族侗族自治州	376868	96038	219936	143809
黔南布依族苗族自治州	341548	74442	358908	249945

资料来源：贵州省第三、第四次经济普查。

具体到各个市（州），2013 年末遵义市私营企业从业人员总数居全省第一，达 166456 人，占全省从业人员总数超 18%，其次为毕节市和贵阳市，分别为 134117 人和 132027 人，占全省从业人员总数约 15%。全省私营企业吸纳从业人员总数最少的是安顺市，仅解决 55141 人就业，占全省从业人员总数约 6%。到 2018 年末，全省私营企业从业人员总数最多的是贵阳市 465602 人，占全省从业人员总数近 22%，与 2013 年末比较，上升了 7 个百分点；遵义市紧随其后，共吸纳 337793 人从业人员，占全省从业人员总数近 16%，与 2013 年末相比，下降了约 2 个百分点；2018 年末，安顺市私营企业从业人员总数仍然是全省最低水平，仅有 136587 人，占全省从业人员总数约 6%，与 2013 年末持平，但从总量来看，相对 2013 年末，安顺市私营企业从业人员总数增长了近 1.5 倍，虽然总量较低，其增长速度却高于全省 1.3 倍的平均水平。图 4 - 24 展示了 2013 年末、2018 年末各市（州）私营企业从业人员总数，图 4 - 25 展示了 2013 年末、2018 年末各市（州）私营企业从业人员占全省从业人员比重，图 4 - 26 展示了 2013 年末、2018 年末各市（州）私营企业从业人员占各市（州）从业人员总数比重。

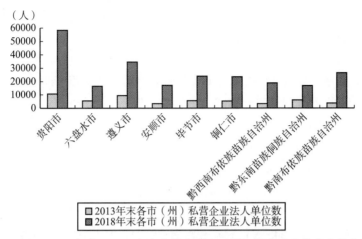

图 4-24　2013 年末、2018 年末贵州省各市（州）私营企业从业人员总数

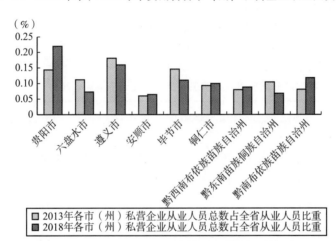

图 4-25　贵州省各市（州）私营企业从业人员总数占全省从业人员比重（2013/2018 年末）

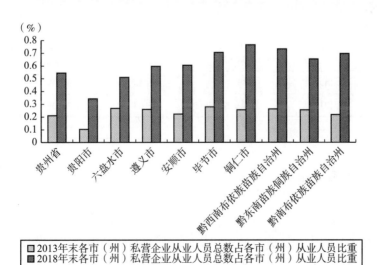

图 4-26　贵州省各市（州）私营企业从业人员总数占各市（州）从业人员总数比重（2013/2018 年末）

4.10.4　各市（州）私营工业发展比较

2018 年末，按地区分组，全省私营工业企业资产总额中排名前三位的地区和城市分别是遵义市（620.05 亿元）、黔南州（462.57 亿元）和毕节市（366.02 亿元），分别占全部私营工业企业资产总额的 20.96%、15.64% 和 12.37%；固定资产净额总额排名前三名的遵义市（133.95 亿元）、黔南州（124.6 亿元）和毕节市（101.35 亿元），分别占全部私营工业企业固定资产净额的 18.92%、17.60% 和 14.32%；流动资产总额排名前三名的遵义市（305.96 亿元）、贵阳市（222.52 亿元）和黔南州（198.38 亿元），分别占全部私营工业企业流动资产总额的 20.15%、13.06% 和 13.06%；负债总额排名前三名的遵义市（340.3 亿元）、六盘水市（245.5 亿元）和黔南州（231.91 亿元）分别占全部私营工业企业负债总额的 20.33%、14.67% 和 13.86%；所有者权益总额排名前三名的是遵义市（279.74 亿元）、黔南州（230.66 亿元）和毕节市（167.66 亿元），分别占全部私营工业企业所有者权益总额的 21.78%、17.96% 和 13.05%。

表 4 – 118　　　按地区分组贵州省私营工业企业主要经济指标（2018 年）　　　单位：亿元

地区	资产总计	固定资产净额	流动资产合计	负债合计	所有者权益合计
全省	2958.4	707.81	1518.74	1673.71	1284.28
遵义市	620.05	133.95	305.96	340.3	279.74
黔南州	462.57	124.6	198.38	231.91	230.66
毕节市	366.02	101.35	198.31	198.17	167.66
六盘水市	359.94	84.45	165.24	245.5	114.44
贵阳市	326.25	47.26	222.52	198.2	128.05
黔西南州	305.78	82.83	138.75	168.73	137.05
铜仁市	246.79	68.63	122.4	121.42	125.16
安顺市	149.11	23.95	101.48	91.39	57.72
黔东南州	121.9	40.79	65.69	78.09	43.8

资料来源：贵州省第四次经济普查。

4.10.5　各市（州）私营批发业发展比较

2018 年末，贵州省九个市（州）私营批发业企业的单位数量占各市（州）内资批发业企业比例均在 80% 以上，仅有黔西南布依族苗族自治州和黔南布依族苗族自治州低于 80%，分别为 78.18% 和 78.38%；从业人员占比都在 60% 以上，仅有毕节市和遵义市低于 60%，分别为 58.56% 和 59.85%。严格上说，贵州省各市（州）私营批发业企业数量和从业人数都在整体经济中有突出影响。

各市（州）私营批发业企业数量和从业人员都很高，但是各地区平均从业人员均低于当地内资批发业企业平均水平，更是远低于非私营批发业企业，毕节市平均从业人员仅为非私营批发业企业的六分之一。

各市（州）私营批发业企业地域间发展不平衡。贵阳市占了全省私营批发业企业数量的40.25%，从业人员占了35.68%，其次是遵义市，分别占了13.90%和14.42%，另外七个市（州）均低于10%。可见，私营批发业企业集中在经济和交通较为发达的贵阳市和遵义市。

表4-119　　贵州省分地区批发业法人企业基本情况（2018年）

地区	法人单位数（个）		从业人员期末人数（人）	
	内资企业	私营企业	内资企业	私营企业
全省	35410	29516	225562	144915
贵阳市	14316	11879	82894	51708
六盘水市	2008	1754	14345	10242
遵义市	4717	4104	34919	20900
安顺市	1813	1571	10812	7838
毕节市	2175	1944	18538	10855
铜仁市	2057	1683	12720	8683
黔西南布依族苗族自治州	2878	2250	18570	12679
黔东南苗族侗族自治州	1796	1470	11821	7314
黔南布依族苗族自治州	3650	2861	20943	14696

资料来源：贵州省第四次经济普查。

在企业经营财务方面，2018年末，各（州）市私营批发业企业资产占当地内资批发业企业资产比例均在40%以下，仅黔西南布依族苗族自治州和黔东南苗族侗族自治州高于40%，分别为44.82%和40.75%。

地域间企业资产来看，私营批发业企业资产与企业数量相似，主要集中在经济与交通较为发达的贵阳市和遵义市，两市分别占了43.81%和15.89%。

负债率方面，私营批发业企业除了铜仁市的36.62%和黔南布依族苗族自治州的36.22%以外，其他州市均高于50%，贵阳市和安顺市分别高达70.51%和70.40%。

营业收入方面，全省私营批发业企业平均营业收入仅为0.06亿元/家，低于内资批发业企业的0.15亿元/家和非私营批发业企业的0.63亿元/家。且各市（州）私营批发业企业的平均营业收入与全省情况相似，均低于后两者。地区间，贵阳市私营批发业企业平均营业收入最高，为0.07亿元/家，为唯一一个超过全省平均水平的城市。

表 4 – 120　　　　　　　　分地区批发业法人企业财务状况（2018 年）　　　　　　单位：亿元

地区	资产总计		负债合计		营业收入	
	内资企业	私营企业	内资企业	私营企业	内资企业	私营企业
全省	4520.1	1246.2	2877.6	794.62	5457.5	1763.3
贵阳市	1638.7	545.96	1182.25	384.97	2366.4	877.96
六盘水市	380.06	84.49	278.29	57.06	309.43	103.8
遵义市	1287.7	197.99	749.69	128.68	1471	222.48
安顺市	212.45	49.46	123.98	34.82	176.21	92.31
毕节市	244.33	61.11	114.79	31.94	247.98	89.61
铜仁市	121.09	48.22	72.78	17.66	124.22	63.23
黔西南布依族苗族自治州	186.23	83.46	104.4	51.36	250.43	124.98
黔东南苗族侗族自治州	189.05	77.04	110.12	52.45	187.04	77.05
黔南布依族苗族自治州	260.56	98.51	141.31	35.68	324.81	111.85

资料来源：贵州省第四次经济普查。

4.10.6　各市（州）私营零售业发展比较

2018 年末，从零售业企业数量、从业人员和营业面积来看，各市（州）法人单位数均占当地内资零售业企业法人单位数的 80% 以上，从业人员和营业面积则占当地内资零售业企业的 60% 以上。

平均从业人员方面，各市（州）均低于全省内资零售业企业平均水平，远低于非私营零售业企业平均水平，安顺市私营零售业企业平均从业人员甚至不到非私营零售业企业的三分之一。

地区间，法人数量、从业人员和经营面积占全省比例均在 10% 以上的市（州）为贵阳市、遵义市、毕节市和铜仁市。零售行业并没有出现批发行业贵阳占比 40% 以上的极端情况，主要是零售对于交通发展状况依赖度不高，货物周转发散无需大量和快速运输。

表 4 – 121　　　　　　　　分地区零售业法人企业基本情况（2018 年）

地区	法人单位数（个）		从业人员期末人数（人）		批发和零售业年末零售营业面积（万平方米）	
	内资企业	私营企业	内资企业	私营企业	内资企业	私营企业
全省	56203	49399	313723	238228	1339	969.8
贵阳市	15324	12492	92751	58863	328.4	202.5
六盘水市	4185	3833	21936	17060	97	59.4

续表

地区	法人单位数（个）		从业人员期末人数（人）		批发和零售业年末零售营业面积（万平方米）	
	内资企业	私营企业	内资企业	私营企业	内资企业	私营企业
遵义市	8733	8008	45862	37010	191.9	157.6
安顺市	3857	3581	21167	16743	95.1	66.9
毕节市	5865	5524	31871	27737	158.1	136.3
铜仁市	5758	5180	31839	27162	145.1	117.9
黔西南布依族苗族自治州	3686	3186	22652	17558	84.3	71.1
黔东南苗族侗族自治州	3347	2943	17596	13787	82.3	57.8
黔南布依族苗族自治州	5448	4652	28049	22308	157	100.2

资料来源：贵州省第四次经济普查。

　　从资产、负债和营业收入来看，各市（州）基本情况都有较好表现。民营资产占比最高到达 66.89%，负债最低为 32.02%，营业收入最高为 66.38%。具体情况如图 4 – 27、图 4 – 28 和图 4 – 29 所示。

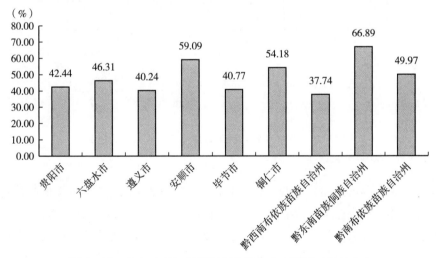

图 4 – 27　各市（州）民营零售业资产分布情况（2018 年）

资料来源：贵州省第四次经济普查。

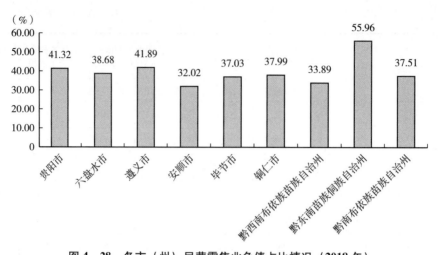

图 4 - 28　各市（州）民营零售业负债占比情况（2018 年）

资料来源：贵州省第四次经济普查。

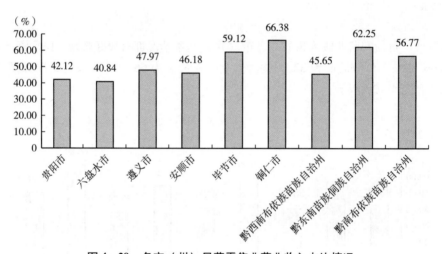

图 4 - 29　各市（州）民营零售业营业收入占比情况

资料来源：贵州省第四次经济普查。

负债率方面，各市（州）私营零售业企业负债率均低于同地区内资零售业企业，同样也低于非私营零售业企业。负债率最低的为铜仁市，仅为29.88%，最高为贵阳市72%。

平均营业收入方面，各市（州）均低于同地区的内资零售业企业，远低于非私营零售业企业。平均营业收入最高为贵阳市 0.032 亿元/家，最低为安顺市和黔东南苗族侗族自治州，均为 0.018 亿元/家。

各地区间私营零售业企业发展不平衡。资产和营业收入贵阳市均占比在30%以上，此外10%以上的仅有遵义市和铜仁市，资产负债最高为贵阳市的46.92%，其次为遵义市的15.66%，其他州市均低于10%。

表 4 – 122　　　　　　各市（州）零售业企业财务状况（2018 年）　　　　单位：亿元

地区	资产总计		负债合计		营业收入	
	内资企业	私营企业	内资企业	私营企业	内资企业	私营企业
全省	2094.1	943.03	1227.76	491.21	2423.3	1179.3
贵阳市	754.12	320.08	557.72	230.46	944.02	397.64
六盘水市	84.59	39.17	48.47	18.75	132.24	54.01
遵义市	361.96	145.64	183.63	76.93	360.46	172.93
安顺市	83.02	49.06	62.22	19.92	142.4	65.76
毕节市	183.51	74.81	76.94	28.49	198.64	117.43
铜仁市	191.39	103.7	81.58	30.99	190.3	126.32
黔西南布依族苗族自治州	164.53	62.09	94.07	31.88	161.52	73.74
黔东南苗族侗族自治州	77.11	51.58	41.26	23.09	86.38	53.77
黔南布依族苗族自治州	193.9	96.9	81.87	30.71	207.37	117.72

资料来源：贵州省第四次经济普查。

4.10.7　各市（州）私营住宿业发展比较

虽然贵州住宿业私营企业数量占全部内资住宿业企业为 86.55%，从九个州市来看，私营住宿业企业数量基本占当地内资住宿业企业的 75% 以上，最低为黔西南布依族苗族自治州的 75.59%，最高为毕节市的 95.24%。私营住宿业企业从业人员整体占比为 67.30%，除贵阳市、安顺市和黔西南布依族苗族自治州外，其他州市从业人员占比均高于全省整体水平，最低为黔西南布依族苗族自治州 53.82%，最高为铜仁市 80.56%。但尽管各市（州）企业数量和从业人员占比都在 50% 以上，但是平均每家企业的从业人员数量却低于内资住宿业企业平均水平，更是远低于非私营住宿业企业（见表 4 – 123）。

表 4 – 123　　　　　　分地区住宿业企业法人企业基本情况

地区	内资企业		私营企业	
	法人单位数（个）	从业人员期末人数（人）	法人单位数（个）	从业人员期末人数（人）
全省	4936	68751	4272	46269
贵阳市	1007	17775	779	9987
六盘水市	432	5256	379	3557
遵义市	984	12062	893	8904
安顺市	328	4053	277	2563
毕节市	441	5470	420	4268
铜仁市	410	6291	375	5068
黔西南布依族苗族自治州	213	4441	161	2390

续表

地区	内资企业		私营企业	
	法人单位数（个）	从业人员期末人数（人）	法人单位数（个）	从业人员期末人数（人）
黔东南苗族侗族自治州	457	4768	407	3574
黔南布依族苗族自治州	664	8635	581	5958

资料来源：贵州省第四次经济普查。

各市（州）企业数量和从业人员占比较高的是贵阳市、遵义市和黔南布依族苗族自治州，三市（州）的企业数量和从业人员合计均占全省50%以上。企业数量和从业人员最低的是黔西南布依族苗族自治州，分别占全省的3.77%和5.17%。

贵州各市（州）私营住宿业企业法人单位数占全省私营企业比例

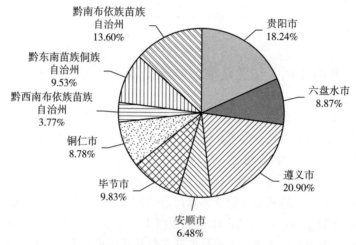

贵州各市（州）私营住宿业企业从业人员人数占全省私营企业比例

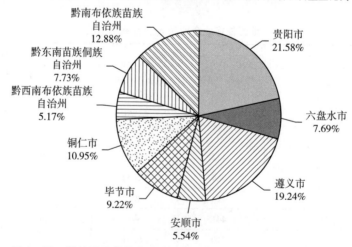

图4－30　按地区私营住宿业企业法人单位数和从业人员分布情况

资料来源：贵州省第四次经济普查。

4.10.8　各市（州）私营餐饮业发展比较

贵州餐饮业私营企业占全省餐饮业企业总数已高达80%，各市（州）私营企业法人单位数量占当地内资企业的比例基本在90%以上，仅贵阳市为87.2%。最高为毕节市达到了98.11%。

从业人员方面，各市（州）私营企业占当地内资企业的比例基本在85%以上，仅贵阳市和遵义市低于此水平，分别为73.35%和84.83%，最高为毕节市的97.19%。营业面积方面，各市（州）私营企业占当地内资企业的比例基本在85%以上，仅贵阳为77.25%，最高依旧是毕节市，达到了97.42%。从此三方面数据来看，各市（州）的私营企业是当地餐饮业的主要支柱。

各市（州）私营餐饮业企业的平均从业人数基本上都低于当地区内资餐饮业企业的平均水平，仅铜仁市和黔西南布依族苗族自治州略高于平均水平。各市（州）私营餐饮业企业的平均营业面积基本上都低于当地内资餐饮业企业的平均水平，仅黔西南布依族苗族自治州略高于平均水平。各市（州）私营餐饮业企业在企业规模和经营能力上较非私营餐饮业企业有一定差距。

表 4 - 124　　　　按地区餐饮业法人企业基本情况（2018 年）

地区	法人单位数（个）		从业人员期末人数（人）		住宿和餐饮业年末餐饮营业面积（万平方米）	
	内资企业	私营企业	内资企业	私营企业	内资企业	私营企业
全省	12094	11299	79700	69029	430.1	381
贵阳市	2656	2316	20045	14703	94.5	73
六盘水市	1608	1533	7983	7386	36.8	33.6
遵义市	1761	1654	13123	11132	87.3	78.4
安顺市	1140	1099	5799	5173	35.8	32.9
毕节市	1321	1296	8052	7826	46.5	45.3
铜仁市	831	786	6763	6411	33.2	30.8
黔西南布依族苗族自治州	456	416	4221	3956	15.1	13.9
黔东南苗族侗族自治州	990	940	5433	4812	36.9	32.4
黔南布依族苗族自治州	1331	1259	8281	7630	44	40.8

资料来源：贵州省第四次经济普查。

各市（州）私营餐饮业企业占当地内资餐饮业企业资产、负债和营收比例见图 4 - 31。资产方面，除了贵阳市、遵义市和六盘水市以外，其他州市都在80%以上；负债除了遵义市和六盘水市外，都在50%以上；营收除贵阳外，都在80%以上（见图 4 - 32）。经济较为发达的城市私营餐饮业企业对市场份额的占有反而较小，侧面可以看出非私营餐饮业企业目标市场主要是经济发展较好的区域。

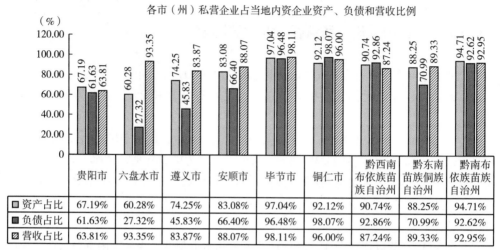

各市（州）私营企业占当地内资企业资产、负债和营收比例

	贵阳市	六盘水市	遵义市	安顺市	毕节市	铜仁市	黔西南布依族苗族自治州	黔东南苗族侗族自治州	黔南布依族苗族自治州
□ 资产占比	67.19%	60.28%	74.25%	83.08%	97.04%	92.12%	90.74%	88.25%	94.71%
■ 负债占比	61.63%	27.32%	45.83%	66.40%	96.48%	98.07%	92.86%	70.99%	92.62%
▨ 营收占比	63.81%	93.35%	83.87%	88.07%	98.11%	96.00%	87.24%	89.33%	92.95%

图4－31　各市（州）私营餐饮业资产、负债、营业收入占当地内资餐饮业比重
资料来源：贵州省第四次经济普查。

负债率方面，除铜仁市和黔西南布依族苗族自治州外，其他州市均低于当地内资餐饮业企业整体水平。但贵阳市私营餐饮业企业的负债率较高，为49.38%，其他市（州）负债率均在20%左右，间接表明该地区私营餐饮业企业在一定程度上有融资困难情况。

从省内角度来看，贵州省私营餐饮业企业资产分布较为均衡，除最高遵义市和最低黔西南布依族苗族自治州外，其他市（州）差距不大。但负债方面，贵阳市领先，占到全省负债的27.43%。以资产、负债和营收综合分析，发展最为良性的区域为黔南布依族苗族自治州，资产与负债均不占优的情况下，营收排在第二名，拥有良好的产出。

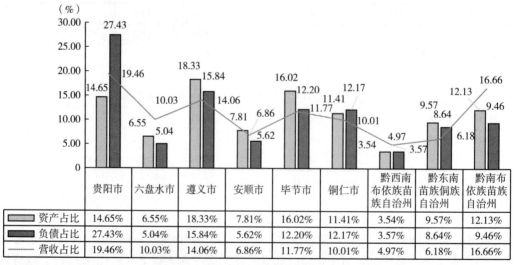

	贵阳市	六盘水市	遵义市	安顺市	毕节市	铜仁市	黔西南布依族苗族自治州	黔东南苗族侗族自治州	黔南布依族苗族自治州
□ 资产占比	14.65%	6.55%	18.33%	7.81%	16.02%	11.41%	3.54%	9.57%	12.13%
■ 负债占比	27.43%	5.04%	15.84%	5.62%	12.20%	12.17%	3.57%	8.64%	9.46%
—— 营收占比	19.46%	10.03%	14.06%	6.86%	11.77%	10.01%	4.97%	6.18%	16.66%

图4－32　贵州各市（州）私营餐饮业企业资产、负债和营业收入占全省私营餐饮业比重（2018年）
资料来源：贵州省第四次经济普查。

第 5 章

贵州民营经济科技创新
发展概述

当下，中国经济正在经历着从工业化的"结构性加速"阶段迈入城市化的"结构性减速"阶段。"增速换挡"是新常态的客观经济规律，是中国由粗放型经济结构转为高质量增长的必要阶段。由高速增长阶段转向高质量发展阶段是今后中国经济发展的新常态。高质量发展的新经济常态对中国经济的活力、创新力和竞争力提出了新的挑战。怎样重构经济发展动力、实现经济高质量发展是当今中国面临的重大问题。党的十九大报告把"建设创新型国家"纳入"建设现代化经济体系"的重要组成部分。并强调"创新是建设现代化经济体系的战略支撑"。创新驱动的核心是科技创新。在科技创新的时代背景驱动下，智能交通、无人驾驶、智慧医疗、新零售业等新兴产业正如雨后春笋般涌现，国与国之间的比拼也不仅仅是军事科技的比拼，各种高新科技企业之间的较量亦是重要方面。科技创新成为当代企业发展必须拥有的重要特质。著名学者迈克尔·波特曾在他的著作《竞争优势》中指出，创新是企业取得竞争优势的重要手段和途径。企业若想长盛不衰，打造百年老店，必须不断推动创新。可见，国家赖之以强，城市赖之以兴，企业赖之以赢的是创新。

作为创新的主体，科技创新已成为当代创新发展的主旋律。科技创新通常是指一个公司或个人应用创造新知识、新技术、新工艺、新生产方式和管理模式，去研发新的产品或新的服务的过程。为此，政府、企业、研究机构、大学、国际组织、中介服务机构和公众等多个主体将参与科技创新活动过程，也会涉及人才、资金、科学技术基础、知识产权、相关制度建设、创新环境等多要素的投入。而科技创新正是这些主体与要素交互复杂作用下的一个大系统。显然，科技创新是一个包含多方面内容的活动，是一个无形指标，可从投入法和产出法对科技创新能力进行测量。（1）投入法。主要从科技创新活动中所投入的人力、资本等进行衡量。主要有科研方面的经费投入、新产品研发的经费投入、政府优惠政策投入、研发人员投入等；（2）产出法。主要从科技创新活动中产生的直接创新成果进行衡量，包括研发后取得的专利申请数、专利授权数、新产品的销售收入额、专利交易的销售额等。科技创新是一个包含多方面内容的活动，投入法和产出法常常被综合使用，从多角度对科技创新能力进行综合衡量，才能更好地测度企业、区域或国家科技创新发展的真实情况。然而，也有仅仅从其中某一方面单独对科技创新能力进行衡量，比如专利数量常被用作单一指标进行研究。另外，产品销售收入也常被用作衡量创新成果的指标。我国国家统计局主要使用参与科研的人员数量、科研经费投入、科研成果、技术转让、新产品的销售额和出口额来衡量科技创新。

工业是贵州经济主导产业，是实体经济的主体，是转变经济发展方式、调整优化产业结构的主战场。近年来，为响应国家高质量发展战略需求，贵州大力推进新型工业化，试图将贵州工业推向高端化、绿色化和集约化，打造一批具有规模的工业产业、一批具有高竞争力的龙头企业、一批具有核心技术的关键产品。但是，作为既没有背景，也没有资源的民营工业企业，只有依靠科技创新，不断提升科技创新能力，不断地开发新产品并走在技术前沿，才能更快、更准地在激烈竞争市场中发现机会，摆脱恶性竞争，获得可持续良性发展，成就梦想。科技创新是贵州民营企业最核心也是最重要的特质，是为贵州打赢脱贫攻坚战、巩固脱贫攻坚成果，稳定经济增长、实现高质量发展，提升区域经济竞争力、实现后发赶超提供关键支撑。因此，本章将以贵州省四次经济普查数据为基础，分别从科技创新投入和科技创新产出两方面对贵州规模以上民营工业企业的科技创新能力展开分析。

5.1 科技创新投入

按照投入法，衡量科技创新能力可从科技创新活动中所投入的人力、资本等进行衡量。主要有科研方面的经费投入、新产品研发的经费投入、政府优惠政策投入、研发人员投入等。本小节将以贵州省四次经济普查数据为基础，分析贵州省规模以上工业企业科技创新在各要素投入的发展情况，主要内容包括研究机构设置或参与研究与试验发展（R&D）活动、科技人员、科研经费及科技创新扶持优惠政策等要素投入。

5.1.1 研究机构设置

在规模以上私营工业企业中，2004 年企业办科技机构数量只有 13 个，2008 年增加到

15 个, 2013 年有 20 个, 2018 年则迅速增加到 245 个。

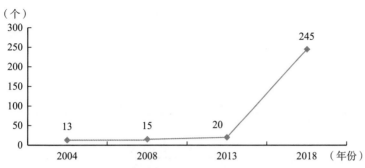

图 5 - 1　全省规模以上私营工业企业办科技机构数

资料来源: 贵州省第一次经济普查。

与规模以上内资工业企业相比, 规模以上私营工业企业办科技机构数占当年内资企业办科技机构总数只有 8.84%, 2008 年上升到 9.8%, 2013 年继续增加到 12.35%, 2018 年则迅速上升到 51.04%。

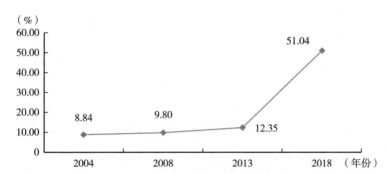

图 5 - 2　全省规模以上私营工业企业办科技机构占当年内资企业办科技机构总数的比例

资料来源: 贵州省第一、第二、第三、第四次经济普查。

在参与研究与试验发展 (R&D) 活动方面, 按登记注册类型分组, 2004 年全省规模以上内资工业企业有 132 个企业参与 R&D 活动, 其中, 私营工业企业只有 16 个企业参与 R&D 活动, 占比 12.12%; 2008 年全省规模以上内资工业企业有 111 个企业参与 R&D 活动, 其中, 私营工业企业只有 13 个企业参与 R&D 活动, 占比 11.7%; 2013 年全省规模以上内资工业企业参与 R&D 活动增加到 169 个, 其中, 参与 R&D 活动的私营工业企业也增加到 22 个企业, 占比 13%; 2018 年全省规模以上内资工业企业参与 R&D 活动增加到 929 个, 其中, 参与 R&D 活动的私营工业企业也增加到 561 个企业, 占比提升到 60.39%。

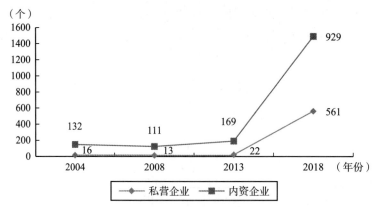

图 5 - 3　全省按登记注册类型分组规模以上工业企业中有 R&D 活动的企业

资料来源：贵州省第一、第二、第三、第四次经济普查。

可见，相对内资企业，贵州省规模以上私营工业企业办科技机构的发展规模及参与 R&D 活动方面的投入，在 2013 年以前是极少的，2013 年后才得到了扩张，2018 年已发展到占据半壁江山的重要地位。贵州省规模以上私营工业企业越来越重视对科研基础设施的投入，科技创新热情越来越大。

5.1.2　科技人员投入

在规模以上私营工业企业中，2004 年企业办科技机构活动人员数量只有 182 人，2008 年增加到 418 人，但 2013 年又减少到只有 257 人，2018 年则迅速增加到 3885 人。可见，贵州省规模以上私营工业企业办机构科技活动人员数量在 2013 年以前是极少的，2013 年以后发展迅猛。

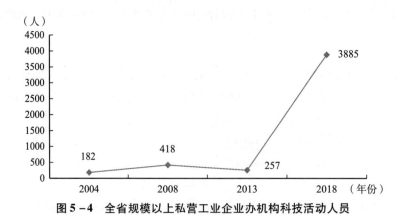

图 5 - 4　全省规模以上私营工业企业办机构科技活动人员

资料来源：贵州省第一、第二、第三、第四次经济普查。

在规模以上私营工业企业办科技机构活动人员中，高层次人才规模发展也是比较缓慢。2004 年具有博士学位的有 3 人，硕士学位的有 6 人；2008 年具有博士学位的有 6 人，硕士学位的有 14 人；2013 年具有博士学位的有 8 人，硕士学位的有 19 人；2018 年具有博士学位的则增加到 72 人，硕士学位的增加到 176 人。

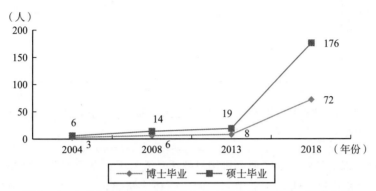

图 5 - 5　全省规模以上私营工业企业办科技机构博士、硕士人数

资料来源：贵州省第一、第二、第三、第四次经济普查。

相对于规模以上内资工业企业而言，私营工业企业办科技机构科技人员投入非常少。2004 年，规模以上私营工业企业办机构科技活动人员占当年规模以上内资工业企业办机构科技活动人员总量仅有 2.54%，2008 年上升到 4.42%，2013 年则下降到只有 1.81%，但 2018 年又上升到 23.9%。

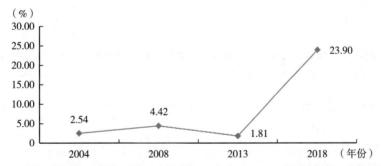

图 5 - 6　全省私营企业机构科技活动人员占当年内资企业机构科技活动人员总数比例

资料来源：贵州省第一、第二、第三、第四次经济普查。

在高层次人才投入方面，2004 年规模以上私营工业企业办机构科技活动人员中具有博士学位的占当年规模以上内资工业企业办机构科技活动人员中具有博士学位人员总数只有 10.71%，2008 年减少到 7.59%，2013 年更少只有 5.23%，但到 2018 年则迅速上升到 36.92%。

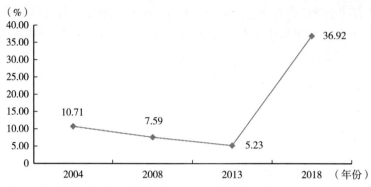

图5-7　全省私营企业博士毕业生占当年内资企业博士毕业生总数比例

资料来源：贵州省第一、第二、第三、第四次经济普查。

2004年规模以上私营工业企业办机构科技活动人员中具有硕士学位的占当年规模以上内资工业企业办机构科技活动人员中具有硕士学位人员总数只有4.96%，2008年减少到3.25%，2013年更少只有1.54%，但到2018年则迅速上升到10.82%。

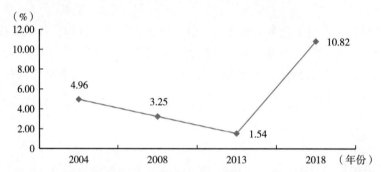

图5-8　全省私营企业硕士毕业生占当年内资企业硕士毕业生总数比例

资料来源：贵州省第一、第二、第三、第四次经济普查。

表5-1　按登记注册类型分组全省规模以上工业企业企业办科技机构情况（2004~2018年）

年份	企业类型	企业办科技机构数（个）	机构科技活动人员（人）			机构科技经费内部支出（万元）
			总数	博士毕业	硕士毕业	
2004	内资企业	147	7170	28	121	78284
	私营企业	13	182	3	6	540
2008	内资企业	153	9453	79	431	191273
	私营企业	15	418	6	14	885
2013	内资企业	162	14213	153	1235	351292
	私营企业	20	257	8	19	3960
2018	内资企业	480	16254	195	1627	374798
	私营企业	245	3885	72	176	64366

资料来源：贵州省第一、第二、第三、第四次经济普查。

其次，R&D 人员投入也是衡量科技创新人员投入的另一个重要指标。R&D 人员是参与研究与试验发展项目研究、管理和辅助工作的人员，包括项目（课题）组人员，企业科技行政管理人员和直接为项目（课题）活动提供服务的辅助人员。反映投入从事拥有自主知识产权的研究开发活动的人力规模。

在 R&D 人员投入方面，按登记注册类型分组，2004 年规模以上内资工业企业参加 R&D 项目人员数有 10920 人，其中私营企业参加 R&D 项目人员数只有 271 人，占比 2.48%；2008 年，规模以上内资工业企业参加 R&D 项目人员数有 12218 人，其中私营企业参加 R&D 项目人员数只有 556 人，占比 4.55%；2013 年，规模以上内资工业企业参加 R&D 项目人员数有 16827 人，其中私营企业参加 R&D 项目人员数只有 409 人，占比 2.43%；2018 年，规模以上内资工业企业参加 R&D 项目人员数增加到 32933 人，其中私营企业参加 R&D 项目人员数也增加到 11118 人，占比上升到 33.76%。

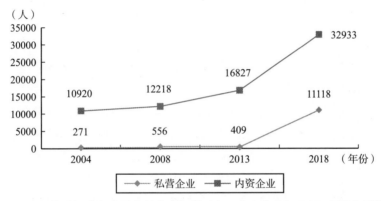

图 5 - 9　按登记注册类型分组全省规模以上工业企业参加 R&D 项目人员数
资料来源：贵州省第一、第二、第三、第四次经济普查。

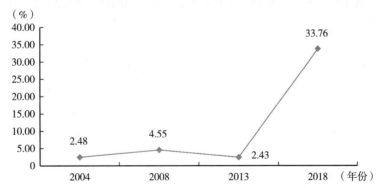

图 5 - 10　全省私营企业参加 R&D 项目人员数占当年内资企业参加 R&D 项目人员总数比例
资料来源：贵州省第一、第二、第三、第四次经济普查。

为进一步衡量 R&D 人员投入的实践情况，国际上还提出 R&D 项目人员折合全时当量，用于比较科技人力投入的综合指标。R&D 项目人员折合全时当量是指 R&D 全时人员

贵州民营经济发展研究

（全年从事 R&D 活动累积工作时间占全部工作时间的 90% 及以上人员）工作量与非全时人员按实际工作时间折算的工作量之和。例如：有两个全时人员和三个非全时人员（工作时间分别为 20% 、30% 和 70%），则全时当量为 2 + 0.2 + 0.3 + 0.7 = 3.2 人/年。

若把 R&D 项目人员折合全时当量，按登记注册类型分组，2004 年规模以上内资工业企业参加 R&D 项目人员折合全时当量有 3620 人/年，其中私营企业参加 R&D 项目人员折合全时当量只有 94 人/年，占比 2.60%；2008 年，规模以上内资工业企业参加 R&D 项目人员折合全时当量有 9392 人/年，其中私营企业参加 R&D 项目人员折合全时当量只有 388 人/年，占比 4.13%；2013 年，规模以上内资工业企业参加 R&D 项目人员折合全时当量有 13535 人/年，其中私营企业参加 R&D 项目人员折合全时当量只有 266 人/年，占比 1.97%；2018 年，规模以上内资工业企业参加 R&D 项目人员折合全时当量增加到 17547 人/年，其中私营企业参加 R&D 项目人员折合全时当量也增加到 5897 人/年，占比上升到 33.61%。

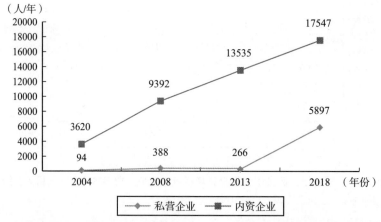

图 5 - 11　按登记注册类型分组全省规模以上工业企业参加 R&D 项目人员折合全时当量
资料来源：贵州省第一、第二、第三、第四次经济普查。

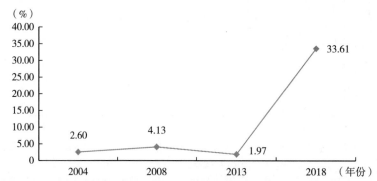

图 5 - 12　全省私营企业参加 R&D 项目人员折合全时当量占当年内资企业
参加 R&D 项目人员折合全时当量占比

资料来源：贵州省第一、第二、第三、第四次经济普查。

表5-2   按登记注册类型分组全省规模以上工业企业 R&D 项目情况 (2004~2018年)

年份	类型	R&D 项目数（个）	参加项目人员（人）	项目人员折合全时当量（人/年）
2004	内资企业	456	10920	3620
	私营企业	18	271	94
2008	内资企业	556	12218	9392（参加项目人员实际工作时间）
	私营企业	14	556	388
2013	内资企业	1666	16827	13535
	私营企业	97	409	266
2018	内资企业	2782	32933	17547
	私营企业	979	11118	5897

资料来源：贵州省第一、第二、第三、第四次经济普查。

5.1.3 科研经费投入

民营企业的科技创新需要大量资金的投入。近年来，贵州规模以上民营工业企业逐渐重视对科技创新的资金投入，用于科技创新的研发经费逐年提高。本小节通过整理贵州省四次经济普查数据，从企业办机构科技经费支出、政府部门研究开发经费及 R&D 项目经费支出三方面对贵州省规模以上工业企业的科研经费投入展开分析。

在企业办机构科技经费投入方面，2004 年贵州省规模以上私营工业企业办机构科技经费内部支出只有 540 万元，2008 年增加到 885 万元，2013 年达 3960 万元，2018 年则迅速增加到 64366 万元。15 年间，贵州省规模以上私营工业企业办机构科技经费内部支出增加 63826 万元，是 2004 年科技经费内部支出的 64 倍。

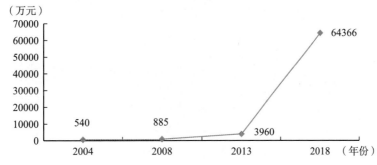

图5-13   全省规模以上私营工业企业机构科技经费内部支出

资料来源：贵州省第一、第二、第三、第四次经济普查。

相对于内资企业，2004 年，规模以上私营工业企业办机构科技经费内部支出占当年内资企业办机构科技经费内部支出总数只有 0.69%，2008 年减少到 0.46%，2013 年增加到 1.13%，2018 年该比例进一步增加，达 17.17%。可见，自 2013 年以后，虽然规模以上私营工业企业办机构科技经费内部支出有大幅度提升，但和内资企业相比，规模以上私营工业企业办机构科技经费内部支出还是极其有限，自主科研经费投入相当少。

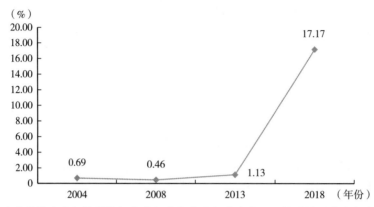

图 5-14　全省私营企业机构科技经费内部支出占当年内资企业机构科技经费内部支出总数比例

资料来源：贵州省第一、第二、第三、第四次经济普查。

在外部研发经费投入方面，按登记注册类型分组，2013 年规模以上内资工业企业共收到来自政府部门研究开发经费 68350 万元，其中分配到私营企业的有 1639 万元，占当年全部政府部门研究开发经费只有 3%；按登记注册类型分组，2013 年政府部门研究开发经费投放最多的是国有独资公司（35%）。

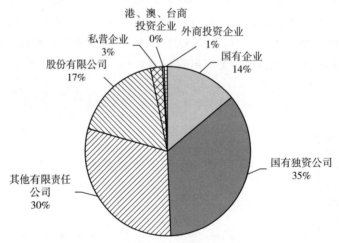

图 5-15　全省来自政府部门的研究开发经费（2013 年）

资料来源：贵州省第三次经济普查。

2018 年规模以上私营工业企业来自政府部门研究开发经费增加到 11101 万元，比 2013 年增加了 9462 万元，增长近 5.8 倍。2018 年，规模以上私营工业企业来自政府部门研究开发经费占当年规模以上内资工业企业来自政府部门研究开发经费（58873 万元）也增加到 19%。按登记注册类型分组，2018 年政府部门研究开发经费投放最多的是其他有限责任公司（42%）。

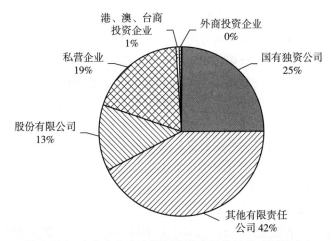

图 5-16 全省来自政府部门的研究开发经费（2018 年）

资料来源：贵州省第四次经济普查。

表 5-3 按登记注册类型分组全省规模以上工业企业政府相关政策落实情况 单位：万元

年份	项目	来自政府部门的研究开发经费	研究开发费用加计扣除减免税	高新技术企业减免税
2013	内资企业	68350	7967	20623
	国有企业	9692	1316	1369
	国有独资公司	24325	177	1997
	其他有限责任公司	20646	2599	3314
	股份有限公司	11969	3119	13880
	私营企业	1639	757	62
	港、澳、台商投资企业	231	34	675
	外商投资企业	438	123	2238
2018	内资企业	58873	22801	39725
	国有企业	90	292	175
	国有独资公司	14619	2328	2709
	其他有限责任公司	25018	8598	20161
	股份有限公司	7441	7304	9046
	私营企业	11101	2866	4613
	港、澳、台商投资企业	368	1275	254
	外商投资企业	236	139	2767

资料来源：贵州省第三、第四次经济普查。

R&D 项目经费支出是科技创新经费支出的重要部分，一般是指调查单位内部在报告年度进行研发项目（课题）研究和试制等的实际支出。包括劳务费、其他日常支出、固定资产购建费、外协加工费等，不包括委托或与外单位合作进行项目（课题）研究而拨付给对方使用的经费。R&D 项目经费支出分为内、外经费支出两部分。

R&D 经费内部支出是指调查单位用于内部开展 R&D 活动（基础研究、应用研究和试验发展）的实际支出。包括用于 R&D 项目（课题）活动的直接支出，以及间接用于 R&D 活动的管理费、服务费、与 R&D 有关的基本建设支出以及外协加工费等。不包括生产性活动支出、归还贷款支出以及与外单位合作或委托外单位进行 R&D 活动而转拨给对方的经费支出。2004 年全省规模以上内资工业企业 R&D 项目经费内部支出共有 6.33 亿元，其中私营企业只有 0.05 亿元，占比 0.79%；2008 年全省规模以上内资工业企业 R&D 项目经费内部支出共有 14.46 亿元，其中私营企业只有 0.16 亿元，占比 1.11%；2013 年全省规模以上内资工业企业 R&D 项目经费内部支出共有 33.28 亿元，其中私营企业只有 0.46 亿元，占比 1.38%；2018 年全省规模以上内资工业企业 R&D 项目经费内部支出增加到 74.16 亿元，其中私营企业 R&D 项目经费内部支出也增加到 22.88 亿元，占比提升到 30.85%。

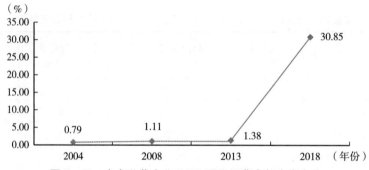

图 5-17　全省私营企业 R&D 项目经费内部支出占比

资料来源：贵州省第一、第二、第三、第四次经济普查。

R&D 项目经费外部支出是委托外单位进行 R&D 活动所实际支付的费用。在 R&D 项目经费外部支出方面，2008 年全省规模以上内资工业企业 R&D 项目经费外部支出共有 1.2 亿元，其中私营企业只有 0.02 亿元，占比 1.6%；2013 年全省规模以上内资工业企业 R&D 项目经费外部支出共有 1.38 亿元，其中私营企业只有 0.12 亿元，占比 8.7%。2018 年全省规模以上内资工业企业 R&D 项目经费外部支出增加到 3.01 亿元，其中私营企业 R&D 项目经费内外部支出也增加到 1.08 亿元，占比提升到 35.88%。

表 5-4　　按登记注册类型分组全省规模以上工业企业 R&D 项目经费支出情况　　单位：亿元

年份	企业类型	内部支出总计	外部支出总计
2004	内资企业	6.33	—
	私营企业	0.05	—
2008	内资企业	14.46	1.2
	私营企业	0.16	0.02

续表

年份	企业类型	内部支出总计	外部支出总计
2013	内资企业	33.28	1.38
	私营企业	0.46	0.12
2018	内资企业	74.16	3.01
	私营企业	22.88	1.08

资料来源：贵州省第一、第二、第三、第四次经济普查。

5.1.4　科技创新扶持优惠政策投入

由于技术创新具有高风险、高投资、低回报等特点，同时还具有公共品的负外部性属性，容易产生"搭便车"的现象，创新企业承担了全部的研发成本，却无法独占技术创新带来的收益。创新的私人收益低于社会公共收益，极大地降低了企业技术创新的积极性，导致企业创新效率低下、缺乏创新的持续动力，因此需要政府给予适当的干预和扶持。而充分发挥政府的引导作用，营建集体创新的良好氛围和环境，是发挥企业可持续性技术创新的重要保障。为加强科技创新促进贵州经济社会更好更快发展，贵州省各级政府纷纷设置各项科技创新优惠政策扶持企业科技创新、科技进步。本小节通过整理贵州省四次经济普查数据，分别从研究开发费用加计扣除减免税及高新技术企业减免税两方面分析近年来贵州规模以上民营工业企业接受到政府在科技创新扶持优惠政策的投入。

在研究开发费用加计扣除减免税方面，按登记注册类型分组，2013年全省规模以上私营工业企业共有757万元研究开发费用加计扣除减免税，占当年规模以上内资工业企业研究开发费用加计扣除减免税9%。2013年，按登记注册类型分组，全省内资工业企业研究开发费用加计扣除减免税受益最多的是股份有限公司（3119万元，占比38%），其次是其他有限责任公司（2599万元，占比32%）及国有企业（1316万元，16%）。

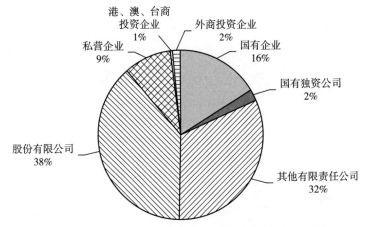

图 5-18　全省研究开发费用加计扣除减免税（2013 年）

资料来源：贵州省第三次经济普查。

2018 年全省规模以上私营工业企业共有 2866 万元研究开发费用加计扣除减免税，比 2013 年增加 2109 万元，增长近 2.8 倍，占当年规模以上内资工业企业研究开发费用加计扣除减免税也增加到 12%。但是，2018 年，按登记注册类型分组，全省规模以上内资工业企业研究开发费用加计扣除减免税受益最多的是其他有限责任公司（8598 万元，占比 38%），其次是股份有限公司（7304 万元，占比 32%），私营企业占比排名第三。

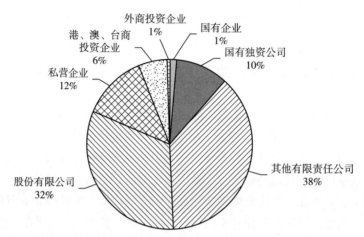

图 5 - 19　全省研究开发费用加计扣除减免税（2018 年）

资料来源：贵州省第四次经济普查。

在高新技术企业减免税方面，按登记注册类型分组，2013 年规模以上内资工业企业共受益 20623 万元高新技术企业减免税，其中，私营工业企业受益 62 万元，是当年按登记注册类型分组中受益最少的企业类型。2013 年，按登记注册类型分组，全省规模以上内资工业企业高新技术企业减免税受益最多的是股份有限公司（13880 万元，占比 59%），其次是其他有限责任公司（3314 万元，占比 14%），及外商投资企业（2238 万元，10%）。

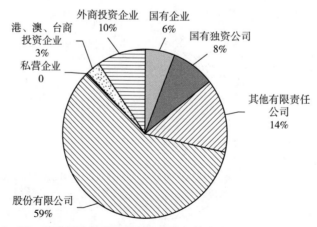

图 5 - 20　按登记注册类型分组全省高新技术企业减免税（2013 年）

资料来源：贵州省第三次经济普查。

2018 年全省规模以上私营工业企业共受益 4613 万元高新技术企业减免税，比 2013 年增加 4551 万元，增长超 73 倍，占当年规模以上内资工业企业高新技术企业减免税也增加到 11%。但是，2018 年，按登记注册类型分组，全省规模以上内资工业企业高新技术企业减免税受益最多的是其他有限责任公司（20161 万元，占比 51%），其次是股份有限公司（9046 万元，占比 23%），私营企业占比排名从 2013 年的最后一名一跃到第三名。

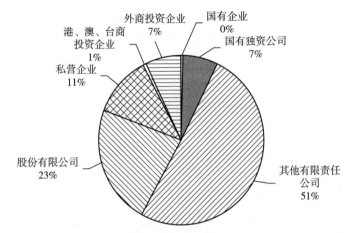

图 5 - 21　按登记注册类型分组全省高新技术企业减免税（2018 年）

资料来源：贵州省第四次经济普查。

5.2　科技创新产出

按照产出法，科技创新能力可从科技创新活动中产生的直接创新成果进行衡量，包括研发后取得的专利申请数、专利授权数、新产品的销售收入额、专利交易的销售额等。本小节内容以贵州省四次经济普查数据为基础，从 R&D 项目、新产品开发和销售、新产品产值、企业自主知识产权、发明专利和注册商标几方面对贵州规模以上工业企业的科技创新产出能力进行分析。

5.2.1　R&D 项目数

研究与试验发展（R&D）项目一般指为增加知识总量以及运用知识去创造新的应用而进行系统的创造性的活动，包括基础研究、应用研究和试验发展三类活动。R&D 是科技活动的核心指标，是衡量一个国家和地区科技发展水平的主要指标，同时也是反映企业自主创新能力的指标。它的成果主要是自主知识产权，对企业长期发展作用和意义都是长远和重大的。通常，用 R&D 项目数来衡量 R&D 产出。R&D 项目数是指在当年立项并开展研究工作、以前年份立项仍继续进行研究的研发项目（课题）数，包括当年完成和年内研究工作已告失败的研发项目（课题），但不包括委托外单位进行的研发项目（课题）数。

按登记注册类型分组，2004 年全省规模以上内资工业企业共有 456 个 R&D 项目，其中，私营工业企业只有 18 个 R&D 项目，占比 3.95%；2008 年全省规模以上内资工业企业共有 556 个 R&D 项目，其中，私营工业企业只有 14 个 R&D 项目，占比 2.52%；2013 年全省规模以上内资工业企业共有 R&D 项目 1666 个，其中，私营工业企业 R&D 项目数也增加到 97 个，占比 5.82%；2018 年全省规模以上内资工业企业 R&D 项目数进一步增加到 2782 个，其中，私营工业企业 R&D 项目数也增加到 979 个，占比提升到 35.19%；可见，在 2013 年以前，贵州规模以上私营工业企业的 R&D 项目产出非常少，2013 年以后则高速产出。

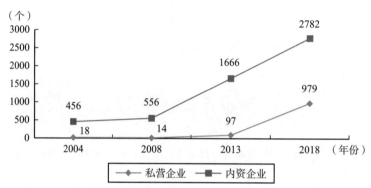

图 5–22　按登记注册类型分组全省规模以上工业企业 R&D 项目数

资料来源：贵州省第一、第二、第三、第四次经济普查。

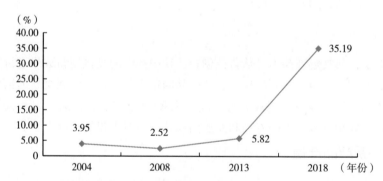

图 5–23　全省私营企业 R&D 项目数占当年内资企业 R&D 项目总数比例

资料来源：贵州省第一、第二、第三、第四次经济普查。

5.2.2　新产品开发和销售

新产品是指采用新技术原理、新设计构思研制、生产的全新产品，或在结构、材质、工艺等某一方面比原有产品有明显改进，从而显著提高了产品性能或扩大了使用功能的产品。既包括经政府有关部门认定并在有效期内的新产品，也包括企业自行研制开发，未经政府有关部门认定，从投产之日起一年之内的新产品。新产品是科技创新的重要产出，通常从新产品开发数量和销售数量进行衡量。新产品销售收入是指报告期企业销售新产品实现的销售收入。

　　按登记注册类型分组，2004 年规模以上工业企业中有新产品开发的内资企业有 153个，其中私营企业只有 18 个，占比 11.76%；2008 年，规模以上工业企业中有新产品开发的内资企业有 159 个，其中私营企业只有 22 个，占比 13.84%；2013 年，规模以上工业企业中有新产品销售的内资企业减少到 134 个，其中私营企业只有 19 个，占比 14.18%；2018 年，规模以上工业企业中有新产品销售的内资企业则迅速增加到 643 个，其中私营企业也增加到 362 个，占比过半达 56.3%。可见，在 2013 年以前，贵州省规模以上私营工业企业的新产品开发和销售数量极少，科技创新成果相当有限；至 2018 年，全省规模以上私营工业企业的新产品开发和销售数量在内资企业中的占比已超半，占据半壁江山，成为全省科技创新的主要贡献者。

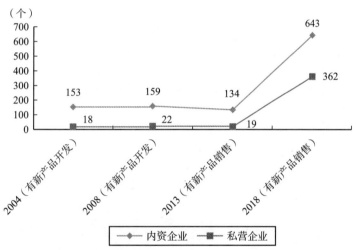

图 5 - 24　按登记注册类型分组全省规模以上工业企业中有新产品开发、销售企业数量

资料来源：贵州省第一、第二、第三、第四次经济普查。

5.2.3　新产品产值

　　在新产品产值方面，按登记注册类型分组，2004 年全省规模以上内资工业企业共实现 68.89 亿元新产品产值，其中私营企业只实现 1.5 亿元新产品产值，占比 2.18%；2008 年全省规模以上内资工业企业共实现 177.56 亿元新产品产值，其中私营企业只实现 6.47 亿元新产品产值，占比 3.64%；在新产品销售收入方面，按登记注册类型分组，2013 年全省规模以上内资工业企业共实现 354.55 亿元新产品销售收入，其中私营企业只实现 3.83亿元新产品销售收入，占比 1.08%；2018 年全省规模以上内资工业企业共实现 718.82 亿元新产品销售收入，其中私营企业实现 138.29 亿元新产品销售收入，占比 19.24%。

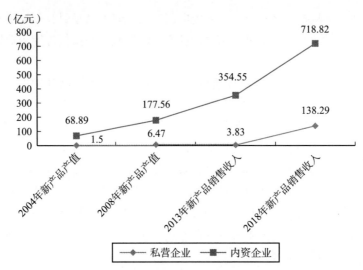

图 5-25　按登记注册类型分组全省规模以上工业企业新产品产值、销售收入

资料来源：贵州省第一、第二、第三、第四次经济普查。

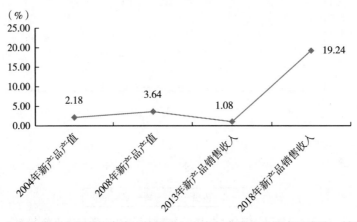

图 5-26　全省私营企业新产品产值、销售收入占当年内资企业新产品产值、销售收入比例

资料来源：贵州省第一、第二、第三、第四次经济普查。

5.2.4　企业自主知识产权

在企业自主知识产权方面，按登记注册类型分组，2004 年全省规模以上内资工业企业共申请 324 件专利，其中，来自私营企业申请的专利只有 58 件，占比 17.9%；2008 年全省规模以上内资工业企业共申请 995 件专利，其中，来自私营企业申请的专利只有 13 件，占比只有 1.31%；2013 年全省规模以上内资工业企业申请的专利增加到 3323 件，其中，来自私营企业申请的专利也增加到 318 件，占比 9.57%；2018 年全省规模以上内资工业企业申请的专利增加到 5895 件，其中，来自私营企业申请的专利也增加到 1443 件，占比增加到 24.48%。

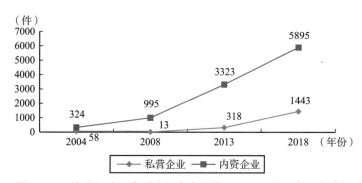

图 5 - 27　按登记注册类型分组全省规模以上工业企业专利申请数

资料来源：贵州省第一、第二、第三、第四次经济普查。

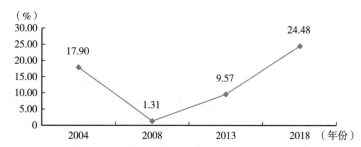

图 5 - 28　全省私营企业专利申请数占当年内资企业专利申请总数比例

资料来源：贵州省第一、第二、第三、第四次经济普查。

5.2.5　发明专利

在发明专利方面，按登记注册类型分组，2004 年全省规模以上内资工业企业共发明专利 121 件，其中，来自私营企业发明的专利只有 23 件，占比 19.01%；2008 年全省规模以上内资工业企业共发明 451 件专利，其中，来自私营企业发明的专利只有 11 件，占比只有 2.44%；2013 年全省规模以上内资工业企业发明的专利增加到 1471 件，其中，来自私营企业发明的专利也增加到 170 件，占比 11.56%；2018 年全省规模以上内资工业企业发明的专利增加到 2574 件，其中，来自私营企业发明的专利也增加到 611 件，占比增加到 23.74%。

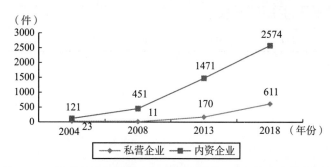

图 5 - 29　按登记注册类型分组全省规模以上工业企业发明专利数

资料来源：贵州省第一、第二、第三、第四次经济普查。

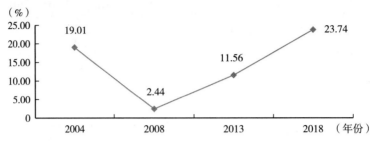

图 5－30　全省私营企业发明专利数占当年内资企业发明专利总数比例

资料来源：贵州省第一、第二、第三、第四次经济普查。

5.2.6　注册商标

　　2013 年规模以上内资工业企业拥有注册商标 1475 件，其中私营企业只拥有 90 件注册商标，占比只有 6.1%，2014 年规模以上内资工业企业自主知识产权中形成国家或行业标准的有 136 件，其中私营企业只拥有 14 件，占比 10.29%；2018 年规模以上内资工业企业拥有的注册商标增加到 3880 件，其中私营企业拥有的注册商标也增加到 636 件，占比也提升到 16.39%，2018 年规模以上内资工业企业自主知识产权中形成国家或行业标准的有 177 件，其中私营企业只拥有 35 件，占比 19.77%。

表 5－5　　按登记注册类型分组全省规模以上工业企业自主知识产权及相关情况

年份	企业类型	专利申请数（件）		拥有注册商标数（件）	形成国家或行业标准数（项）	新产品、产值销售收入（亿元）
		总数	发明专利			
2004	内资企业	324	121	—	—	68.89（产值）
	私营企业	58	23	—	—	1.5（产值）
2008	内资企业	995	451	—	—	177.56
	私营企业	13	11	—	—	6.47
2013	内资企业	3323	1471	1475	136	354.55
	私营企业	318	170	90	14	3.83
2018	内资企业	5895	2574	3880	177	718.82
	私营企业	1443	611	636	35	138.29

资料来源：贵州省第一、第二、第三、第四次经济普查。

第6章

贵州民营企业绿色发展实证研究

在经济发展进程中，民营企业活动对环境的破坏已成为不争事实。为应对社会日益增加的环境压力，民营企业越来越主动承担环境责任，并致力于通过绿色经营推动其可持续性发展。为此，ISO 14001 环境管理体系、绿色技术创新、绿色人力资源管理等各种正式新型绿色管理系统逐渐成为推动民营企业绿色化发展的重要举措。然而，民营企业在试图通过这些强制性绿色管理制度来推动其绿色化进程中却忽视了员工的积极响应和主动配合（Daily et al.，2009；Boiral and Paillé，2012）。事实上，企业绿色管理的成败本质上还是需要员工对组织环保项目的持续性支持和对相关责任的主动承担，而企业绿色管理面临的真正挑战是如何有效地将各种正式绿色管理实践传递到组织内部的个体行动（Lamm et al.，2015；Norton et al.，2014；Paille' et al.，2014）。由员工自行决定、无偿参与的积极主动性环保行为，即"环保公民行为——Organizational Citizenship Behavior for Environment（OCBE）"则是对企业实施各种正式绿色管理措施的有效补充（Ramus and Steger，2000；Andersson and Bateman，2000）。员工在组织内部自愿参与的亲环境行为是民营企业持续开展绿色管理工作的主要动力，有助于民营企业解决其绿色管理过程中面临的多样性和复杂性问题，并有效地提升绿色管理绩效（Raineri and Paille'，2016）。正如 Daily 等（2009）所指出的"员工的亲环境行为对重要环保项目的贡献可能超出了正式的奖励和绩效评估系统的贡献"。员工的环保公民行为不仅能有效提高民营企业环境绩效，还能显著减少组织运行成本、提升领导效能及员工工作满意度（Norton et al.，2015）等。显然，员工环保公民行为已成为民营企业绿色管理可持续性发展战略的重要组成部分（Ones and Dilchert，2012）。

基于员工环保公民行为研究的重要性和紧迫性，目前已有研究从员工的个体特质解释员工的环保公民行为，比如积极情绪（Bissing - Olson et al.，2013）、责任心（Kim et al.，2014）、生态价值观（田青等，2019）等；也有研究从组织层面的绿色人力资源实践（Hameed et al.，2019）、战略人力资源（Paillé et al.，2014）、企业社会责任（Tian and Robertson，2019）和环保政策（Raineri and Paillé，2016）等探讨员工的环保公民行为。虽然已有研究在探讨环保公民行为的前因变量做了很多贡献，但事实上，旨在提高组织绿色管理水平的措施主要还是要靠各级领导对各项环保政策的向下沟通、执行、监督和反馈。企业领导对环保的态度与行动是影响员工在组织内部行使环保公民行为的重要决定因素（张佳良等，2018；彭坚等，2019；汤敏慧和彭坚，2019）。已有研究显示伦理型领导（张佳良等，2018）、精神领袖（Afsar et al.，2016）等可以正向显著影响员工环保公民行为。

员工环保公民行为的研究目前还处于初步阶段，而我国学者更是很少从领导的环保态度或行为角度探讨员工环保公民行为的形成机制和调节条件。为此，本研究旨在解析绿色变革型领导对员工在工作场所中主动参与无偿环保行为背后的社会心理影响机制。基于此，本章指出，绿色变革型领导将通过绿色心理赋权作用于员工的环保公民行为，权力距离则是这些关系的重要调节变量。图6-1具体描述了本章的理论框架。绿色变革型领导、绿色心理赋权和员工环保公民行为都是近年来新开发的概念。目前，国内外尚未有研究从实证角度论证绿色变革型领导可以通过对员工的绿色心理赋权进而增加他们在组织内部的环保公民行为，而员工个体的权力距离倾向则是影响绿色变革型领导对其绿色心理赋权效应的重要文化价值观。

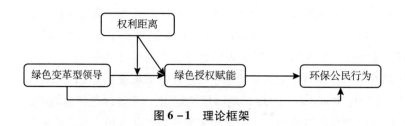

图6-1　理论框架

6.1　理论基础与研究假设

6.1.1　员工环保公民行为

在参照奥冠（Organ，1988）对组织公民行为的经典定义基础上，员工环保公民行为最早被定义为"旨在改善组织环境绩效、未被组织强制要求或正式奖励的个体自愿、主动性环保行为"（Daily et al.，2009；Boiral，2009）。随后，学者们对员工环保公民行为的定义进行了拓展。罗伯特森和巴林（Robertson and Barling，2013）认为员工环保公民行为是员工在工作场所的"重复利用""回收利用""减少浪费"等亲环境友好行为，比如：主动采取双面打印、离开办公室关灯等有益于组织和社会可持续发展的主动性环保行为。而布瓦拉尔和派利（Boiral & Paille'，2012）则着重强调员工环保公民行为是那些旨在改善组织环境效果的更广泛、具有社会性的工作习惯，比如：员工在组织中提出帮助降低能源消耗的建议、劝说同事以更环保的方式开展工作等。该观点认为员工环保公民行为是工作场所中那些具有社会责任感的好公民自愿为改善组织环境而做出的无偿公民行为。

由此可见，员工环保公民行为是员工组织公民行为在亲环境方面的具体体现。在参照摩尔曼和巴克利（Moorman & Blakely，1995）的组织公民行为模型下，布瓦拉尔和派利（Boiral & Paille，2012）把员工环保公民行为划分为环保公民参与（eco-civic engagement：自愿参与组织的环境活动）、环保互助（eco-helping：自愿帮助其他同事解决环境问题）和环保主动力（eco-initiatives：提升环境绩效的主动行为和解决方案）三维度。具体来说，员工环保公民行为的参与维度反映了员工向外部利益相关者（如客户或社区）宣传组织的绿色形象，体现了其对组织的忠诚度；员工环保公民行为的生态帮助维度与组织公民行为的人际帮助维度相一致，而生态实践维度则反映了个人的主动性维度。

显然，环保公民行为是员工制定的超越其工作角色的有益于组织环境管理的行为，它反映了员工与组织及其成员的合作意愿，具有一定的社会性（Daily et al.，2009；Zientara and Zamojska，2016）。和企业制定的正式环保政策、管理系统或技术相比，员工在工作场所的自愿、无偿的环境友好行为表面上看似作用微乎其微，但因其体现了个体对组织环境管理的支持，一定程度上帮助企业培育了良好的组织环保氛围，从而推动企业绿色化进程。不仅如此，员工的环保公民行为还帮助企业履行外部利益相关者对自然环境责任的诉求，体现了组织对社会和环境责任的价值观、信念和目标，推动了企业的可持续性发展（Boiral，2009；Norton et al.，2015）。然而由于企业没有为个体环保公民行为赋予正式赏罚，员工几乎没有动力主动参与组织内部的环保行为。因此，对企业来说，最大的挑战是如何给员工授权赋能从而鼓励其在组织内部参与环保公民行为。和其他组织公民行为一样，只有当个体识别到来自组织领导在环境管理方面的授权赋能，他们才会自发地表现出亲环境公民行为。可惜的是，目前国内对员工公民行为的研究还停留在概念阐述层面，极少有研究从实证的角度论证企业可以通过绿色变革型领导对员工进行绿色授权赋能，从而激励员工参与环保公民行为。

6.1.2　绿色变革型领导与员工环保公民行为

变革型领导（transformational leadership）是指领导者通过领导的魅力、感召力、智力激发和个性化关怀等让员工意识到所承担的责任及任务的重要性，激发其更高层次的需要，从而使其最大限度地发掘自身的潜力来取得最高水平的绩效表现（Bass，1990）。绿色变革型领导（green transformational leadership）是传统变革型领导在绿色环境管理领域的应用中提出的概念，是旨在鼓励下属完成组织的环保目标并鼓舞下属取得超越预期环境绩效的领导行为（Chen & Chang，2013；Robertson & Barling，2013）。总的来说，一般变革型领导关注的领域较广，那些能帮助组织提升任务绩效、财务绩效及创新绩效等多边绩效结果的领导行为都属于一般变革型领导；而绿色变革型领导关注的领域只限于旨在影响组织环境责任和环境可持续发展的领导行为（Robertson，2018）。

绿色变革型领导比较关注环保问题，也比较热衷于环境可持续发展议题，具有较高水平的道德承诺，因此容易对下属的环保行为产生深远影响（Robertson & Barling，2013，2017）。比如，智力激励型领导者倾向于给下属授权以鼓励其采取实际行动去提升组织环境绩效；魅力型领导者着重给员工传递组织环保愿景，并利用自己的魅力和感召力影响员工的环保价值观，鼓舞和激励他们参与到组织的环保公民行为中；个性化关怀特质的领导者倾向于通过与下属的密切关系传递自己的环保价值观，给下属树立环保形象。事实上，领导者在分享他们的环保价值观时，已经在组织内营造一种绿色氛围，给下属树立了榜样，增强了下属对组织环保战略目标的认同，因此下属更愿意在组织内部表现出环保行为。已有实证研究表明绿色变革型领导会正向影响员工的绿色行为（Graves et al.，2013；Robertson and Barling，2013，2017）。比如，一项对大学生的实验研究显示，那些接触过绿色变革型领导的大学生在对领导者的环境价值观评分及参与环保行为频率比那些未接触过绿色变革型领导的大学生要高得多（Robertson and Barling，2017）。

基于以上论述，本章提出以下假设：

假设1：绿色变革型领导正向影响员工环保公民行为。

6.1.3　绿色心理赋权的中介作用

一般来说，赋权（Empowerment）有两种类型。一种是结构性赋权，是指允许员工支配组织资源、参与决策，并通过培训，提高组织目标的合法性和恰当地影响员工行为的过程（Maynard et al.，2012）；另一种是心理赋权，是指通过权力来改变员工工作信念、增强其自我效能感的内在过程（Maynard et al.，2012，p. 1235）。施普莱策（Spreitzer，1995）从心理感知过程将心理赋权划分为四个维度：价值（Meaning：个人价值观、信念与工作目标的匹配性）；能力（Competence：胜任工作的信念）；自我决策（Self - Determination：个人对工作的自由控制权）和影响力（Impact：个人行为对他人的影响力）。两种观点都指出赋权是授予员工职权，但后者更强调对员工工作能力提升的内在激励过程。本章主要关注员工心理赋权。绿色心理赋权（Green Psychological Empowerment）是在绿色环境管理议题的应用中提出的新概念，是旨在实现组织绿色管理目标而对员工的心理赋权（Psychological Empowerment）（Tariq et al.，2016）。在组织内部，那些受绿色变革型领导的鼓舞和支持的员工必然会得到较高水平的绿色心理赋权。

一项关于心理赋权的元分析发现，领导力是员工心理赋权的重要前测因子（Seibert et al.，2011）。积极的领导力，比如给下属提供支持，与下属建立良好的关系，会对下属的工作态度、认知和行为产生积极影响。由此，如果领导经常给下属宣传组织绿色管理的战略或运营目标，下属更容易认同环保工作的价值和意义。不仅如此，绿色变革型领导还会鼓励下属更多地参与环保工作，赋予他们更多工作自主权，增强他们在环保工作上的自我决定权和影响力。除此以外，绿色变革型领导还会给下属在环保工作方面树立榜样，给下属的环保工作提供反馈和进行相应的指导，从而提升下属的绿色自我效能和绿色工作能力。

鉴于此，该研究提出以下假设：

假设2：绿色变革型领导正向影响员工的绿色心理赋权。

根据心理赋权理论，有赋权感的员工在工作方面具有积极导向，更有可能完成超越职责之外的工作。同理，当员工得到较高水平的绿色心理赋权，更有可能在组织内部表现出环保公民行为。这是因为，有意义的环保工作可以增强员工对组织的认同感，而自由的工作决策权也可以增强员工工作参与感。较高的组织认同感和工作参与感必然会鼓舞员工积极履行工作职责以外的环保公民行为；另外，员工在组织环保工作方面表现出的能力和影响力也是进一步鼓励其履行环保公民行为的重要推动因素，因为有能力并积极参与组织环保工作的员工，更有可能会在环保工作上取得积极成效。因此，受到绿色心理赋权的员工更有可能履行环保公民行为。

综上所述，本章提出以下假设：

假设3：绿色心理赋权正向影响员工的环保公民行为。

假设4：绿色心理赋权在绿色变革型领导和环保公民行为之间起到中介作用，即绿色变革型领导会通过增强员工的绿色心理赋权进而促使其履行环保公民行为。

6.1.4　权力距离的调节作用

根据领导权变理论，没有哪种领导风格可以适用于所有情境，而权力距离是领导方式和下属工作态度和行为的重要调节变量（Kirkman et al.，2009）。现有对权力距离的研究，主要从国家、组织和个人三个层面开展（包艳和廖建桥，2019；毛畅果和郭磊，2020）。本章旨在探讨下属对权威的感知和反应倾向，代表着下属对领导者行为的预期，属于个体认知范畴，是个体层面意义上的权力距离。具体来说，个体层面上的权力距离是个体所能接受的在组织中权力分配不均的程度，反映了组织中的个体在社会地位、权利、财产以及各种特权上的差异（Clugston et al.，2000）。已有研究已证明权力距离显著调节了管理控制对下属心理授权感的作用（Chen et al.，2014），也有研究显示权力距离在变革型领导与工作自主性和工作意义之间具有反向调节作用（刘芳和杨可可，2019）。

显然，绿色变革型领导对下属环保公民行为的有效性可能会受到下属权力距离取向的影响。高权力距离倾向的员工认为人际关系中的地位差异是正常的，组织中的权力差异也是合理的。此类员工比较尊重层级，服从权威和遵守规则，承认上级的优越性，依赖上级的指令，较少置疑上级的意见。尽管上级对其信任，主动与其就组织的环保工作进行交流，甚至授权于他，这类员工对环保工作价值感知较低，只想依赖和服从权威，甚至不愿主动参与。相反，低权力距离认知的员工则认为组织中的权力应平等分配，人人享有话语权。此类员工更向往平等公平的组织环境，行事时更强调民主原则，愿意对所在组织建言献策，也会置疑上级的决策（Kirkman et al.，2009；Yang et al.，2007）。因此，此类员工更容易受领导者环保价值观的影响，对环保工作的价值具有较高认同，也更容易受到领导者环保热情和激情的鼓舞，具有较高的环保工作效能；那些推崇绿色管理的领导者也更容易给权力距离倾向低的下属授权，增强他们环保工作的自主性和影响力，进而影响其环保公民行为。基于此，本章提出以下假设：

假设5：权力距离反向影响绿色心理赋权。

假设6：权力距离通过绿色心理赋权进而影响环保公民行为。

假设7：权力距离反向调节绿色变革型领导对绿色心理赋权的影响关系，即在低权力距离认知的员工中，绿色变革型领导对员工的绿色心理赋权的正向影响会更强烈。

6.2 研究方法

6.2.1 研究样本与程序

利用作者所在单位贵州大学管理学院资源，课题组从"贵州大学管理学院校友会"和"贵州大学管理学院 MBA 教育中心"选取了若干名校友会成员及 MBA 学员所在企业作为本课题数据采集对象。最终，本章的调研样本来源于贵阳市、遵义市、六盘水市、毕节市、安顺市、铜仁市、黔东南州、黔南州和黔西南州的 18 家民营工业企业的普通员工。这些企业主要从事石油化工、玻璃、橡胶等资源型制造业务。为控制样本的同源方差问题，课题调研组分 3 个时点采集数据，每次采集数据时间间隔 1 个月：2019 年 10 月 20 日首次发放性别、年龄、学历等人口特征变量及绿色变革型领导和权力距离问卷；2019 年 11 月 20 日第二次发放绿色心理赋权问卷；2019 年 12 月 20 日第三次发放环保公民行为问卷。总共发放 400 份问卷，最终回收 350 份问卷。剔除数据缺失严重的问卷，最终回收 325 份有效问卷，有效回收率81.5%。在325个有效被试者中，男性180人（55.4%），女性145人（44.6%）；292人（89.8%）年龄在18～37岁之间；59人（18.2%）学历在大专以下，190人（58.5%）持有大学文凭，76人（23.4%）文凭在硕士及以上；在现有组织工作年限，38人（11.7%）在1年以下，93人（28.6%）在1～3年内，87人（26.8%）在3～5年内，57人（17.5%）在5～7年内，50人（15.4%）在7年以上。

6.2.2 变量测量

本书的量表除绿色心理赋权以外，都采用国外已有研究的成熟量表，利用"双盲"翻译法设计问卷。在问卷正式发放之前，本章研究邀请同行专家就设计好的问卷进行深入探讨，对每一题项仔细推敲、修正，最终得到一个具有较高内容效度的问卷。本问卷所有题项都采用 Likert 5 点量表，1～5 分别表示从完全不同意到完全同意。

1. 绿色变革型领导参照罗伯特森（Robertson，2018）的研究，包含四个维度：绿色影响（GTL – I）、绿色激励（GTL – M）、绿色刺激（GTL – S）和绿色关怀（GTL – C），12个题项，如"我的领导是环保榜样""我的领导激励我以环保的方式工作""我的领导知道我有能力改善组织的环境绩效"等。测量变量四个维度的 Cronbach's Alpha 值分别为：0.84、0.69、0.70 和 0.80。

2. 权力距离参照多夫曼和豪威尔（Dorfman & Howell，1988）的研究，包含 6 个题项，如"领导做决策时不需要征询下属的意见""领导应该拥有一些特权""领导不应该和下属过多交换意见"等。Cronbach's Alpha 值为 0.89。

3. 鉴于绿色心理赋权的研究还处于起步阶段，目前也还没有成熟量表可供参考。本章主要借鉴施普莱策（Spreitzer，1995）的研究，将绿色心理赋权划分为四个维度：绿色意义（GPE – M）、绿色能力（GPE – C）、绿色自我决定（GPE – S）和绿色影响（GPE – I），12 个题项，如"在组织内开展环保工作对我非常重要""我很有信心完成组织分配给我的环保工作""我可以自由决定我在组织内的环保工作"。绿色心理赋权四维度测量变量的 Cronbach's Alpha 值分别为：0.83、0.79、0.77 和 0.88。

4. 环保公民行为采用布瓦拉尔和派利（Boiral & Paillé，2012）的研究，包含三个维度：环保主动力（OCBE – I）、环保互助（OCBE – H）和环保参与（OCBE – E），10 个题项，比如"在日常工作中我会自愿执行环保行动和倡议""我会鼓励我的同事参与更多环保行为""我会积极参与公司的环保活动"。环保公民行为三维度测量变量的 Cronbach's Alpha 值分别为：0.76、0.73 和 0.86。

6.3　数据分析

本章首先运用 SPSS 21 软件对各变量进行描述性统计分析和相关性分析，其次运用 Smart – PLS 3.2.9 软件对测量模型的信度和效度及结构方程模型的假设进行评估和检验。选择 Smart – PLS 软件是因为，本章的绿色变革型领导、绿色心理赋权和环保公民行为是"形成性—反应性（reflective-formative construct）"二阶变量。相比于传统的协方差结构方程模型（CB – SEM），偏最小二乘法结构方程模型（PLS – SEM）在处理高阶变量模型具有较强的优越性（Hair et al.，2016）。不仅如此，PLS – SEM 在处理小样本或非正态分布样本的结构方程模型的检验均具有较强的预测力。《2017 研究前沿》曾把"偏最小二乘结构方程模型在商业研究中的应用"方法列为 2017 年 Top10 热点前沿。

6.3.1　描述性统计分析和相关关系分析

各变量的平均值、标准差和相关关系可见表 6 – 1。

表 6 - 1 　　　　　　　　变量的描述性统计分析及相关系数（N = 325）

变量	均值	标准差	1	2	3	4	5	6	7	8	9	10	11	12
1. GTL - I	4.01	0.84	1											
2. GTL - M	3.72	0.77	0.45**	1										
3. GTL - S	3.17	0.89	0.41**	0.30**	1									
4. GTL - C	3.23	1.01	0.34**	0.28**	0.60**	1								
5. PD	1.93	0.81	-0.42	-0.1	-0.35	-0.4	1							
6. GPE - M	3.44	1.05	0.57**	0.32**	0.58**	0.50**	-0.52**	1						
7. GPE - C	3.25	1.01	0.44**	0.22**	0.57**	0.46**	-0.48**	0.70**	1					
8. GPE - S	3.45	0.85	0.52**	0.34**	0.50**	0.49**	-0.51**	0.63**	0.57**	1				
9. GPE - I	3.49	1.14	0.29**	0.22**	0.31**	0.35**	-0.27**	0.45**	0.46**	0.44**	1			
10. OCBE - I	3.54	0.89	0.39**	0.24**	0.26**	0.32**	-0.27**	0.37**	0.31**	0.39**	0.22**	1		
11. OCBE - H	3.56	0.86	0.57**	0.30**	0.42**	0.40**	-0.42**	0.50**	0.48**	0.57**	0.25**	0.61**	1	
12. OCBE - E	3.31	1.02	0.37**	0.31**	0.76**	0.70**	-0.36**	0.60**	0.55**	0.57**	0.37**	0.28**	0.43**	1

注：控制变量并未在此表中列出；*、**、*** 分别表示在 P < 0.1、P < 0.05、P < 0.01（双尾检验），下同。

6.3.2　测量模型检验

在一阶反应性测量指标中，本章检验了各指标载荷（> 0.75）、平均萃取方差（AVE）（> 0.60）、组合信度（CR）（> 0.83）。由此可见，本章的一阶测量模型具有较好的收敛效度。同时，表 6 - 2 还进一步显示本章一阶反应性测量指标的 AVE 平方根都大于表 6 - 1 中对应的相关系数。这表明本章一阶反应性测量变量具有较好的区别效度。

在二阶形成性测量指标中，本章对外部权重（Outer Weights）、T 值和方差膨胀因子（VIF）（全部 < 5）进行检验。虽然绿色变革型领导的"绿色激励"维度（β = 0.04，t = 0.79）和绿色心理赋权的"绿色影响"维度（β = -0.006，t = 0.13）对各自的二阶变量不显著，但外部载荷对各自的二阶变量均显著（β = 0.48，t = 8.05**；β = 0.51，t = 9.62**）。可见，本研究的二阶形成性指标测量模型全部达到检验标准，进一步的结构方程模型检验可正常开展（Hair et al.，2016）。

表 6 - 2 　　　　　　　　指标测量模型检验结果

项目		一阶测量模型				二阶测量模型				
变量	维度	最小因子载荷	CR	AVE	AVE 平方根	外部权重	T 值	外部载荷	T 值	VIF
绿色变革型领导	GTL - I	0.79	0.90	0.76	0.87	0.36	6.93**	0.71	15.44**	1.43
	GTL - M	0.75	0.82	0.61	0.78	0.04	0.79（不显著）	0.48	8.05**（显著）	1.33
	GTL - S	0.77	0.83	0.62	0.79	0.49	10.26**	0.88	41.66**	1.72
	GTL - C	0.82	0.88	0.71	0.84	0.36	8.10**	0.79	25.16**	1.62

续表

项目		一阶测量模型				二阶测量模型				
变量	维度	最小因子载荷	CR	AVE	AVE平方根	外部权重	T 值	外部载荷	T 值	VIF
权力距离 PD		0.76	0.91	0.64	0.80	1				1
绿色心理赋权	GPE - M	0.85	0.90	0.75	0.86	0.43	7.57 **	0.90	45.98 **	2.35
	GPE - C	0.79	0.88	0.71	0.84	0.26	4.54 **	0.84	27.19 **	2.15
	GPE - S	0.76	0.86	0.68	0.82	0.45	8.59 **	0.87	40.44 **	1.83
	GPE - I	0.88	0.92	0.80	0.89	-0.006	0.13（不显著）	0.51	9.62 **（显著）	1.37
环保公民行为	OCBE - I	0.77	0.86	0.67	0.82	0.07	1.43	0.51	9.00 **	1.56
	OCBE - H	0.78	0.84	0.64	0.80	0.39	6.35 **	0.76	19.39 **	1.80
	OCBE - E	0.80	0.90	0.69	0.83	0.73	16.23 **	0.92	44.09 **	1.26

6.3.3 假设检验

（1）路径系数检验。

在 1% 显著水平下，本章用自助抽样法（bootstrapping）双尾检验了各路径的 β 值、T 值和 P 值，结果见表 6-3。在此路径系数下，绿色变革型领导正向显著影响环保公民行为（β = 0.59，p < 0.01）和绿色心理赋权（β = 0.61，p < 0.01），假设 1、假设 2 均成立；除此以外，绿色心理赋权正向显著影响环保公民行为（β = 0.32，p < 0.01），假设 3 成立；权力距离反向影响绿色心理赋权（β = -0.31，p < 0.01），假设 5 成立。

表 6-3   潜在变量的路径系数分析结果

假设	路径关系	β 值	样本均值	样本标准差	T 值
1	GTL → OCBE	0.59	0.58	0.05	11.79 ***
2	GTL → GPE	0.61	0.61	0.04	14.12 ***
3	GPE → OCBE	0.32	0.32	0.06	5.66 ***
5	PD → GPE	-0.31	-0.31	0.05	6.38 ***

（2）中介效应检验。

本章采用间接效应的自助抽样法和校正后偏差的自助置信区间法检验了绿色心理赋权的中介效应，见表 6-4。检验结果显示，绿色心理赋权在绿色变革型领导和环保公民行为之间（β = 0.19，p < 0.01；[LL = 0.11，UL = 0.26]），及权力距离和环保公民行为之间（β = -0.09，p < 0.01；[LL = -0.15，UL = -0.06]）有中介效应，假设 4、假设 6 成立。

表 6 - 4　　　　　　　　　　　　　　　　中介效应

假设	路径关系	β 值	样本均值	标准差	T 值	置信区间（BC）	
						LL（2.5%）	UL（97.5%）
4	GTL→GPE→OCBE	0.19	0.20	0.04	5.25***	0.11	0.26
6	PD→GPE→OCBE	-0.09	-0.09	0.02	4.01***	-0.15	-0.06

（3）调节效应检验。

为了验证假设 7 权力距离的调节作用，本章将交互项引入结构方程模型。由表 6 - 5 可知，交互项权力距离与绿色变革型领导反向影响绿色心理赋权（β = - 0.07，p < 0.05），对绿色心理赋权的解释强度 R^2 提升了 0.01。因此，假设 7 成立。为了更清晰地表达权力距离对绿色变革型领导和绿色心理赋权的调节作用关系，本章将权力距离的调节作用用图 6 - 2 进行了展示。

表 6 - 5　　　　　　　　　　　　　　　　调节效应

假设	路径关系	β 值	样本均值	标准差	T 值	R^2	$R^2_{exclude}$	ΔR^2
7	GTL×PD→GPE	-0.07	-0.07	0.04	1.77**	0.65	0.64	0.01

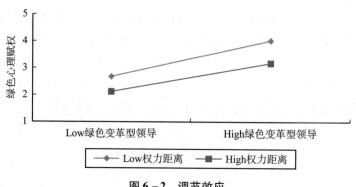

图 6 - 2　调节效应

6.4　研究结论

员工环保公民行为与当下中国的可持续发展战略紧密结合，与资源节约型和环境友好型的社会构建理念高度契合。作为企业正式绿色管理制度的有效补充，员工环保公民行为有效地推动了企业的环境责任和可持续发展。在此背景下，本章在贵州资源型民营工业企业情境下，从领导情境视角出发，探讨了绿色变革型领导对员工在组织内的环保公民行为的作用机制，并对权力距离的调节作用进行了实证分析。结果表明，绿色变革型领导和绿色心理赋权对员工环保公民行为有显著的促进作用，绿色变革型领导正向影响绿色心理赋权并通过绿色心理赋权显著促进员工环保公民行为，权力距离反向作用于绿色心理赋权，并反向调节绿色变革型领导与员工环保公民行为之间的关系。

6.4.1　理论意义

第一，国内外对员工环保公民行为的研究目前还处于初步探索阶段，对员工环保公民行为的前因变量的探索还比较有限（Lamm et al.，2014；张佳良和刘军，2016；蔺琳等，2015）。虽然已有研究显示生态价值观（田青等，2019）、亲环境组织氛围（李梦园，201）、企业社会责任实践（Tian & Robertson，2019）、伦理型领导（张佳良等，2018）、责任型领导（肖小虹，2019）、环保服务型领导（Luu，2019）等是员工环保公民行为的重要前因变量，但迄今为止，没有研究挖掘绿色变革型领导与员工环保公民行为之间的内在关系。基于此，本章从领导权变理论角度出发，对员工环保公民行为进行了解释，并验证了绿色变革型领导对员工环保公民行为的积极影响，一定程度上拓展了理论界对员工环保公民行为前因变量研究的视野。

第二，诺顿（Norton et al.，2015）曾呼吁有更多研究探讨员工环保公民行为的前测变量与员工环保公民行为之间的作用机制。为此，本章从绿色心理赋权视角出发，对绿色变革型领导影响员工环保公民行为的作用机制进行了探索，并验证了绿色心理赋权正向影响了绿色变革型领导和员工的环保公民行为之间的关系，对学术界深入开展员工环保公民行为的前测变量与员工环保公民行为之间的作用机制研究做出了一定贡献。再者，绿色心理赋权是心理赋权在组织绿色管理情境下提出的新概念，迄今为止很少有研究从实证角度论证其在组织管理中的积极作用（Hameed et al.，2019；Tariq et al.，2016；Tiong，2017），本章从中国工作场所情境下丰富了绿色心理赋权的相关研究。

第三，即使本章实证验证了绿色变革型领导可以通过正向影响员工的绿色心理赋权进而对员工环保公民行为产生积极效应，但是，并非所有员工都能从中受益。为此，本章从员工的个体文化价值观角度出发，探讨了员工权力距离倾向在绿色变革型领导和绿色心理赋权之间的调节作用。绿色变革型领导比较乐意与下属就组织绿色管理工作进行沟通，与下属建立良好的上下级关系，给下属授权并赋予他们自主决策权力，激励并鼓舞下属参与组织的绿色管理实践，从而促使下属超越自身利益更好地为组织环境管理工作服务。然而，那些倾向于服从权威、自主性低的高权力距离倾向的下属却很难领会到绿色变革型领导的用心良苦，未能从中对组织绿色管理工作产生价值感和意义感，也很难主动参与组织的绿色管理工作。相反，那些渴望沟通、平等、自主性高的低权力距离倾向的下属，却很容易受到绿色变革型领导的影响，对组织绿色管理工作产生极大的热情和动力，也较容易主动参与组织环保公民行为。通过挖掘权力距离在绿色变革型领导与下属绿色心理赋权的反向调节作用，本章从组织绿色管理的情境角度丰富了变革型领导影响下属工作态度和行为的边界条件的探讨，具有一定的理论贡献。

6.4.2　实践意义

该研究为资源型民营工业企业管理者提供了一个如何培育和塑造员工日常环保公民行为的技术路线。

首先，企业要注重选拔一批具有绿色变革型领导风格的领导干部，利用其环保影响力和感召力增强员工的绿色心理赋权和激励员工的组织环保公民行为，从而推动组织的绿色化和可持续发展进程。如果组织缺乏绿色变革型领导，企业应加强对现有领导者的培训，使其认识到提升员工绿色价值观和意义感的重要性，教导他们如何在环保工作中对员工进行个性化关怀、智力激励和授权。

其次，管理者应认识到绿色心理赋权对员工环保公民行为的重要作用。员工对环保工作的价值感、意义感的认同，以及他们在环保工作方面的自我效能和影响力是促使其自愿为改善组织环境管理而做出无偿公民行为。因此，管理者可加强与员工就组织的绿色管理工作进行沟通以培育员工的绿色价值感和绿色意义感，也可以结合各种绿色管理制度或实践（比如绿色人力资源管理实践），提升员工绿色工作能力和影响力，进而提升员工的绿色心理赋权。

再次，企业管理者在环保工作过程中应重视员工个体权力距离倾向的不同将导致其领导效能并不总是具有积极效应。对于高权力距离倾向的员工，管理者应避免对其直接授权以减少其因工作自主能力差而带来的损失。在和高权力距离的员工进行沟通的过程中，管理者应尽量树立环保权威性，使其顺从、遵守指令。相反，对于低权力距离倾向的下属，管理者则应加强与其沟通，提供个性化关怀，对其进行环保智力激励，并下放环保工作权力。总之，在环保工作的开展过程中，针对不同权力距离感知的下属，管理者采取合理的领导风格才能保证下属得到绿色心理赋能，从而促进环保公民行为的发生。

6.4.3　研究不足与展望

本章研究虽然具有一定的理论和实践意义，但仍存在一些不足之处等待未来研究进一步完善。

首先，本章研究只从绿色变革型领导角度解释员工环保公民行为，领导力还有很多类型，比如服务型领导、家长式领导等，未来研究可以进一步探讨其他领导方式的作用。不仅如此，影响员工环保公民行为的因素还有很多，后续研究可以尝试从其他角度，比如绿色人力资源管理（green human resource management）、工作场所绿色环境（green workplace environment）等，探究影响员工环保公民行为的因素。

其次，本章研究只从绿色心理赋权角度解释绿色变革型领导对员工的环保公民行为的影响，而绿色变革型领导对环保公民行为的影响可能还存在其他作用机制，比如：绿色自我效能（green self-efficacy）、绿色组织认同（green organizational identification）等，未来研究可以进一步从其他视角拓展本研究的理论模型。

再次，本章研究只从权力距离这个单一的个体文化价值观探讨绿色变革型领导影响绿色心理赋权的边界条件，其他文化价值观变量，比如不确定性规避、集体主义和个人主义，或是大五类人格，比如外倾性、责任心等，可能也是潜在的调节变量，未来研究可以就此继续展开讨论。

最后，本章研究对象是贵州民营工业企业员工，是典型的具有贵州特色的群体，研究结论对其他类型组织或区域的人群是否适用，还有待未来检验。

第7章

贵州民营经济发展存在的问题及困境

在"十四五"以及未来更长时期我国经济发展的主线，就是加快构建以国内大循环为主题、国内国际双循环相互促进的新发展格局。民营经济作为我国经济制度的内在要素，始终是坚持和发展中国特色社会主义的重要经济基础。在国内大循环发展过程中离不开民营经济的支持，"十四五"时期，贵州省民营经济发展将迎来新的机遇，也面临着转型升级、国际环境不稳定以及自身素质不足等各种梗阻，这些梗阻不仅会影响当地施政效率和政策投放效果，还会阻碍贵州省民营经济的持续和高质量发展。本章将分析总结贵州民营经济发展存在的问题及困境。

7.1 存在问题

"十三五"期间贵州经济突飞猛进，GDP 增速更是连续九年位居全国前列，发展速度有目共睹，在这快速增长的背后有民营经济的大力支持。前面章节已经对贵州民营经济发展历程、现状及取得成绩进行梳理，在很多行业，贵州民营经济都占据了市场的主导地位。但在民营经济迅猛发展的同时，也存在不少问题，本小节内容将从发展规模、吸收就业、经营能力、地区和行业发展、科技创新和融资问题五个方面切入，总结贵州民营经济发展的困境。

7.1.1 发展规模小

从企业法人单位数角度看，2018年末，贵州省共有私人控股企业法人单位数263244个，占全省企业法人单位93.86%，从贵州省内来看，俨然贵州私人控股企业已经成为贵州经济发展的主体，但是，从全国范围来看，贵州省私人控股企业法人单位总数仅占全国私人控股企业法人单位总数1.5%，只有广东省私营企业法人单位总数的10%，在全国31个省①区市里面排名第21位（见图7-1）。

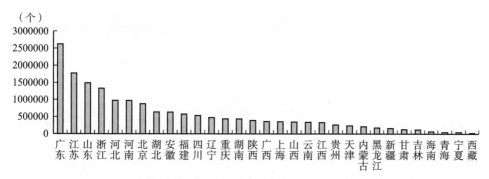

图7-1 全国部分省区市私营企业法人单位数基本情况（2018年）

资料来源：中国第四次经济普查。

从企业资产总额角度看，2018年末，贵州省私营工业企业资产总计2958.4亿元，仅为全国私营工业企业资产总计的1.1%，是江苏省私营工业企业资产总额的7.7%，在全国31省区市私营工业企业资产总计中排名第22名（见图7-2）。

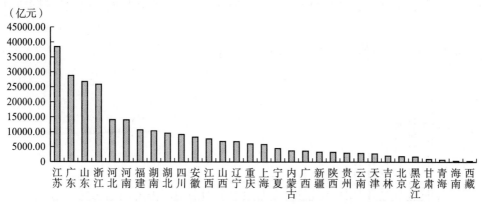

图7-2 全国各省区市私营工业企业资产总计基本情况（2018年）

资料来源：中国第四次经济普查。

---

① 本书中提到的全国31个省区市不包括我国香港、澳门、台湾地区。

此外，以规模以上私营工业企业为例，2018年末，贵州省规模以上的内资工业企业共有5214个，其中私营企业有3656个，占比70.12%；规模以上内资工业企业总资产为15110.94亿元，私营企业仅为2958.4亿元，占比19.58%。相当于70%的企业仅拥有19%的资产（见图7-3），规模以上私营工业企业数量和其资产总额配比极度不合理。

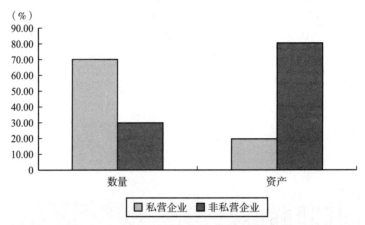

图7-3 贵州省规模以上私营工业企业数量和资产占全省内资工业企业比例（2018年）
资料来源：中国第四次经济普查。

因此，贵州民营经济不论是在企业法人单位数上，还是资产总额上，都与全国民营经济存在一定的差距。与全国各省市比较，贵州民营经济整体规模还较小，有待继续发展壮大。

7.1.2 吸收就业能力不足，就业结构分布不合理

从企业从业人员数看，2018年末，贵州私人控股企业从业人员总数2655630人，占全省从业人员总数68.25%，从贵州省内来看，贵州私人控股企业虽然已吸收贵州省近七成的就业人口，但和全国比较，差距还较大。从全国范围来看，贵州私人控股企业从业人员仅占全国私人控股企业从业人员总数的1.2%，在31省区市排名第21位（见图7-4）。

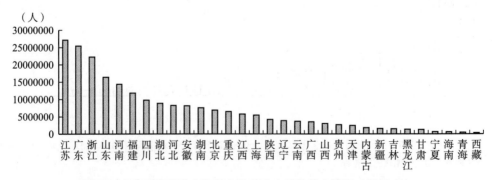

图7-4 全国各省私人控股企业从业人员数基本情况（2018年）
资料来源：中国第四次经济普查。

从私人控股企业从业人员占全部企业从业人员比例来看，贵州省私人控股企业从业人员总数占比是68.25%，低于全国平均水平的72.86%，比排名第一的浙江省少近八个百分点（86.03%），在31省区市排名第17位（见图7-5）。

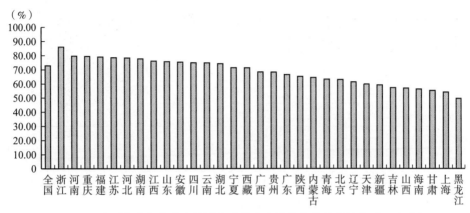

图7-5　全国各省区市私人控股企业从业人员数占比基本情况（2018年）

资料来源：中国第四次经济普查。

从平均用工人数来看，2018年末，贵州省私营工业企业平均用工人数是35.68万人，仅占全国私营工业企业平均用工人数的1%左右，是广东省私营工业企业平均用工人数的8.4%，在全国31省区市排名第18位（见图7-6）。

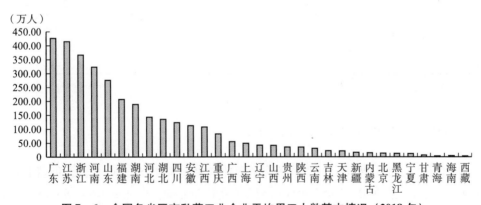

图7-6　全国各省区市私营工业企业平均用工人数基本情况（2018年）

资料来源：中国第四次经济普查。

另外，贵州民营经济吸收的就业人口结构分布不合理，主要还是要集中在劳动密集型产业。根据统计数据，2018年末，全省按行业（大类）分组私营企业从业人员中制造业和建筑业从业人员共762238人，占私营企业从业人员总数35.99%。在私营企业内部，第二产业从业人员总数共达906167人，占私营企业从业人员总数42.79%。

表 7 -1   按行业（大类）贵州省私营企业法人单位从业人员数（2018 年）

行业大类	内资企业从业人员总数（个）	私营企业从业人员	
		总数（个）	占私营企业比重
总计	3833832	2117761	100%
制造业	809307	511624	24.16%
建筑业	744018	250614	11.83%
采矿业	234649	114937	5.43%
水利、环境和公共设施管理业	55909	18784	0.89%
电力、热力、燃气及水生产和供应业	101201	10178	0.48%
批发和零售业	532583	383143	18.09%
租赁和商务服务业	342488	214495	10.13%
房地产业	232569	123605	5.84%
住宿和餐饮业	147836	115281	5.44%
居民服务、修理和其他服务业	106691	85697	4.05%
交通运输、仓储和邮政业	160108	62454	2.95%
科学研究和技术服务业	101825	54455	2.57%
卫生和社会工作	60100	44796	2.12%
文化、体育和娱乐业	62201	44439	2.10%
信息传输、软件和信息技术服务业	84240	40763	1.92%
教育业	46176	36485	1.72%
农、林、牧、渔业	5148	3243	0.15%
金融业	6783	2768	0.13%

资料来源：贵州省第四次经济普查。

7.1.3   经营成本高，盈利能力低

在经营成本方面，2018 年末，贵州私营企业营业成本为 2853.82 亿元，但营业收入仅为 3440.84 亿元，营业成本率 82.94%，相比全省内资企业的营业成本率（74.28%）高出 8 个百分点。可见，与内资企业比较，贵州私营企业的经营成本较高，盈利能力有待进一步提升。

从利润总额角度看，2018 年末，贵州私营工业企业利润总额 238.18 亿元，仅占全国私营工业企业利润总额 1.1%，是江苏省私营工业企业利润总额的 7.15%，在全国 31 省市排名第 18 位（见图 7 -7）。

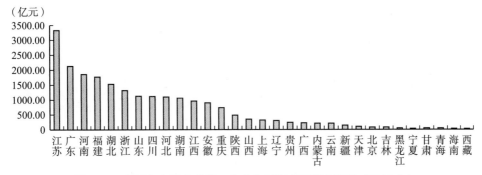

图 7 - 7　全国各省区市私营工业企业利润总额基本情况（2018 年）

资料来源：中国第四次经济普查。

从资产负债率角度看，2018 年末，贵州私营工业企业资产负债率是 56.57%，与全国私营工业企业资产负债率相当（56.46%），比浙江省低 6 个百分点（62.95%），在全国资产负债率排名第 18 位（见图 7 - 8），说明贵州省私营工业企业运用外部资金的能力较差。

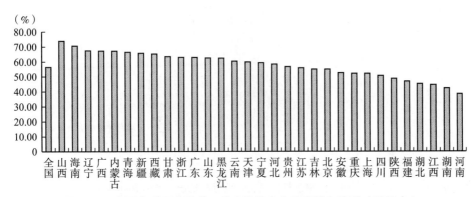

图 7 - 8　全国各省区市私营工业企业资产负债率基本情况（2018 年）

资料来源：中国第四次经济普查。

另外，从省内角度来看，贵州私营企业的营业成本占内资企业的 40.46%，但营业收入仅占 36.24%，高成本带来的是低收入，营业利润仅占内资企业的 23.54%，利润总额仅占内资企业的 23.69%，这是营收能力差的主要表现，依靠的是大量的投入来拉动收入，从私营企业销售、管理和财务费用占比中就可以看出。销售费用占内资企业比例为 37.93%，管理费用占 32.55%。营收能力差的第二方面可以从投资收益中看出，私营企业投资收益仅为内资企业的 5.15%（见图 7 - 9）。

从企业亏损总额角度看，2018 年末，全省私营企业亏损总额 23.19 亿元，占全部内资企业亏损总额 18.6%。全省规模以上企业亏损共有 778 家，非国有控股企业有 255 家，占全部亏损企业 32.78%（见图 7 - 10）。对于主要为中小企业的私营企业来说，亏损已经很大，间接表明私营企业经营较为艰难。

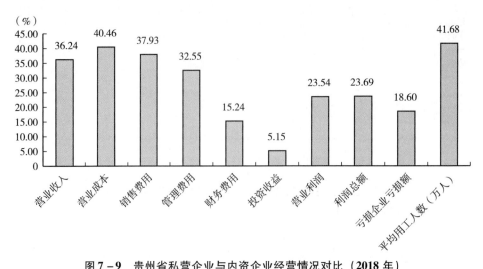

图 7-9　贵州省私营企业与内资企业经营情况对比（2018 年）

资料来源：贵州省第四次经济普查。

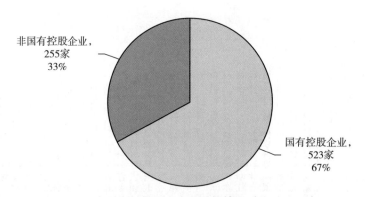

图 7-10　贵州省规模以上企业亏损情况对比（2018 年）

资料来源：贵州省第四次经济普查。

7.1.4　地区间、行业间发展不均衡

从地区角度看，2018 年末，全省 263244 个私人控股企业在贵州省九个市（州）的分布是不平衡的。仅贵阳市、遵义市和黔南布依族苗族自治州三个市（州）的私营企业就占了全省私营企业 50% 以上，而六盘水市的私营企业仅占全省私营企业的 6.82%（见图 7-11），私营企业数量在各市（州）的分布有待进一步均衡。

不仅如此，贵州省各市（州）民营企业资产总量分布也是不均衡的。民营企业资产数量最多的是遵义市，占全省私营企业资产总量的 20.96%，最少的黔东南州，仅占 4.12%，地区间私营企业发展差距大，间接反映出地区间民营经济发展的差距。不仅如此，若把企业数量和资产总量进行比较后会发现，私营企业数量拥有最多的贵阳市，其企业资产在各市（州）排名第五；私营企业数量拥有最少的六盘水市，其企业资产在各市（州）的排名地位上升到第四。可见，截至 2018 年，贵州省各市（州）私营企业发展规模与其资产总额是不匹配的，有待进一步平衡。

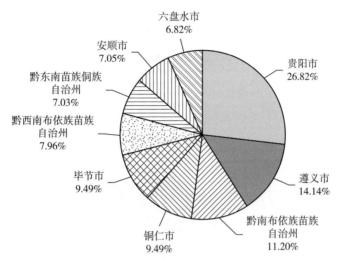

图 7 - 11　贵州省各州市私人控股企业数量分布情况（2018 年）

资料来源：贵州省第四次经济普查。

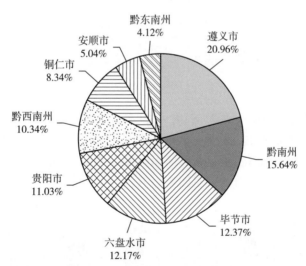

图 7 - 12　贵州省各州市私营企业资产总量占比（2018 年）

资料来源：贵州省第四次经济普查。

　　从行业分布角度来看，2018 年末，仅私营批发和零售业、制造业就占全省私营企业的 50%，加上租赁和商务服务业，则高达 61% 以上。贵州私营企业在各行业的分布极其不均衡，没有形成良好的发展态势，资金和从业人员大量涌入劳动力密集型行业中。而技术密集型产业，如信息传输、软件和信息技术服务业与科学研究和技术服务业，企业分布极少，合计共有 15913 家企业，仅占 6.05%（见图 7 - 13）。

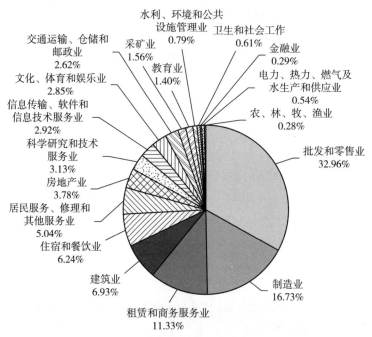

图 7 - 13 贵州省私营企业在各行业分布情况（2018 年）

资料来源：贵州省第四次经济普查。

7.1.5 科技创新能力弱

1. R&D 相关活动参与情况落后。

2018 年末，全省参与 R&D 活动，持有 R&D 项目、研发机构、企业办研发机构，及有新产品销售的内资工业企业中，私营工业企业的比重分别是 60.39%、35.19%、57.32%、51.04%、56.30%。贵州私营工业企业虽已积极参与 R&D 相关活动，但与全国平均水平比较，仍然落后了 7~16 个百分点（见图 7 - 14）。

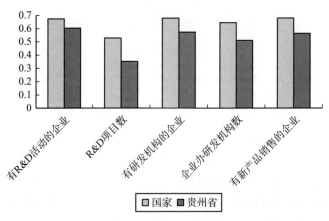

图 7 - 14 贵州省与全国私营企业 R&D 相关活动占内资企业比重对比情况（2018 年）

资料来源：贵州省第四次经济普查。

2. R&D 人员少。

2018 年末，全省 R&D 人员、研究人员、全时人员、R&D 人员折合全时当量和企业办研发机构人员数中，私营企业的比重分别为 34.44%、24.45%、39.31%、34.11% 和 23.90%。近年来，虽然贵州省 R&D 人员已具有一定规模，但和全国平均水平比较差距还很大，平均落后 4～18 个百分点（见图 7－15）。

在高层次人才方面，比如博士和硕士，2018 年贵州省私营企业分别只有 72 个和 176 个博士和硕士科研人才参与到企业的 R&D 研究工作，仅占内资企业的 36.92% 和 10.53%。可见，贵州省私营企业的 R&D 人才较少。

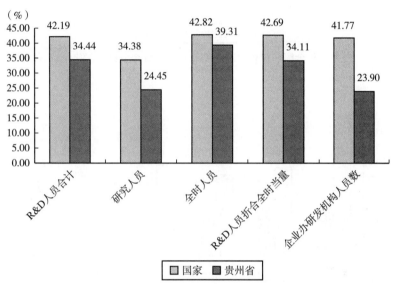

图 7－15　贵州省与全国私营企业 R&D 人员占内资企业比重对比情况（2018 年）
资料来源：贵州省第四次经济普查。

3. 科技创新成果少。

在新产品开发方面，2018 年，在全省的新产品开发项目数、新产品开发经费支出、新产品销售收入和新产品出口中，私营企业的比重分别为 30.13%、27.12%、19.24%、1.04%。可见，与省内内资企业相比，贵州私营企业的新产品开发成果较少，而与全国平均水平比较，贵州私营企业的新产品开发成果平均落后 12～36 个百分点（见图 7－16）。

在自主知识产权及相关情况方面，2018 年，在全省的专利申请数、发明专利数、有效发明专利数、境外授权数、拥有注册商标数、境外注册和形成国家或行业标准数中，私营企业的比重分别为 24.48%、23.74%、20.63%、16.39%、0% 和 19.77%。可见，与省内内资企业相比，贵州私营企业的自主知识产权成果较少，而与全国平均水平比较，贵州私营企业的自主知识产权成果平均落后 14～27 个百分点（见图 7－17）。

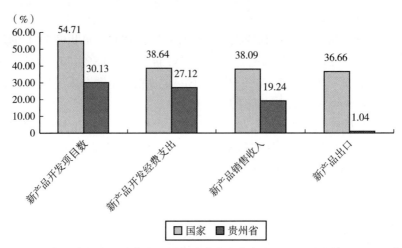

图 7 – 16　贵州省与全国私营企业新产品开发占内资企业比重对比情况（2018 年）

资料来源：贵州省第四次经济普查。

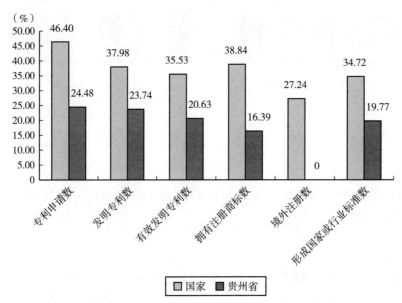

图 7 – 17　贵州省与全国私营企业自主知识产权占内资企业比重对比情况（2018 年）

资料来源：贵州省第四次经济普查。

4. 政府相关政策落实少。

在政府相关政策落实情况方面，2018 年，全省享受政府部门研究开发经费、研究开发费用加计扣除减免税和高新技术企业减免税的内资企业中，私营企业的比重分别为 19.05%、13.4% 和 12.57%。可见，从省内看，贵州私营企业在享受政府科技创新相关政策方面，比内资企业受惠力度小得多。不仅如此，与全国私营企业平均水平比较，除了政府部门研究开发经费外，贵州省私营企业在研究开发费用加计扣除减免税和高新技术企业减免税方面比全国平均落后 22 个百分点（见图 7 – 18）。

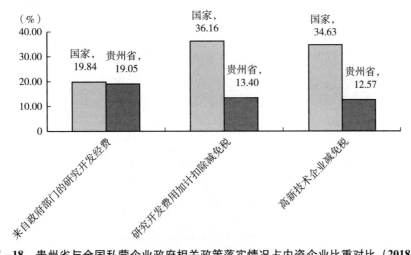

图 7 - 18 贵州省与全国私营企业政府相关政策落实情况占内资企业比重对比（2018 年）
资料来源：贵州省第四次经济普查。

5. 大中型私营工业企业参与度低。

2018 年末，全省参与 R&D 活动、拥有研发机构、有新产品销售的内资工业企业中超过 55% 是私营工业企业。但是，在有 R&D 活动、拥有研发机构、有新产品销售的大中型内资企业中，全省只有不到 25% 是私营企业（见图 7 - 19）。不仅如此，在拥有 R&D 项目的大中型内资工业企业中，只有 9.05% 是私营企业。可见，大中型私营工业企业在科技创新方面的积极性不高，还有待于进一步提升。

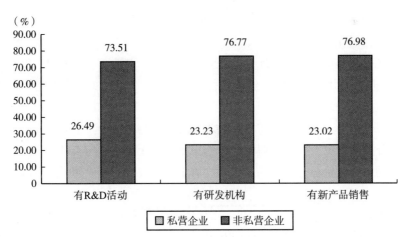

图 7 - 19 贵州省大中型私营企业与非私营企业科技创新情况对比（2018 年）
资料来源：贵州省第四次经济普查。

6. R&D 经费使用率低。

在 R&D 经费使用方面，2018 年末，贵州省私营企业 R&D 经费内部支出共计 228872 万元，占全部内资企业 R&D 活动经费内部支出 30.86%，但大中型私营企业 R&D 经费内部支出仅占比 12.91%，共计 60456 万元。此外，在经费性质上，私营企业 R&D 经费内部支出主要来自企业资金，共计 218047 万元，是政府资金（8086 万元）的近 30 倍。

2018 年政府支持 R&D 资金共计 46929 万元，私营企业为 8086 万元，仅占 17.23%，约为非私营企业的五分之一（见图 7－20）。前文所述，私营企业营收能力较差，收入占比较低，私营企业发展陷入营收低、科研开发支出高的循环中。

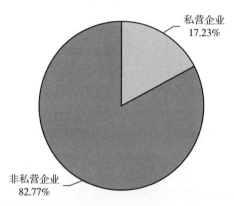

图 7－20　贵州省私营企业与非私营企业使用政府资金占比（2018 年）

资料来源：贵州省第四次经济普查。

7.1.6　融资难问题仍然突出

1. 贵州民营经济融资方式的发展严重不平衡。

贵州民营经济融资方式仍然是以银行的间接融资为主，直接融资体系的发展严重滞后。贵州的上市公司在整体上存在数量少、规模小、产业分布狭窄、经营两极分化、后备资源缺乏等问题。截至 2018 年 12 月，在上交所和深交所主板上市的公司，仅有 29 家，占比 0.8%，在贵州为数几十万家的内资企业里，上市企业少之又少，不到整体企业的尾数。29 家上市公司总市值 9391.47 亿元，民营上市公司只有 12 家，市值不足 1108 亿元，以直接融资为主的民营企业上市公司的市值总和不足贵州茅台一家上市公司市值的 15%。除 A 股上市公司以外，贵州民营企业在海外上市的也是寥寥无几。2019 年 1 月贵州星臣教育一带一路有限公司在英国伦敦证券交易所成功挂牌上市，成为贵州首家成功登陆英国伦敦主板的民营企业。

多年来贵州省直接融资比重不足 10%，2019 年全省 A 股直接融资 800.37 亿元，其中上市公司再融资 35.15 亿元、新三板融资 0.19 亿元、公司债融资 576.58 亿元、资产支持债券 78.5 亿元、区域性股权市场可转债融资 109.95 亿元。在直接融资中，主要是上市融资、股权融资，债券融资比较少，有些直接融资方式甚至还处于萌芽状态，如民营企业贸易融资。造成这一局面的因素是多方面的，有环境的因素，有历史的因素，也有文化教育的因素。历史上，贵州是一个多山地，交通条件相对落后的内陆省份，市场经济欠发达，在改革开放的进程中，虽然贵州市场经济得到有效的发展，但市场经济意识、市场运作能力欠缺，民营企业的融资来源基本上只是银行贷款等间接融资。

贵州民营经济的融资方式基本上以间接融资为主，这与大力发展民营经济的环境相比，显得严重滞后。也与间接融资逐步下降、直接融资逐步上升的世界金融新常态不相符，并已严重制约贵州民营企业科技创新研发发展。贵州民营企业科技创新资金投入缺乏问题到了不得不解决的地步，而建立多元化的资本市场融资机制势在必行。贵州省必须积极发展企业债券市场和长期票据市场，丰富资本市场的交易品种。制定并执行股票市场统一的上市标准，消除民营企业在主板市场上市融资的歧视性待遇，鼓励民营企业通过多元股票市场直接融资；发展民营企业风险投资体系。国家对风险投资的资金及配套服务的支持，对民营中小型企业的发展可以起到相当大的推动及促进作用。政府通过设立风险投资基金引导民间资本投入风险投资领域，支持民营中小型企业的发展。这对提高贵州省民营企业的科技含量以及提升我省产业结构层次都有重要意义。

在对民营企业的贷款融资方面，政府、银行、实业界、学术界等都做了大量的调查研究和实际努力，也有了不少举措。例如，贵州省在中小微企业的投融资平台建设、中小微企业投融资对策研究等方面都做了大量的工作，组建了贵州省中小微企业贷款担保中心、服务中心，但对于民营企业的直接融资方面所做的工作相对较少。此外，贵州培育民营经济直接融资的努力也很欠缺，例如，贵州省是一个资源大省，煤、水电、磷矿等在全国有一定优势，但民营企业很少参与这些资源的开发利用，失去了做大做强的好机会。

2. 民营企业间接融资难的问题仍然非常突出。

在间接融资方面，贵州省民营企业的融资需求和银行的贷款供给极度不匹配。根据统计数据，2018 年，贵州省金融机构人民币各项贷款余额 24715 亿元，其中，中小微企业贷款余额 6007.3 亿元，较年初新增 1597.6 亿元，增长 35.8%，增速比上年末高 7 个百分点，高于全省贷款增速 17.3 个百分点。虽然中小微企业贷款余额呈现递增的趋势，但其贷款余额占全省金融机构人民币各项贷款余额不足 25%。这与数量庞大的民营经济发展需求严重不匹配，据不完全保守估计，贵州民营企业贷款需求缺口仍在万亿元以上。

贵州民营经济的间接融资难问题一直是长期困扰当地政府、银行和民营经济主体的问题。一方面，许多民营企业需要大量的资金以支持其产品研发、生产运作和市场开发；另一方面，银行的行长和信贷人员却为大量的资金沉淀在银行需要贷出去而发愁。一方面，各级政府和学术界都在呐喊，银行要支持当地经济发展；另一方面，银行却感到委屈："你们的好企业我们送上门的资金他们都不需要。"这不仅是贵州的问题，也是世界的难题，银行资金和资本都喜欢强者，不喜欢弱者。

鉴于此，各级政府和民营企业纷纷成立各种贷款服务机构、担保机构，试图寻找解决这一难题的有效途径，如贵州省及贵州的各个地区也都相继成立了中小企业贷款服务中心，但其在壮大民营经济的实际结果方面收效甚微。究其根本原因，不是政府不努力，也不是方法不高明，而是以银行贷款为主体的金融体系在飞速发展的现代经济面前，已完成它的使命，银行作为自负盈亏的经济实体，追求资金的安全和收益是无法改变的，它与资金困难、实力弱小、优势资产不明显的弱势企业的矛盾是无法调和的。无论政府怎样努力，以银行贷款为主体的旧金融体系逐渐被以融资成本更低、效益更高的直接融资体系所取代已经成为不可逆转的趋势。

3. 民营经济融资主要还处在抵押、借款、还本付息的初级阶段。

贵州民营经济的融资主要还处在抵押、借款、还本付息的初级阶段，这与贵州的民营经济主体主要是实力弱小的个体工商户和中小微企业的实际情况相适应，也与贵州的资本市场非常弱小有关。

从目前上市公司的数量上看，贵州的上市公司数量仅仅超过青海、宁夏和西藏，只有江苏的78%，甚至只有新疆的50%。从"新三板"看，到2013年，贵州在全国中小企业股份转让系统挂牌的企业只有8家，大约只相当于发达省份一个乡镇的水平。贵州在推动民营经济融资体系向高层次发展方面做了一些卓有成效的工作，例如，2014年6月6日，由省民营经济发展局（省中小企业局）在贵阳举办的贵州中小企业星光培训工程贵阳场外市场融资培训会现场，省民营经济发展局局长龙超亚与贵州省股权金融资产交易中心董事长彭波共同签订了《贵州省民营经济发展局（贵州省中小企业局）与贵州股权金融资产交易中心战略合作协议》。贵州股权金融资产交易中心是由华创证券、贵州白酒交易所、贵州阳光产权交易所、各市州政府投融资平台等企业共同出资，经省政府批准设立的直接投融资综合服务平台。中心采用全新互联网技术架构和业务模式，立足场外市场开展私募投融资，运用各类金融工具为企业提供投融资综合解决方案，致力于破除"中小企业融资难，民间资本投资难"的困局。截至目前，在中心挂牌的企业已近50家，涵盖食品、医药、能源、化工、农产品、装备制造、新型服务等行业，它们中的大部分是贵州优势行业及国家政策支持性行业。但这样一个关乎民营经济做大做强的重大举措，需要的不仅仅是一次、两次、三次等临时性的工作，而是长期的、各方面利益团体共同参与的、媒体及学术界等共同关注和研究的工作，这样才能达到相应的效果。

7.2 发展困境

7.2.1 思想观念"堵点"：民营经济发展不如国有经济发展收益大

我国非公有制经济的发展在社会主义市场经济中一直被认为"微不足道"，相对于国有经济，处于不被重视的地位。关于非公有制经济和市场经济"姓社姓资"的问题，非公有制经济的地位及其与公有制经济关系的争论一直没有停止过。近年来，受国内外政治经济形势严峻的影响，全球经济增长明显放缓，中国开始实行去杠杆、去产能等宏观经济政策，持续开展防风险、防治污染攻坚战等监管措施，民营经济总体受损非常严重，有的持续观望，有的收缩业务或不敢扩大投资，有的破产倒闭或主动退出市场。特别是民营经济中第三产业的发展集中在批发和零售、住宿与餐饮、房地产等社会服务行业，在疫情叠加的背景下，生存更加困难，甚至被认为对社会经济贡献小，常被忽略。社会上对所有制经济存在双轨制的观念，对我国经济高质量发展的推动与实现是不利的，尤其是怀疑或者否定民营经济的观念，会打击经济主体的积极性和信心，妨碍市场公平竞争，加剧行政性垄断和市场垄断，不利于资源配置效率的提高，阻碍创新驱动的发展，影响经济发展的效率和质量。

从贵州与东部沿海地区在非公有制经济发展数据上的差距，就可看出贵州与沿海地区经济发展总量上的差距。实践证明，越是经济发展水平较先进的省份、地区，个体经济、私营经济发展越快，比重也越大，服务行业的比重也越大。相反，越是经济发展相对落后的省份、地区，个体经济、私营经济的发展也越缓慢，服务行业的比重也越小。这一定律可以很好地解释贵州在对经济发展的思想解放程度上与沿海地区仍然存有差距，思想观念仍然比较保守。

另外，在经济政策制定与执行、经济实践活动中，发展理念还停留在以数量和规模主导的粗放型经济增长方式，片面依靠生产要素的扩张投入，在以 GDP 作为当地政府主要的政绩考核指标体系下，政府为了提高经济增长速度，将建设投资重点放在第一、第二产业，对第三产业重视程度不够，造成了民营经济第三产业的发展相对缓慢。不注重民营经济第三产业发展的质量与效率，缺乏持续创新的意识，第三产业的发展长期处在价值链低端，科技创新成果缺乏，中高端产品服务缺乏，收入分配差距大，发展质量和效率不高。

7.2.2　投资"堵点"：投资于行业发展需求错配，金融梗阻仍存在

金融机构对民营经济放贷融资门槛高。我省的投资主要通过银行等金融机构发放，近两年来，受国家宏观调控、经济转型的影响，企业面临的经营环境更加复杂，金融机构在放贷时更加注重风险防范，相应提高了融资门槛，更倾向于给发展态势良好的国有企业，不愿意给规模较小、抗风险能力较弱的中小民营企业贷款，民营中小企业融资环境进一步变差。2018 年全省民营经济融资环境指数值不足 80，中小型企业对融资环境评价不高，小型企业评价最低，特别是对贷款抵押的评价。民营企业普遍具有资产规模小、经营风险大、资金需求量大等特征，随着规模进一步扩大，产业结构不断升级，自有资金无法满足企业发展的需要，只能通过银行信贷融资。因其缺乏完善的诚信体系和健全的财务制度，银行对民营企业的实际偿还能力难以评估，就会降低贷款授信额度，执行贷款利率上浮，压级压价评估抵押物资，导致民营企业融资成本更高，手续更加烦琐。

另外，民营经济利润率低、盈利空间小难以吸引民间资本投资。在贵州省目前的产业发展政策和投资环境下，具有丰厚利润回报的行业基本上都被国有企业垄断。允许民营资本进入的多数是充分竞争的微利行业，难以激发民间资本的投资热情。同时，在社会保障支出、税费成本、融资成本高等因素影响下，民营企业投资回报率更低。因此，民间资本投资大量流入第三产业中的金融和房地产领域，而对众多致力于研发高质量产品的创新型中小企业的积极性普遍不足。

7.2.3 政策"堵点"：最后一公里问题仍然存在

政府管理碎片化。民营经济的高质量发展不能再继续用单打独斗的老招式，需要跨行业、全链条式的高质量发展。而现行的法律法规、行业规范、管理政策都是以部门管理为主，没有统一协调管理的部门。在行业科学研究、成果转化和应用推广的各部门间存在机构重叠、职责交叉、权责脱节现象，部门协调不足，多头管理，管理碎片化，导致企业无所适从。特别是全省民营经济发展政策执行不同步，政策落地"最后一公里"问题仍然存在。受思维定式、地方利益、部门利益的影响，中央和贵州省支持民营经济发展的各项优惠政策在一些地方和部门没有得到很好的落实，全省9个市（州）和贵安新区民营经济发展环境都有改善，各地民营企业反映情况都比较好。贵阳市、毕节市和黔西南州居前三位，民营经济发展环境指数分别为85.83、85.00和84.81，排后三位的为六盘水市、贵安新区和黔东南州，指数值分别为81.36、81.01和80.28。排名最后的黔东南州比排名第一的贵阳市指数值低5.54，第一名与最后一名数值相差较大。从大型、中型、小型、微型企业和个体户五种类型市场主体对民营经济发展环境评价来看，呈现规模越大评价越高的特征。具体到一级指标中，大型企业对市场准入环境评价最高，指数值为89.58，个体户指数值为83.91，两者之间相差5.67。由此可以看出地方各级政府从政策配套程度到政策知晓度等方面都需进一步加强学习与宣传。

部分地方部门由于对政策理解不到位，在政策执行上存在偏差，例如对于环保、个人零售摊位等民生行业，上面一纸公文，下面就"一刀切"，停工停产，而非帮助企业或者摊位主整改或者技改，轻则导致企业无法正常营业，重则使企业或个体户主"猝死"。一些政策因为落地周期较长、政策宣传渠道较少等因素，导致民营企业无法及时、全面、专业地获得惠企政策，尤其一些中小微企业缺乏渠道、时间、精力去学习梳理系列政策，或者由于政府相应配套政策设施跟进不及时，使得一些优惠政策仍然落地难、兑现难，导致政府信用被透支，民营企业社会获得感不强，因此全省一盘棋的政策执行仍有待切实落实。

7.2.4 区域"堵点"：产业集群程度低，企业经营分散

贵州省对民营经济集群发展缺少全局观和协同观。现阶段以各地区各企业分散式的"单打独斗"为主，企业经营分散，集聚程度低，地区发展不均衡，在人财物等方面"分散式""区域照顾性"的制度安排，规模效应不显著，导致本就有限的资源不能有效集聚、形成合力重拳出击，很难实现区域经济集群式发展。当有效的资源不能有效集聚，持续增加的政策、资金投入"撒胡椒面"，真正的人才资源分散在各个企业机构，就无法产生领先全国乃至世界的技术和产品，形成不了具有核心竞争力的新兴行业，产业聚集效应得不到充分发挥。

7.2.5　企业发展"堵点"：品牌意识淡薄、现代企业管理缺乏

一是部分民营经济市场主体多固守原有发展理念，不主动了解国内外经济发展形势，缺乏可持续发展的理念，缺乏企业发展大局观和长远意识，绿色发展意识不强，以赌博的心态钻法律和政策的空子，短视行为和机会主义行为严重，市场开放和市场竞争的意识不强，没有把主要精力放在合法创新与修炼内功上，在做专做精做特做强上下的功夫不够，造成资源利用率低，企业寿命不长。

二是部分民营企业市场主体缺少自主创新品牌意识、品牌建设滞后、企业产品同质化严重。我省该产业类型市场主体大多数属于劳动密集型、资源密集型企业，此类企业产品层次低，对资源、能源依赖程度大，缺少自主品牌。其次管理者的发展理念落后，品牌意识淡薄，缺少品牌强企的坚持与自信，难以形成独立的品牌企业。

三是部分民营企业是由家族式创立成长起来的，企业管理中的家族观念较浓厚，产权集中单一，以血缘、亲缘关系为基础，外部人才很难进入企业核心岗位，企业传承依照世袭制。在这样的企业文化和管理模式下，家族成员之间的信任度高，企业凝聚力强，管理成本低，但是产权固化封闭，对市场化的创新人才吸引力低，小富即安的经济思想严重，这些都会影响企业的创新力和竞争力，企业很难实现高质量和可持续的发展。

7.2.6　人才"堵点"：企业人员流失率高，高素质、高技能人才短缺

贵州省民营经济单位主体，大多数体量小，属于中小型企业，存在产业结构低端、高新技术匮乏的现实，对人才吸引力不足；企业普遍反映人才短缺，人员流失严重。企业对于技术人才和管理人才吸引力不强，高素质人才的短缺，制约了企业高质量和持续性的发展与壮大。另外，政府和社会在制定和实施人才引进政策时，存在公有经济与非公有经济的差别化倾向，在兑现人才引进优惠政策时，民营企业引进的人才受限相对较多、关卡重重，导致民营企业人才成长、事业发展的环境欠优，无法吸引高素质人才引进来、留下来。

第8章

贵州民营经济发展对策与建议

改革开放 40 年来贵州省民营经济虽取得了巨大成绩，同时也面临诸多障碍，这些障碍既有政府的原因，也有民营企业自身的问题，既有历史的根源，又有现实的情况。因此，要想破除贵州民营经济发展困境，促进民营经济高质量健康持续发展，必须对症下药，针对贵州民营经济发展的本土特色和要素禀赋，构建适合贵州民营经济发展的动力系统，以理论为指导，从政府和企业两个方面努力化解贵州民营经济发展困境。

8.1 构建民营经济发展动力系统模型

前面章节已对四次经济普查期间贵州民营经济发展的现状、取得成就和现存困境进行了梳理和总结，为"十四五"贵州民营经济高质量发展提供了非常宝贵的经验借鉴。然而，"十四五"期间贵州民营经济的高质量发展仅靠经验是不够的，适当的理论借鉴才能更好地保障"十四五"期间贵州民营经济更好的发展。因此，本章节将针对贵州民营经济发展的本土特色和要素禀赋，拟借鉴系统论和耗散结构理论构建符合贵州民营经济发展的动力系统模型，为"十四五"贵州民营经济高质量发展提供理论支持。

8.1.1 贵州民营经济发展动力系统模型的理论借鉴

民营经济发展动力具有"系统"的特征，可视为一个系统。因此，本章节借助系统论和耗散结构理论,认为贵州民营经济发展的动力机制是影响贵州民营经济发展要素中各系统要素或子系统间的相互作用的有机统一体。

作为一个生命体,贵州民营经济也是一个开放系统,并满足耗散结构条件。贵州民营经济在其成长和发展过程中,依赖从外界获取物质、能量和信息维持生存,通过系统内部与外界发生联系完成交换,使其原有结构不断遭到破坏,引发系统内部"熵"值增加;与此同时,系统又不断地从外界接收物质、能量(土地、资本、劳动力等要素)而获得"负熵流",要素"涨落"降低了系统"总熵",促使贵州民营经济系统形成了稳定有序的结构。基于耗散结构理论,本书认为只有处于耗散结构的民营经济系统才是有发展潜力的经济结构。因而,从外界获取的物质能量的"负熵流",是贵州民营经济不断发展的动力来源,引起"巨涨落"导致系统突变的"负熵流"是贵州民营经济发展的关键所在,也是带动贵州民营经济发展的真正动力源泉。

8.1.2 贵州民营经济发展动力系统模型的构建

以经济学基础理论,利用系统理论、耗散结构理论,本书认为影响贵州民营经济发展的动力系统包括:(1)制度动力源系统;(2)政府外生推动力系统;(3)资源要素承载力系统;(4)创新驱动力系统。在每个系统模型内部,都存在推动贵州民营经济发展的"负熵流"。图 8-1 具体描述了贵州民营经济发展的动力系统模型。

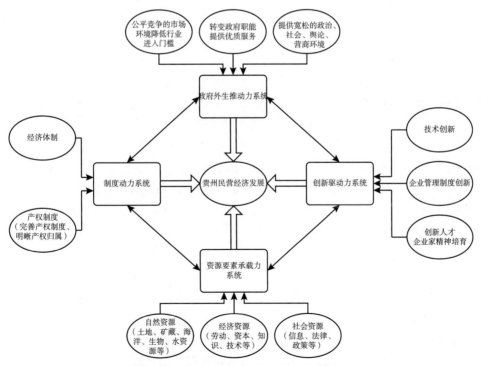

图 8-1 贵州民营经济发展动力系统模型

第一，制度源动力源系统。

作为非公经济的典型代表，和公有制经济比较，民营经济的发展历来都受到来自制度方面的制约。

（1）经济体制。相比以计划经济体制为基础的国有经济，民营经济依托市场经济体制，发挥市场对资源的基础配置作用，较好地发挥了市场主体的竞争活力。因此，通过价格调节、市场竞争不断完善市场经济体制，民营经济活力得到激活，并选择有比较优势和竞争优势的产业，从而实现资源的最优化配置，这个过程也是民营经济发展动力系统获得引起"巨涨落"的"负熵流"过程，这个"负熵流"赋予了民营经济较大的生命力和发展潜力。

（2）产权制度。产权制度具有激励、约束和资源配置三大功能。通过明晰的产权关系，产权制度将外部利益内在化，通过利益机制实现其对经济主体的激励作用，并对产权主体实现经济利益约束、法律约束和道德约束，推动资源向效率更高的地方流动，实现资源的最优配置。

民营经济的发展有赖于产权的激励功能、约束功能和资源配置功能的充分发挥。而产权明晰化是发挥这三大功能的前提条件。产权越明晰，产权保护程度越高，激励与约束作用越明显，产权主体动力越充足，由此带来的分工协作效率越高。通过产权排他性的确立，民营经济主体在利益的激励下从事经济活动，依据制定公平而有效率的交易规则，约束规范产权主体的交易行为，在进行交易时能够全面权衡其成本与收益、权利与义务，形成合理的预期，降低交易费用，从而提高资源配置效率。这个过程也是民营经济发展动力系统获得引起"巨涨落"的"负熵流"过程，这个"负熵流"大大提高了民营经济的生产效率。

第二，政府外生推动力系统。

制度源动力系统功能是否能有效发挥，还要取决于制度供给者——政府行为的制约。在我国公有制经济与非公有制经济共存的特殊经济体制下，难免涉及市场竞争性及市场准入秩序问题。受传统计划经济体制对国有经济的保护、对非国有经济负效应的防范，我国政府对公有企业常常给予资源错配和政策优惠，对民营经济设置较高的市场准入门槛等市场歧视政策，从而形成不公平竞争的市场环境而导致市场扭曲及效率低下损坏全社会福利。作为制度的供给者、发展主导者、监督管理者，我国政府在制度变迁中居于支配地位，其行为和意志必然决定了制度变迁的方向、深度和广度，进而成为影响民营经济发展的关键变量。

民营经济是我国经济转轨的产物，是伴随着我国公共政策及其行为方式的不断调整而推进的，这决定了我国政府对民营经济的认识、界定和作用是在实践中不断深入，不是一步到位。纵观历史，民营经济的发展历程，具有显著的政策路径依赖，与政府行为高度相关。因此，政府行为是贵州民营经济发展动力系统中的重要组成因素。

基于政府所处的地位和拥有的权力，政府将在贵州民营经济发展的过程中发挥着主导作用，这种主导作用不是违背市场经济规律发展的强制干预，而是充分运用市场机制的前提下解决体制障碍问题的支持引导，这也是政府外在推动力的集中体现。比如，为着力营造民营企业良好发展环境，贵州省政府分别于 2011 年、2014 年、2016 年、2018 年召开四次民营经济发展大会，出台了"1＋6"等政策文件，着力加大企业培育力度、资金扶持力度和权益保护，千方百计为中小企业创造良好环境、排忧解难，让"输血"与"造血"互通，助推民营企业挑起了带动全省经济社会发展的"大梁"。

因此，贵州省政府推动的外生动力系统功能可定位在以下几个方面：（1）提供公平竞争的市场环境，降低市场准入门槛；（2）转变政府职能，为贵州民营经济发展提供优质服务；（3）提供宽松的政治、社会、舆论和营商环境促进贵州民营经济发展。

第三，创新驱动力系统。

随着我国经济步入战略性转型时期，产业更加趋向资本、技术密集型发展趋势，消费更加趋向高层次、多元化发展趋势，传统的劳动、要素驱动型经济逐渐向资本、技术创新驱动方式转变。经济新常态下，贵州民营经济转型升级的关键是创新驱动，而技术创新、管理制度创新、创新人才及企业家精神培育等创新手段是贵州民营经济创新驱动系统的重要因素。

长期以来，贵州省民营企业由于研发经费投入不足、企业高级科技人员不足、流失严重、以企业为主体的创新体系尚未完全形成、国家相关优惠政策难以发挥应有作用、工业结构对工业技术创新的影响较大等原因，贵州民营企业工业技术基础较弱，缺少拥有自主知识产权的核心技术，不少行业存在产业技术空心化的危险。而通过提供新产品、生产方法，开辟新市场等技术创新，帮助贵州民营经济实现产品从低附加值向高附加值升级，从劳动密集型产品向资本密集型产品、知识密集型产品的升级，是推动贵州民营经济转型升级的必然趋势。因此，技术创新是贵州民营企业创新驱动系统的重要因素。

由于贵州经济发展整体较为落后，贵州民营企业家整体思想较为落后，管理多采用亲情化或友情化的管理模式，实行经验式管理。因此，整体上，贵州民营企业面临着缺乏制度化的科学管理、短期投资行为严重、集权化倾向严重和人力资源缺乏等问题。而通过转变企业内部管理制度，实现从家族式管理模式向现代企业管理制度模式转型，是提升贵州民营企业的生产力和生产效率的有效保障。而创新人才和企业家精神培育则是推动民营企业创新进程的人力资源保障。通过培育贵州民营企业家的管理素质、市场意识、契约意识、合规意识、社会责任意识等，为企业制定高瞻远瞩的目标和培育持之以恒的工匠精神，从而有效地遏制企业功利主义、短期机会主义的经营理念，有效地培育贵州民营企业长期经营的内在动力。

第四，资源要素承载力系统。

贵州民营经济生存发展需要基本资源要素作保障，这些要素具体包括：（1）自然资源（土地、矿藏、海洋、生物、水资源等）；（2）经济资源（劳动、资本、知识、技术等）；（3）社会资源（信息、法律、政策等）。这些要素在被使用过程中，不断释放出不同形态和不同能级的"负熵流"，从而形成不同能级的承载能力，保证贵州民营经济的持续快速增长。

依托贵州丰富的自然资源，贵州省长期以来采取以能源工业、重工业为主的粗放型经济增长方式，导致贵州民营经济初期发展也深受地区资源条件影响，依赖资源产业生产，产业处于初级生产阶段，片面强调 GDP 的增长，而忽视了生态环境问题。经过工业化发展后，贵州资源被过度开采和利用，很多赖以生存的主导资源产业也逐渐面临衰退的局面。因此，若贵州资源优势不复存在，贵州民营经济发展必然受到自然资源短缺的阻碍，土地、森林、矿藏等自然资源能够给贵州民营经济发展提供的"负熵流"的能级越来越低，对民营经济发展的承载能力也越来越弱，这些给贵州民营企业发展提出了严峻的挑战。

但值得一提的是贵州省国民经济体系经过改革开放 40 年来的发展，已经形成了在能源工业发展领域、现代物流领域、矿产资源开发领域、生物资源和特色农业发展领域、旅游资源开发领域、高新技术产业领域的"六大特色优势产业"，烟、酒、茶、多彩贵州旅游和中药材产业项目在内的"五张名片"，以及煤电磷、煤电铝、煤电钢、煤电化项目等"四个一体化"项目。这为贵州省民营经济的发展奠定了良好的产业基础，成为拉动贵州民营经济发展的动力之一。此外，贵州实施的"大数据"战略，"互联网＋"成为引领民营经济发展的又一大动力。民营企业无论生产模式、营销模式到管理模式上，每一个环节都将被嵌入互联网，"智能工厂"大幅度提高生产效率，节约成本，传统产业的营销模式被迫在互联网时代做出转型和升级，拉动整个民营经济转型升级。

随着经济转型步伐的不断深入，资本、知识、技术、文化等高端要素在贵州民营经济发展中提供了能级越来越大的"负熵流"，不断地推动贵州民营企业的转型升级。贵州民营经济逐渐摒弃原来依托物质资本投入的模式，而转变成以资本、技术资本投入为主的产业模式，对资金、技术的要求逐步提升。而现有资本制度无法为贵州民营经济发展提供有效的金融支持，导致融资难，制约贵州民营经济发展。因此，确立适用民营经济发展的金融制度，完善融资体系并拓宽融资渠道，进而形成推动贵州民营经济增长的金融制度优势，是贵州民营经济发展动力系统不可缺少的要素保障。另外，不断创新企业的人力资源制度，挖掘人的专业素质资本，开发人性化的人力资源管理方法，运用科学化的人力资源管理手段，也是推动贵州民营经济发展的持续动力。

8.2 政府层面

8.2.1 引领意识形态，消除社会认知歧视与偏见，营造"重商、亲商、敬商"氛围

意识形态对民营经济发展有巨大的作用，政府应引领全社会形成利于民营经济发展的正向意识。第一，加快转变经济发展理念。省政府应领导行业协会机构及民营企业不断学习"创新、协调、绿色、开放、共享"的全新发展理念，建立科学整体的思维方式，真正了解当前中国经济社会发展所面临的国内外经济形势和突出问题，学习领会新时代中国特

色社会主义的经济思想，深刻理解我国社会主要矛盾的转换以及经济由高速增长向高质量发展转换的迫切性和必然性。省政府应引导社会全面认识到民营经济发展的重大意义及其对推动经济高质量发展的重要价值，树立发展的长远观和大局意识，加快转变过去以数量和规模主导的粗放型经济增长方式，片面依靠生产要素的扩张投入，"唯 GDP 论英雄"的经济高速增长时期的落后理念，深切认同五大新发展理念，加快使"创新是经济发展第一动力"的理念深入人心。深入掌握五大发展理念之间的相互关系，结合自身发展的实际和优劣，持续创新，加快转变经济发展方式、转型升级、提质增效，贯彻落实新发展理念。第二，政府牵头对民营经济坚持"两个毫不动摇"，破除所有制问题上的思想禁锢。要促进各类所有制经济的公平准入和公平竞争，对各类所有制主体要公正执法和公平监管，消除行政性垄断，防止市场垄断，保护正当竞争。全社会警惕、纠正和抵制诸如"民企原罪论""国进民退说""新公私合营论""民营经济离场论"等一些怀疑、否定民营经济的言论以及"国退民进""不要国有企业，搞小国有企业""新计划经济""体制内""体制外"等针对公有制经济的言论，提高民营经济主体的素质和自信，正确认识各类所有制经济对经济高质量发展的积极作用和重要价值。纠正对于民营经济的长期歧视性偏见，正确认识民营经济是社会主义市场经济的内在要素，是国民经济不可或缺的必然的重要组成部分，不是社会主义公有制经济的拾遗补缺和权宜补充，也不是小散脏乱污差、素质低下、扰乱市场秩序的投机倒把等不良形象代表。消除对民营经济各种歧视与偏见的社会认知。

省政府应带领全社会倡导"亲商、利商、留商、暖商、敬商、懂商、悦商"的"重商"文化氛围。推动社会的价值导向由就业向创业转变，在全社会树立当企业家光荣、创业光荣的思想，鼓励人们在创业中追求物质财富，在奋斗中提升人生价值。要推进社会的心理定势由官本位向商本位转变。官员不是真正的财富创造者，创造财富的主体只能是企业，尤其是企业经营中重要的投入要素"企业家能力"。引导民营企业家走诚信发展、守法经营、依法办事的正道，不信奉潜规则、关系网；营造周到的服务环境，建立良好的政商关系。干部要经常深入企业讲政策、搞服务，共渡难关，建立起清新的、健康的政商关系，营造平等的市场环境。

8.2.2　建立健全与民营经济发展相适应的市场制度体系

推动贵州省民营经济持续健康发展，市场经济制度是最关键的因素。因为一个与生产力发展水平相适应的、完整有效的市场制度体系能够有效减少不确定性和外部性，强化企业激励机制，减少交易成本，提高经济效率，是民营经济发展的根本保障。

1. 建立健全现代产权制度。

归属清晰、权责明确、保护严格、流转顺畅的现代产权制度，是推动我省民营经济高质量发展的基石和根本保障。这就要求政府一是建立起归属清晰、权责明确的产权界定之地，明确界定产权体系中各项权利的归属主体及其与其他利益主体之间的责、权、利关系，能有效激励与约束经济主体的行为，降低交易成本，减少产权纠纷，提高经济效率。二是建立健全平等严格的产权保护制度。这就要求国有产权、集体产权和私有产权等各类所有制性质、物权、债权、知识产权、股权、自然资源等各种不同形式的财产权，在法律地位上一律平等，所有经济主体合法人身和财产权的安全性和持续性均不受侵犯，切实平等地受国家法律严格有力的保护。而现阶段贵州省的产权制度，对民营经济主体的非公有产权保护存在法律和事实上的不平等，产权保护制度整体上不严格，实施机制薄弱，已经严重影响贵州民营经济乃至国民经济社会的发展。三是建立流转顺畅的产权交易制度。这要求产权不受限制与约束地在不同经济主体之间自由流转，实现产权的流动性，提升变现能力，提高产权交易的效率，促进资源优化配置。流转顺畅的产权交易制度，包括产权供求双方以各种形式的产权为交易对象自由快速转让的一系列制度安排。

2. 建立健全公平宽松的市场竞争制度。

政府要坚持所有制中性和竞争中性原则，让各类市场主体均可依法平等准入、公平竞争、平等发展。市场准入的行业、领域、业务范围广、受限少，所有经济主体参与市场竞争的条件宽松统一，机会平等、规则平等。这就要求省政府一要专门立法，保障民营经济平等参与市场竞争，实施"非禁即入、非禁即准"，破解贵州省民营企业"准入难"问题，破除"弹簧门""玻璃门"，全面放宽民营企业进入的领域，将竞争性的行业和领域向民间资本全面开放。二要清理废除、修改妨碍市场公平竞争的制度安排。修改现行的《反垄断法》《矿产资源法》等法规中保护国有经济垄断地位，严格限制民营经济主体的条款和规定，破除行政性垄断，防止市场垄断，加强公平竞争审查制度，保护市场公平竞争；清理、修订违背所有制中性和竞争中性原则的一些法律制度和政策规定；加快制定与市场准入负面清单制度的相配套的法规制度和细则，进一步放宽民营经济的市场准入，降低民间资本准入与竞争的条件和门槛，平等对待所有内外资企业，取消民营经济进入一些垄断行业、基础设施和养老、医疗、教育公共事业等高利润领域的附加条件、不公平的技术或资质壁垒，扩大民间投资的空间，民营经济在可准入的领域真正实现权利平等、机会平等和规则平等。让贵州省民营经济主体可以依法平等进入"负面清单"之外的任何领域，可以独资、参股、控股等多种方式进入垄断行业，可以参与国有企业的改革等，必须真正向民营资本开放法律法规未禁止进入的工业行业和领域，鼓励民营资本通过兼并重组等方式加快进入垄断行业的竞争性业务领域；必须鼓励民营企业进入各个产业的高端，形成以民营经济为核心的产业体系或价值链，培育能在国际、国内市场竞争中取胜的强势民营企业。从横向对比来看，贵州的优势资源行业、垄断行业对民营经济的开放度和民营经济主体的参与程度明显低于其他地区，例如黄金产业，内蒙古的赤峰吉隆黄金矿业股份有限公司很早就是内蒙古从事黄金开采加工的上市公司，而与此相比，贵州很多优势资源，如在煤、磷、铝、水电、黄金等领域，鲜有民营上市公司。

3. 进一步完善市场机制配置制度。

省政府要进一步建立健全社会主义市场经济体制和制度，充分发挥市场在生产要素配置中的决定性作用，以要素市场上要素的供求为基础决定要素价格，通过价格劳动、资本、土地、企业家才能等要素的配置，实现要素自由流动，优化要素配置效率，提高全要素生产率，是推动经济高质量发展的重要抓手，也是现阶段完善我国社会主义市场经济体制改革的重点。这要求省委省政府一是要大幅度减少对要素市场的直接配置与干预，促进民营企业平等获取使用要素。大幅度减少政府在民营企业生产经营中对土地、劳动力、资本等要素的获取和使用的干预，尤其是国有经济的垄断行为，改变过去民营经济获取要素渠道有限甚至只能捡漏拾遗的局面。要分清政府、市场与社会的边界，探索和创新符合价值规律的新机制，减少政府对微观经济活动的直接干预。市场能办的就放给市场，社会可以做好的就交给社会。政府应通过加强各要素市场的相关法治建设和制度创新，消除行政性垄断，防止市场垄断，取消财政补贴、行政分配、特别定制条件或内定等变相干预要素资源分配、妨碍公平竞争的各项规定与行为做法，通过各类主体公平市场竞争配置要素资源。二是要健全要素资源市场价格的形成机制和调节机制，提高配置的市场化程度。政府应加快推进土地、房地产、石油、天然气、电力、资金等要素资源价格的市场化改革，逐步取消政府对要素资源的分配权和定价权，提高价格形成和价格调节的透明度和灵活性，由要素资源的市场供求关系与稀缺程度决定价格水平的变化，矫正要素市场和价格扭曲，降低市场主体非生产性寻租活动的动机，减少由寻租带来的效率损失力和资源浪费，缓解要素资源约束压力，将更多精力与资源投入创新活动和创新成果转化中，优化要素资源配置效率，提高供给侧质量，推动民营经济转型升级。三是要加快要素市场改革，推动要素资源自由流动。省委省政府因要在制度层面保障要素流动渠道畅通，让要素能在不同产业、企业、区域、行业及部门间自由流动，顺畅地进入和退出，按照市场经济原则，让要素从效率低下的产业和部门退出，流入效率高的产业和部门。提高资源配置效率，增强民营经济发展后劲，提高供给体系发展质量。四是要引领要素市场增加新的高级要素资源的供给，切实推动贵州省民营经济动力变革。在传统生产要素特别是劳动力短缺，导致在要素价格不断提升的条件下，贵州省民营经济势必降低对传统要素和资源的依赖，转向更有比较优势的高质量人力资本、科技成果、技术、信息、管理、大数据等全新要素。贵州省委省政府应牵头建立健全新要素市场，突破传统要素的制约，促进民营经济发展由旧动能向新动能转换，切实推动民营经济健康持续发展。

4. 完善市场创新激励制度。

现阶段，贵州省传统经济要素资源及环境对民营经济的束缚越来越严重，创新是推动民营经济发展的关键和核心，是发展的第一动力。如前所述，贵州省民营经济在创新方面虽取得了巨大成就，但与高质量发展要求及发达地区还有一定的差距。因此，省政府应牵头建立起完善的创新激励制度。一是明确贵州省民营经济的高端产业、前沿创新领域和战略性新兴产业，如贵州省的大数据产业，以及围绕大数据的新材料、软件业、电子元器件和装备制造业等高科技产业。制定中高端、高端的质量产品服务及创新标注，完善统一的高质量标准制度体系。二是建立健全对颠覆性的、原始性的技术创新和关键核心技术的产权保护制度，大幅度提升侵权的违法成本，建立起创新知识产权惩罚性赔偿机制。三是加强各类型创新平台的建立，加大对创新研发与创新成果转化的财政支持。省政府应搭建起以科技资源密集的自主创新示范区和高新技术开发区为主的创新基础设施和服务平台。为各类所有制经济的自主创新研发活动，实行平等、适度的财政补贴与税收优惠政策以及财政贴息贷款。降低专利权等知识产权的年费负担，减少维护知识产权的制度性成本，减免中小企业的发明专利维护费等费用。四是加大对创新人才的激励制度，如减免个人知识产权转让或许可收入、科研与技术成果奖金和津贴的所得税；对科技研发和技术人员的股票期权等所得长期实行税收减免激励制度；对民营技术创新主体提高研发费用税前扣除比例；制定技术人才落户、科研基金、高薪待遇等激励制度，引进并留住高层次创新人才。

8.2.3 改善民营企业融资环境，建立科学的融资服务体系

融资贵、融资难已经成为制约贵州省民营经济发展的瓶颈，省委省政府应高度重视，改善民营企业外部融资环境，建立起符合贵州省省情的民营企业融资服务体系，分层次为民营经济提供融资服务。

1. 建立多层次的的金融组织机构。

目前，贵州省民营企业外源性融资渠道狭窄，融资工具单一，造成这种现象的原因是多方面的：一是处于垄断地位的五大国有商业银行出于体制上的原因，出于风险与贷款成本的考虑把有限的贷款向国有大中型企业倾斜，对短期性流动资金需求较多的民营企业贷款设置比较高的门槛，限制了民营企业的融资渠道。二是我国缺乏一个适合民营中小企业融资的中小金融机构体系。三是金融市场提供的金融工具有限，金融产品单一，抵押和担保贷款是民营企业获得银行贷款的主要方式。所以，建立多层次的金融组织机构是解决贵州省民营企业融资困境的根本途径。这要求政府一是建立专门针对中小企业的信贷机构。从大中型银行分支机构中选择一些资产状况较好、经营较为规范、信用环境较好的分支行，通过引入战略投资者等方式进行股权改造，实现产权多元化，改组成为具有独立法人资格的银行。专营机构独立后，代理链条缩短，贷款决策权下移，这样更有利于开展关系型信贷，对中小民营企业融资起重要支持作用。二是大力发展民营中小银行。政府应鼓励民间资本进入金融业，通过新建或重组形式，成立各种形式的中小银行。民营的中小金融机构应实行股份制或互助合作制的组织形式，建立完善的治理结构和组织体系。三是加快对地方中小银行的改造。地方性城市商业银行、城市和农村合作金融组织与当地中小企业有密切的关系，能有效解决信息不对称问题，在条件具备的情况下，要加快进行产权和市场化改革，使其发展为独立的民营中小银行。四是形成合理的利率定价机制。中小企业信贷风险大、专业性强的特点，决定了中小企业贷款利率应覆盖信贷成本并获得相应的风险溢价。因此，专业从事中小企业贷款的金融业务应当拥有一定的定价自主权，在利率政策允许的范围内，根据授信企业不同情况实行差别利率定价。

2. 引导商业银行支持民营企业融资。

政府应完善支持民营企业融资的信贷管理制度。一是在统一民营企业标准的基础上，规定商业银行年度支持民营企业信贷投入的保底目标和争取目标，并加强考核。二是增加民营企业信贷风险补偿基金覆盖面，用于补偿银行为民营企业提供贷款时产生的部分坏账。敦促商业银行建立健全为民营企业提供融资服务的机制。首先，规定用于民营企业的授信额度和标准，设定合理的民营企业不良贷款风险容忍度，对中小企业贷款业务进行独立核算。其次，简化民营企业贷款业务的审批程序，减少贷款审批层级，条件许可的基层银行尝试采用"淡马锡贷款"模式。再次，明确对民营企业授信专业审批人和客户经理免

除终身问责的条款，建立调动信贷人员开拓优质民营企业贷款业务的激励机制。最后，增加应收货款、仓库保全等动产质押贷款，发展无形资产质押贷款。

3. 支持担保机构和担保体系建设。

当前要做好以下几方面的工作：一是各级财政要通过税收减免、无偿资助、资本金注入、风险补偿等方式，增加对政策性担保机构的扶持力度。二是支持担保企业做大。"管住下限、放开上限"，适当提高新建担保机构的准入门槛，对亿元以上担保机构增资的审批制改为备案制。三是完善中小企业信用再担保制度。设立再担保基金，筹建规模大、公信力高、管理水平高的再担保公司，充分发挥再担保机构的政策导向、增信、分险和连接功能。四是按照"中央、地方财政出资和企业联合组建"原则，形成政府主导、社会参与、利益共享、风险共担。

4. 对金融产品进行创新。

目前，抵押和担保贷款是贵州省民营企业获得银行贷款的主要方式，而且商业银行在发放抵押贷款时偏好不动产抵押，发放担保贷款时要求百分之百担保。单一的贷款种类和严格的抵押、担保条件使得民营企业很难从银行得到资金。因此，我国也应当加大金融工具的创新力度，实现金融产品的多样化和功能化，全方位满足民营企业的资金需求。

5. 建立多层次的资本市场。

企业上市门槛高和资本市场缺乏层次是贵州省中小民营企业直接融资难的主要原因，因而从以下两个方面入手建立多层次的资本市场能有效缓解中小民营企业直接融资难的压力。一是建立"创业板"市场。发达的资本市场应该是能满足不同融资者需求的多层次的金融市场，我国的股票主板市场进入门槛高，主要为大型企业提供融资，中小企业很难进入。所以，可以设立上市条件较低，专门为科技型中小企业融资的"创业板"市场，为规避风险，可以先推出中小企业板，逐渐向创业板过渡。二是大力发展企业债券市场。应积极培育和发展企业债券市场，理顺企业债券发行审核体制，我国企业债券市场基本上被大企业垄断，应逐步放松规模限制，扩大发行额度。要完善债券担保和信用评级制度，积极支持经营效益好、偿还能力强的中小企业通过发行企业债券进行融资。此外还可适当放开债券利率、丰富债券品种，让企业以其可承受的利率获得生产发展所需的资金。

6. 规范发展民间借贷。

实践表明，贵州省体制外的民间金融在民营企业间接融资中有不可忽视的缓解作用，但是，当前贵州省民间借贷没有合法地位，发展很不规范，潜在的风险很大，为中小民营企业提供融资的能力受到极大限制。因此，省政府应该：第一，制定完善相关法律法规，规范民间金融市场，简化民间金融组织审核登记程序，促进民间金融走上阳光化、正规化发展的道路。对具备一定注册资金和自有资本的民间金融，在监管当局批准的情况下，积极转化为合法的民间金融形式，在法律和制度层面给予其财产和经营活动合法保障。对存在半合法半不合法的灰色金融形式，要引导其走上合法化、正规化发展的道路；对扰乱金融秩序的不合法金融形式，例如高利贷、抬会、非法集资、地下钱庄等灰色甚至黑色金融，要严厉打击，严加惩处。第二，尽快使民间金融机构企业化、公司化，符合产权明晰、管理完善的现代金融管理制度要求。进一步理顺民间金融机构内部的各种权责利的关系，规范民间金融的财务制度、组织形式，明确标准，规范手续，严控风险。第三，引导民间金融合理合法发展，对合法的民间金融形式，如正常经营性质的民间金融集资行为，可在集资成员自愿的基础上将集资资金转化为股本金，将职工转变为股东。鼓励民间借贷双方通过律师或公证部门进行公证。

8.2.4　降低民企税收增长速度，涵养民企税源基础

贵州民营经济一方面已成为纳税的主体，另一方面，民营企业运营成本高，税务负担重也是一个不争的事实。因此，政府应释放民营经济活力，首先就要从供给方面出发，在财税上想办法，减轻企业压力。一是适当调低民企税收预算计划。二是让企业充分享受税收优惠，尤其是国家规定的对金融和高科技企业的税收减免，应免则免、应减则减；加大对小微企业的财政补贴力度。三是坚决杜绝"过头税"现象，无论是时间上的过头，还是幅度上的过头均应坚决制止，避免出现地方政府给企业下达了税收任务，企业由于经营效益下滑，未能完成税收任务，政府就克扣中央各部门给企业的各类奖补资金作为惩罚的现象；避免税务部门为完成任务，要求企业将未分配利润转为资本公积的部分，缴纳20%的个人所得税，违法增加企业负担高达数百万元的现象。四是研究出台税收地方留成部分向小微企业、科技型企业返还奖励的政策，甚至可以成立专项基金专门扶持高科技和小微企业滚动发展。

8.2.5　优化民营经济产业结构，以新兴产业和特色产业为重点，加速民营经济转型升级

以市场化为先导，以"专精特优"为原则扶持一批民营中小企业加快其发展，尤其是要专门扶持一批具有地方特色和资源优势的资源深加工项目。稳定发展传统优势行业，培育潜力行业，为"十四五"打下良好基础。积极发展金融业，重点支持小型金融服务特色支行和专营机构建设，如村镇银行、小微企业金融服务中心、社区银行、科技银行等，加大金融对科技创新企业和小微企业的推动和支持力度。继续发挥民营经济在公共服务中的作用。发挥民营经济在职业教育、学前教育和高等教育中的作用，鼓励民办职业教育采用订单方式培养企业用得上、急需的技能型人才。同时，要发挥民营经济在医疗、卫生、保健等行业中的作用，不断为社会提供更到位的社会服务与供给。鼓励民营企业参与基础设施建设。民营经济局要联合政府相关部门出台相应的参与细则，明确政府与民营企业的责权利关系，坚守政府信用，让民营企业对参与PPP项目建设有稳定的心理预期，鼓励民营企业参与基础设施建设项目。引导民营经济助推高科技行业发展。围绕大数据产业，逐步引导培育新材料、软件业、电子元器件和装备制造业等高科技产业，使其成为民营经济重点突破的领域。

以园区为载体促进民营经济转型发展。全省绝大多数白酒企业、医药企业、茶叶企业、食品企业、旅游商品企业是民营企业。以特色轻工产业为主要载体，强化重点民营特

色园区建设，以产业链为纽带，促进关联企业向园区集聚，完善产业链协作配套体系。以重点企业、重点项目为带动，形成产业集群。重点企业、重点项目成为贵州民营经济的重要支柱，它们成为贵州后发赶超的生力军。当前，既要加快重点企业重点项目的成长步伐，要着手引导中小企业围绕大企业、大项目关联集聚，提高产业集中度，形成大企业引领、中小企业协作共生的产业态势。

8.3　企业层面

8.3.1　民营企业应建立健全的现代企业制度

贵州省民营企业特别是中小民营企业作为一种独特的企业组织形式，是传统伦理道德规范和现代经济制度的混合物，属于传统制度的范畴，大多数不是现代意义的企业制度，因而没有一套健全的、适合市场经济竞争、具体的法律和规章制度。企业本身现行的制度缺陷表现在产权制度上界定不清、经营制度上缺乏有效的公司治理结构，所有者亲自参与经营决策，企业委托—代理关系私人色彩强烈，管理制度上家族化管理普遍。缺乏一套系统的现代企业制度作保障，使得中小民营企业在发展和融资过程中困难重重。所以，鉴于我省实际情况，部分有条件和能力的中小民营企业由传统企业制度向现代企业制度转变是制度创新的基础。第一，中小民营企业进行股份制改革，改变家族式企业组织形式，建立股份有限公司，实现所有权与经营权的分离。第二，由董事会聘请职业经理行使企业的财产经营权，实行全面的委托代理制，由一批高薪的中高级管理阶层实施公司的管理。第三，建立公正、透明、明晰、负责的企业法人治理结构，即要确保投资者利益公平，不偏袒家族股东及时披露有关财务状况的信息，并增大软信息的提供量，培育竞争优势企业。必须设置不同的责任层，分离设置不同的企业治理层次，并赋予不同治理层次相应的经济责任，企业管理人员职责明确、产权明晰、权责平衡，要确保企业的治理结构与法规和社会价值相一致，为企业整体利益而并非家族利益服务。

8.3.2　民营企业应塑造优秀企业文化，建立企业文化认同

现阶段，贵州省民营企业特别是中小民营企业文化建设尚处于初级阶段，部分企业处于文字口号阶段，小部分甚至还没有提上议程。事实上，文化对企业发展的重要性不言而喻。因此，民营企业应特别首先重视诚信文化建设，坚持道德教化与信用管理相合，把诚信教育纳入员工素质培养的范围，大力开展以诚信为重点的职业道德教育；要在企业内部建立科学的管理制度，依靠制度规范员工诚信行为；要提高企业经营管理人员的信用意识和人格信誉，发挥其在诚信建设中的带头、示范和引导作用。其次，重视人本文化建设。

民营企业在企业文化重塑中应该充分重视企业员工，实施人性化管理，把尊重人、关心人、理解人、培养人，全方位地提高企业员工的整体素质作为企业文化建设的主要内容。再次，重视学习型组织建设，民营企业应根据自身发展现状、企业文化和经营特点，把学习型组织建设与企业的日常管理结合起来，与企业的文化建设和创新结合起来，形成不断学习的理念，养成终身学习的习惯。使员工边工作边学习，边学习边了解，及时掌握新知识、新理念，在实践中学，让他们成为组织变革和再造的基本动力和载体。最后，民营企业还应通过文化培训和强化机制建立企业文化认同。民营企业应对新员工进行文化培训，让新员工认知、认同企业文化；要对老员工进行价值观强化，通过各种文化活动及企业日常管理经营不断强化企业文化；要通过企业党团组织在思想教育中发挥的巨大作用倡导推行企业文化，最终要让企业的优秀文化深入每一位员工心灵深处，外化为员工的行为准则。

8.3.3　民营企业应努力塑造本地企业家及企业家精神

企业家本人与企业家精神是与劳动力、资本和土地相并列的重要生产要素之一，是驱动经济社会发展的内生性因素，是民营经济实现高质量发展的重要生产要素和推动力。一方面需要政府的保护和大力弘扬优秀企业家精神，更重要的另一方面是需要民营企业自身培育企业家及企业家精神。第一，贵州省民营企业可以建立内部创新竞争机制，从鼓励创新的角度建立完善的公司制度，包括评价体系和晋升制度，鼓励更多的企业内部管理人才通过努力不断提升自我，培育企业家创新精神，这种精神是创新的逻辑起点，提高企业效益，提升消费者价值。第二，贵州省民营企业可以通过建立现代企业制度，完善公司治理结构，设计股权结构，对企业家个人股权集中控制在合理范围，充分发挥董事会对企业家的监督和约束机制的作用，培育企业家的契约精神，这是商业文明社会的主流精神，其本质是一种自由、平等、守信的理念。第三，贵州民营企业可以通过优秀企业文化塑造企业家良好的职业操守。企业家是企业价值观形成过程中最重要的推动者，企业家的个人行为在企业中具有十分重要的标杆和表率作用。美国管理学家菲利普斯指出："灌输价值观的成功不决定于领导人是否有超凡的想象能力。相反，这种成功却需要领导人亲自实践他自己努力树立的价值观，一丝不苟地、踏踏实实地、坚持不懈地去实现它，同时还需要以异常坚韧不拔的精神，不断完善这种价值观。"

8.3.4　民营企业应坚持自主创新，不断提升核心竞争力

创新是民营企业发展进步的灵魂，是引领发展的第一动力，是建设现代化经济体系的战略支撑，是民营企业核心竞争力提升的最重要的方式，是民营经济发展的持续动力。企业创新能力的培育一方面需要政府搭建利于创新的土壤与平台，另一更重要的方面是创新的主体——民营企业本身要加强自主创新。坚持自主创新，不断提高企业自主创新能力是一个系统工程，这要求贵州省广大民营企业：

首先，解放思想，创新观念，统一认识，尤其是企业管理人员的思想解放，观念转变。没有观念的创新，就没有企业的自主创新，就不可能在激烈的市场竞争中求得生存和发展。民营企业管理者是企业发展的领航者，一定要增强发展的紧迫感和责任感，坚决摒弃无所作为、甘于平庸的思想，保持勇于开拓、不甘落后的精神风貌；要增强发展的机遇意识，克服等、靠、要的心态，大胆创新，敢作敢为，敢于突破；要勇于面对现实，善于克服困难，始终保持昂扬向上的斗志、知难而上的勇气和争创一流的志气，努力开创工作的新局面；要勤奋敬业，真抓实干，使思想解放一定要落实到行动上；要立足岗位，不断创新工作方式方法，勤奋敬业，真抓实干；要善于抓住主要矛盾，狠抓管理，形成高效严格的管理机制，以一流的工作业绩促进企业自主创新能力的建设和提高。

其次，民营企业面对经济新常态，必须坚持自主创新、重点跨越、支撑发展、引领未来的方针，大力加强以企业为主体的自主创新能力建设，以科技创新为核心，全方位推进以企业机制创新、营销创新、管理创新、文化创新为基础的全面创新，以改革释放企业创新活力，实现提质增效升级，为企业健康可持续发展提供新动力。这就需要民营企业应在组织结构、制度上为创新搭建平台。民营企业应建立起自己的创新中心，建立健全企业创新制度，建立起企业自主创新体系，营造人才干事创新环境，完善人才激励创新机制与上升通道，携手高校联合和人才培养，实现产学研互助互联。

最后，民营企业还必须注重科研成果转化，将科技优势转化为市场竞争力，形成新产品、发展新业务、开拓新市场的重要支撑。

8.4 推动贵州民营企业绿色发展的建议——构建绿色创新生态系统

长期以来，贵州省民营工业化发展主要依托资源和生产要素禀赋，通过发挥低成本劳动力获得竞争优势，在产业分工中处于价值链低端。这种传统的粗放型工业化发展道路未能契合现代新型工业化发展需求，即通过创新和技术进步推动产业链提升和价值链升级，也未能解决好"经济、资源和环境协调发展"的大生态战略发展需求。党的十九届五中全会指出，我国经济社会仍将坚定不移贯彻"创新驱动"战略推动高质量发展。全会还提出要加快推动绿色低碳发展，持续改善环境质量，提升生态系统质量和稳定性，全面提高资源利用效率。创新和绿色的结合契合现代新型工业化和大生态战略发展理念。但由于绿色创新的高技术、高成本、高风险和长周期的特点，民营企业往往难以单独完成，需要与政府、科研机构、中介服务机构、供应商、用户等创新主体进行紧密互动合作。可见，构建良好的绿色创新生态系统是贵州民营工业企业实现绿色创新的重要保障，也是推动贵州省"十四五"时期经济社会高质量发展的重要引擎。

与一般创新生态系统不同，绿色创新生态系统强调将绿色发展思想融入创新生态系统，契合现代工业化进程中面临的环境压力和转型升级需求，具有鲜明的时代特征。绿色创新与一般创新存在显著差异，一般意义上的创新着眼点是企业经济效益，而绿色创新力图将经济效益、社会效益和环境效益相结合，满足企业发展中的"三重底线"需求。绿色创新生态系统的产生有其独特征，有利于生态系统中各主体间形成紧密结合，发挥协调效应。因此，绿色创新生态系统是一个以提升绿色创新能力、促进绿色创新涌现为目标，创新主体之间及其与创新环境之间通过创新要素流动联结而形成的共生竞合、动态演化的复杂系统。为最大程度激活贵州省绿色创新生态系统，实现贵州省绿色创新生态系统的超循环，需从构建内、外双生态系统着力。

8.4.1　构建绿色创新内部生态系统

贵州省民营工业企业在构建绿色创新内部生态系统时，应首先强化企业绿色创新的主体地位，构建绿色创新内生动力。由于绿色创新具有环境和技术的双重外部性，民营工业企业一般没有主动实施绿色创新的动力，而环境规制、政策支持和利益相关者压力等则是民营工业企业实施绿色创新的主要外部推动力。虽然，精心制定的环境规制能触发民营工业企业绿色行为选择，但政府与企业间易出现"规制俘获"，导致民营工业企业产生寻租行为，缺乏绿色创新动力。只有破除来自制度、市场、观念、技术和组织的合力障碍，民营工业企业才能真正实现绿色创新。在绿色发展的时代背景下，贵州省民营工业企业应逐渐将知识，尤其是绿色环保知识、社会责任意识转化为企业价值，并通过整合企业自身资源、能力形成绿色创新内生动力，推动内部绿色创新生态系统的生成。具体，可从绿色人力资本和绿色组织结构两方面着力。

第一，培育企业绿色人力资本。绿色人力资本是企业员工具有的绿色知识和实践社会责任的能力，它能够将企业社会责任转化成企业价值，是企业进行绿色创新的保障性资源，是企业绿色创新能力的关键要素。贵州民营工业企业可通过教育培训提升员工的绿色知识、绿色技能、绿色创新能力和在环境管理方面的经验，形成企业的绿色人力资本。

第二，构建绿色组织结构。绿色组织结构是企业绿色管理的具体化、权力化的组织结构，它能够把企业可持续发展战略转化为结构性资产，是企业创造价值、保护环境和贡献社会的基础，贵州民营工业企业可通过建立绿色信息技术系统、绿色管理机制、绿色管理哲学、绿色组织文化等内部运作流程构建绿色组织结构。

8.4.2　构建绿色创新外部生态系统

在构建绿色创新外部生态系统时，贵州省民营工业企业应从绿色创新关系网络和绿色创新生态环境两方面着力。

第一，构建绿色创新关系网络。贵州民营工业企业的绿色创新不是独立行为，它是一个涵盖核心企业、供应链上下游企业、合作伙伴、竞争对手、高校、科研院所、政府、用户、中介服务机构等的绿色关系网络的互动关系，它还包括企业形象、企业声誉和绿色产品的公众认知度等，这种关系网络所衍生出的价值是难以被竞争对手模仿和复制的。

核心企业与供应链上下游企业、科研院所、高校、用户等利益相关者之间通过绿色知识流动、人才交流、信息交互形成共生竞合的绿色创新联结关系，参与绿色技术研发与应用、绿色产品生产与销售的全过程，推动绿色创新；供应链上下游企业、合作企业、以竞争对手为核心的企业提供原材料、互补性资源以及竞争压力与绿色创新源动力，嵌入核心企业绿色创新网络，推动企业绿色创新的持续性；高校和科研院所为绿色创新生态系统提供科技创新人才，是第一生产力和第一资源的重要结合点，是基础研究和高技术领域原始创新的主力军之一，其所凝聚的科技创新平台是凝聚绿色创新要素、提高绿色自主创新能力的重要基地；政府通过实施环境税或制定排污标准等环境规制，强迫企业进行绿色技术创新，或通过绿色补贴、绿色采购等奖励机制激励企业绿色转型，政府是企业绿色创新的关键推动者；用户是衡量绿色创新产品成效的终端消费者，反映了市场需求，为企业提供绿色创新原始创意和产品使用的反馈，是绿色创新生态系统内绿色创新的不竭动力；中介服务机构通过提供资金、信息等资源，联结各创新主体，促进资源在各创新主体之间的流动和高效配置，推动绿色创新，是绿色创新的重要辅助主体。绿色技术创新活动初期投入成本巨大，经济效益产生周期长，这些原因导致绿色技术企业难以从银行等渠道获得融资，金融服务机构可通过绿色债券、绿色信贷、绿色保险等方式为企业提供发展所需的资金，为绿色产业发展发挥资金支持。

第二，构建绿色创新生态环境。绿色创新生态环境主要包括自然环境、市场环境、政策环境、科技环境及经济环境。贵州省大生态战略对自然环境的要求促使贵州民营工业企业走绿色创新道路，由此对绿色创新生态系统内的各创新主体提出了更高要求；消费者日益增加的环保意识以及竞争对手在绿色产品的创新形成了绿色创新生态系统的市场环境，二者共同影响企业推行绿色创新；政府制定的环境规制和补贴政策形成的政策环境，在一定程度上督促或激励企业绿色创新，是绿色创新生态系统环境的重要组成要素；科技发展水平决定企业创新能力，地区科技发展环境决定地区科技创新能力，因此，科技环境是绿色创新生态环境系统中的催化剂；地区经济发展水平形成的经济环境从宏观层面为绿色创新提供有力的经济支持，有效弥补了绿色创新高成本、高风险和长周期的短板。

总之，在"创新驱动"和"绿色发展"为主题的时代发展背景下，以强化贵州民营工业企业绿色创新主体地位，构建绿色创新内生动力的内部生态系统为主体，内、外双生态系统相互促进的绿色创新生态系统是贵州省民营工业企业实现绿色创新的必然选择，也是推动贵州省新型工业化和大生态战略的有效保障。在绿色创新的生态系统中，绿色人力资本、绿色组织结构是贵州民营工业企业绿色创新的内生动力，推动其内部绿色创新生态系统的形成，决定贵州民营工业企业绿色创新能力。各绿色创新主体之间形成的绿色关系网络和由自然环境、市场环境、政策环境、科技环境及经济环境所构成的绿色创新生态环境之间的相互作用，催生共生竞合、动态演化的超循环体系，进一步加强绿色创新主体相互作用，推动绿色创新生态系统生成。

第9章

贵州民营经济未来发展展望

自 2011 年以来，贵州经济增速连续 7 年位居中国前三位，全省综合经济实力明显增强，发展的势头越来越好，后劲越来越足。虽然目前贵州省民营经济占比低于全国平均水平近 7 个百分点，和其他发达地区相比仍然有很大差距，但民营经济发展潜力巨大，充满机遇、大有可为。贵州省民营经济从小到大、由弱到强逐步发展，已经成为贵州经济的重要支撑、吸纳就业的重要渠道，创新创业的重要阵地，是推动贵州社会发展不可或缺的力量，也是新时代贵州实现后发赶超、后来居上的坚实基础，为全省与全国同步全面建成小康社会提供了重要支撑和保障。

习近平总书记在贵州考察调研之际对贵州发展寄予了厚望。希望在中国特色社会主义新时代下，贵州大力培育和弘扬团结奋进、拼搏创新、苦干实干、后发赶超的精神，守好发展和生态两条底线，创新发展思路，发挥后发优势，决胜同步小康，续写新时代贵州发展新篇章，开创百姓富、生态美的多彩贵州新未来。贵州的美好未来离不开社会各个方面的发展，民营经济发展未来可期。

9.1 思想观念进一步解放，创新创造活力进一步激发

首先，我省民营经济改革的主要特征是由紧到宽、自下而上、从被限制到被承认，到围绕民营经济的性质制定政策，可以看出民营经济发展不断得到重视，要"毫不动摇鼓

励、支持、引导非公有制经济发展""我国民营经济只能壮大、不能弱化，不仅不能'离场'，而且要走向更加广阔的舞台"等论述就是最好的证明。但在现实工作中，一些地区和部门对民营经济发展的支持和重视还存在落实缓慢、全省不同步的情况。因此政府相关部门、行业机构组织还需深入学习新时代中国特色社会主义的经济思想，深刻理解我国社会主要矛盾的转换、经济由高速增长向高质量发展转换，在国内国际双循环发展的大背景下，民营经济中各产业发展的迫切性和必要性。通过开展企业研讨、企业家交流、媒体宣传报道等方式，深入思考当地经济高质量发展的动力来源、前进路径、最终目的等，让各类经济主体全面认识到民营经济可持续发展的重大意义、重要价值。

其次，政府转变以数量和规模为主导的粗放型经济增长方式，以 GDP 为主要考核目标的落后理念。深入学习"创新、协调、绿色、开放、共享"五大新发展理念，结合自身发展的实际持续创新，加快转变经济发展方式、转型升级、提质增效，贯彻落实新发展理念。破除所有制问题上的思想枷锁，促进民营经济各产业在市场中的公平准入与公平竞争，给予各企业主体公平监管，消除隐形行政垄断，市场垄断，保护公平公正的市场竞争。

再次，民营企业充分发挥机制灵活、贴近市场的优势，迅速抓住疫情中快速崛起的新模式、新产业、新消费带来的新机遇，把握数字化、网络化、智能化发展趋势，加强线上管理和业务创新拓展，盘活线下基础存量，转向以知识和技术为主要竞争力的发展路径，注重科技创新和品牌创造，最大限度将企业经营战略与国家战略部署和制度优势紧密对接起来，积极推进改革创新、转型升级，不断发掘创新源泉、迸发创造活力。

最后，民营经济主体不断拓宽国际视野，坚持提升开放水平，用好国内国外两种资源、两个市场，不仅要促进经营管理水平从中低端迈上中高端甚至全球领先端，还要强化全球资源配置能力，努力迈向产业价值链中高端。

9.2 政策切实落地，营商环境持续优化

第一，未来民营经济"常态化""规范化""市场化"的发展态势更加需要政府提供持续优化的营商环境为其发展，因此相应的惠企政策需要高质量的切实落实才能见效。政府要进一步加强政策传导，破解信息不对称困境。切实加强惠企政策宣传落实，组织企业人员开展政策学习培训，畅通政策获知渠道，对各部门支持民营经济产业发展的相关政策进行收集整理，进行梳理与精简，编发精简易懂的政策读本，搭建政策答疑平台，实现对属地民营企业的"宣传全覆盖""政策全告知"，让重大经济工作的决策部署好明白、易落实，真正更好地服务于企业发展。

第二，未来政府政策研究能力进一步加强，精准承接落实中央政策。在中央政策发挥导向作用下，结合当地实际，切实加强企业调研，对大中小企业分门别类调整政策关注点，在土地、财税、金融、投资、人才等要素资源获取和使用中，推出更多务实管用、便

于操作的政策举措，转变民营企业获取渠道狭窄甚至只能捡漏，获得的要素资源质量和层次相对低，价格较高昂、数量少，事实上存在机会、规则和竞争不平等的局面。对重点企业提供针对性"政策服务包"，提高政策制定与落实精准度，将当前有些地区"大水漫灌"式的惠企政策变成"精准滴灌"，地方政策尽量细化，让民营企业从政策执行中真正增强获得感。通过加强各要素市场的相关法治建设和制度创新，消除行政性垄断，防止市场垄断，取消财政补贴、行政分配等变相干预要素资源分配、妨碍公平竞争的各项规定与行为做法，让民营企业享受到更多的政策红利。

第三，各市（州）应加强中央各部门和省里政策的配套衔接，做好政策协同，同频共振。构建"亲""清"新型政商关系，破除影响民营经济发展的歧视性限制和隐形障碍，营造更加宽松的发展环境。研究政策贯彻落实的具体办法，确保政策落地"最后一公里"，实实在在帮助当地民营经济高收益、高质量发展。

第四，构建全省民营企业互联网平台与征信评级体系，归集与共享工商、质监、银行等相关部门信息资源，收集和梳理企业共性问题并跟踪处理，提升政府对民营企业智能化、精准化管理水平；建立健全民营企业维权服务直通平台，做好各县市的维权服务对接，积极响应民营企业相关诉求，依法保护企业家财产权、创新权和自主经营权等合法权益。

第五，政府应当进一步深化"放管服"改革，明确政府和市场边界，让市场在资源配置中起决定性作用，更好发挥政府作用。在法律制度上明确规定政府和市场的事权范围，把该由市场配置的要素资源、提供的公共服务等交给市场，提高资源配置效率；落实各项简政放权制度，最大限度减少专项和一对一的扶持政策。对不符合公平竞争的做法进行制止，加强对产品和服务质量的监管，强化对各企业主体生产经营行为的事中、事后监管和服务，将财政资金更多地用到监管和服务方面而不是各种产业直接输血上；支持打造高水平和值得社会信赖的实物产品标准，提升行政执法力度和公平性，打造有效率的市场环境，让市场最大限度发挥优胜劣汰的作用。

第六，积极制定全省统一的"负面清单"制度，及时向社会公布，各类市场主体均可依法平等进入清单以外的领域、行业和市场，对民营资本投资运营公共服务等领域建立健全的法律制度和监督管理机制，降低相关产业的市场准入标准，让民营企业在充分竞争中由弱变强。

9.3 融资体系不断完善

大力推动金融更好服务民营经济市场主体，进一步推进深化金融体制改革，增强金融服务实体经济能力，提高直接融资比重，促进多层次资本市场健康发展，努力形成金融和实体经济的良性循环，切实发挥出金融服务实体经济的积极作用。

9.3.1　完善的多层次资本市场

首先，降低民营经济场内股权融资门槛。逐步全面实现注册制。逐步分层次、分板块实现民营企业上市注册制，降低民营企业上市发行的门槛。

其次，完善科创板和创业板发行制度以及区域股权交易中心相关制度设计，以完善和优化风险资本的退出机制，以此引导更多社会资本来参与高科技型民营经济的发展。

再次，完善民营企业债券发行制度，地方政府积极设立并完善优质民营企业债券融资支持工具和集合资产管理计划，支持优质民营企业便捷、低成本发行企业债券；持续推动民营企业债券市场发行与交易的市场化建设，积极构建和完善债券市场的信用评级、增信、担保、风险监控以及审计等机制建设。

最后，大力发展、培育天使投资、风险投资等创新风险资本和私募民营经济发展股权基金，拓宽民营经济的股权融资渠道，吸引更多资本进入民营科技创新企业，完善风险资本的退出机制，促进金融支持服务科技创新功能的发挥，提升资本市场和民营经济的发展质量。

9.3.2　完善的金融机构融资制度

首先，重视民营企业融资诉求，制定细化方案，创新开展中小企业信贷政策效果评估，分层分类做好金融服务专项化、精细化工作，加大对金融机构执行小微信贷政策情况的考核奖励力度。建立健全地方金融支持体系，形成灵活便利的"中小企业金融服务中心"，支持金融机构为民营经济、中小微企业发展"敢贷、愿贷、能贷"的长效机制，简化审批程序，减少不合理收费，适当提高不良贷款考核容忍度，增强金融支持服务民营经济的可持续性。尊重市场规律，向创新、创造、创意型民营中小微经济倾斜，特别是小微企业，发展绿色信贷和其他绿色金融业务；放宽民间金融机构或类金融机构利率浮动的幅度；增加民营性金融机构的数量，扩大经营范围与规模，提高金融支持与服务民营经济的金融资源，使之与民营经济高质量发展需求相匹配，与民营经济的经济地位相对等。

其次，规范发展非互联网金融平台、金融资产管理等机构与业务，提高民营经济金融资源的获得感。加快补金融监管方面的短板，在内外部监管方面公平对待不同所有制金融机构和不同所有制经济。消除对不同类型、不同所有制金融业考核制度的不平等。把金融支持服务民营经济、中小微企业高质量发展的短期、中长期金融制度和政策，公平覆盖到所有符合条件的各类金融机构；提高监管技术，加强风险管理，实行全程监管，提高监管效率，而且必须处理好防金融风险与支持民营实体经济的关系。

最后，建立健全区域性或全国性的民营经济、中小微企业信用信息综合服务和监管平台。加强金融监管问责制度建设，强化基层金融监管力量和责任；解决金融领域违法成本太低的问题，完善相关法律制度，增强各项金融制度的实施机制，修改相关法律制度；建立健全民营经济、中小企业的征信制度，充分利用人工智能、物联网、大数据等新科技完善中小民营企业的信用信息收集、披露和监控。引导并鼓励互联网大数据等高科技企业参与信用与担保体系的建设，持续优化系统设计和信息披露，利用高科技来监察和防控担保风险，用信息科技来建设与经济高质量发展相匹配的社会信用制度体系。

9.3.3　完善的财政税收制度

首先，建立健全各级政府的财政预算和绩效管理制度。规范公开财政预算收入与支出，加强财政绩效管理制度，完善财政监督检查和问责机制，促进财政资金使用规范、预算执行科学有力。

其次，加大对创新经济主体，尤其是核心技术创新主体和研发项目及创新活动的财政支持，促进经济结构的优化，提高供给体系的整体质量。完善多层次资本市场。切实发挥企业所得税优惠，尤其发挥研发费用加计扣除政策对创新研发投入最为直接和显著的激励作用，以及增值税优惠对于专利申请数量、新产品增加值等最为显著的创新激励，加大对民营经济创新主体的所得税和增值税优惠，实行加大研发费用加计扣除比例企业所得税优惠制度，对超出一般产品正常税负水平的部分实施即征即退增值税优惠制度，进一步减轻创新企业的负担，减征创业孵化器、技术产权交易中心、科技融资机构等科技创新中介服务机构的企业所得税。瞄准世界科技前沿，激励更多基础性研究，充分发挥科技创新在全面创新中的关键和核心作用。

最后，取消一些不合理、不公平的税收优惠、财政资助和补贴政策，尤其要减少对一些国有垄断企业的巨额财政性补贴，促进市场公平竞争，构建和谐良好的政企关系。加强财政政策的逆周期宏观调节，形成与健全财税政策与经济发展高质高效相适应的长效机制。

9.3.4　完善的间接融资制度

首先，提高政府和相关部门金融监管和风险防控的前提下，积极引导有意愿、有能力、有信誉的民间资本成立民营银行、典当行、拍卖行和担保公司，充实和完善多层次的贷款体系，有效对接多层次、多样化的中小微民营企业的融资需求；充分利用互联网的科技浪潮，成立并完善网上银行体系，降低中小民营企业贷款的时间成本和费用成本，加强对中小微民营企业和个体工商户的贷款倾斜。

其次，完善银行贷款额度管理机制，加大中小民营企业扶持力度。针对银行向国有企业倾斜，却对民营经济不愿贷、不敢贷的问题，政府要充分利用金融政策创新，例如扩大贷款额度、差别化存款准备金率、提高不良贷款率容忍度等方式，降低贷款向民营经济倾斜的各类成本和风险，鼓励国有银行、股份制银行以及各地城市商业银行、农村商业银行、信用社和村镇银行加大对民营经济的信贷支持力度。

最后，改进贷款抵押制度，加大创新型民营科技企业扶持力度。针对当前我国民营经济发展的轻资产化、技术密集化的现实情况，银行系统应当积极探索贷款抵押制度创新，探索专利、商标、知识产权等多种抵押贷款形式，以满足尚不能在科创板融资的科创型民营企业的间接融资需求。

9.3.5　完善的融资担保体系

利用财政补贴、税收优惠等各种政策鼓励和支持民间资本设立中小民营企业融资担保机构，鼓励具有较大实力的企业集团、专业财务公司以及行业协会以参股控股等形式来壮大现有担保公司实力；鼓励支持设立同行业或者产业链上下游之间的互助性的融资担保机构，以此形成多层次、多元民营经济融资担保体系。

9.4　民营企业转型升级，新兴产业大幅发展

第一，着眼于产业发展制高点，完善民营经济规划布局。加快在大数据、人工智能、高新技术等战略性新兴产业布局。各市（州）根据当地资源禀赋和发展现状开发适合自身的新兴经济主导产业，从实际出发找准定位、错位发展。实施标准引领计划。推动建立覆盖全省主要行业和重点领域的标准体系；支持具有专利技术的民营企业，主导或参与国家标准、行业标准和地方标准制定修订。实施质量提升计划。在民营企业中广泛推广首席质量官制度，健全完善质量管理体系；开展质量服务企业活动，深入企业开展质量诊断、咨询和分析。

第二，实施先进民营企业集群培育工程，通过股权投资方式，对来贵州省落户的先进企业给予资金支持。以特色产业为主要载体，强化重点民营特色园区建设，培育壮大产业龙头企业。每年遴选一批发展前景较好、具有较强品牌效益及可推动产业上下游协作配套的省级重点龙头企业，实行分级管理、分类指导、重点扶持。推动上下游企业协作配套。支持中小企业主动融入龙头企业供应链，深化配套协作和专业化分工，与大企业相互借力、互为市场、抱团发展，提升民营经济的集群优势和全产业链配套能力。构建产业集群公共服务平台。对新设立的产业集群公共服务平台，经专项评估后运营成效明显的，按平台建设实际投入的一定比例给予开办补助。

第三，持续推进民营企业产业转型升级。对产能过剩的行业继续推进供给侧结构性改革，将政策资金向技术创新、产业升级等倾斜。加快传统产业改造提升步伐。针对重点传统产业，开辟差异化转型升级路径，促使其提高运营效率、核心竞争力和产品附加值，向专业化和价值链高端延伸。综合运用市场、经济、法律、行政手段，严格环保、耗能、质量、技术、安全等标准，倒逼部分民营企业过剩产能退出市场，为新兴产业发展腾出空间。鼓励民间资本进入现代服务业领域。研究出台引导民间资本发展服务业新业态的相关法律法规，鼓励民间资本发展服务业新业态。成立工作专班，聚焦特色化、集群化、集约化园区，进行园区综合考评、单项考评及成果运用考核。

第四，推动民营经济绿色化发展。通过政策引导，支持服务、教育、文化娱乐产业的消费模式由资源型向服务型消费转变。发展生态文化旅游，推动旅游文化产品从观光型为主向观光游览、休闲度假、康体养生等为一体的复合型产品转变，引导旅游文化消费从单一性、低层次消费向多样性、高端化消费发展。通过大数据产业为民营经济优化升级提供基础供给。通过建立技术服务、供应链金融、大数据分析等综合服务平台，提升民营经济水平和效率。

第五，继续做好国际循环发展。以国内国际园区和国际产能合作为突破，推动"走出去"升级。支持优势型民营企业加强区域合作和对外开放，通过走出去、引进来、股权并购等形式，打造高水平跨省跨国企业。促使其提高运营效率、核心竞争力和产品附加值，向专业化和价值链高端延伸。构建对外开放新格局，营造有利于实体经济发展的外部环境。要更好推动实体经济实现高质量发展，就必须坚持扩大开放，继续依靠两个市场、两种资源。一方面，跨国公司的高标准、新理念、新模式能对我国实体企业产生"示范效应"；另一方面，民营经济高新技术行业、服务业等高附加值行业对外资的吸引力日益增强，这都将加快提升实体经济的盈利能力，推动经济结构调整。政府鼓励民营企业开展对外投资合作，开辟企业家境外投资交流论坛和专门针对民营企业境外投资的信息通道，并及时发布针对民营企业境外投资办企相关的研究报告，使有条件的民营企业可以在充分准备的基础上实现从内到外的跨国经营。拓展多边竞争优势是民营企业可持续发展的核心因素。

9.5 民营企业品牌培育与创新发展

创新是发展的第一动力，是推动民营经济高质量发展的关键和核心，只有通过不断地创新创造出更多、更高质量的新的生产要素，提高全要素生产率，才能为企业发展提供源源不竭的动力。

第一，打造具有自身特色和优势的民营经济品牌。民营企业要积极参与国际标准、国家标准、行业标准、地方标准制定修订。扶持重点龙头企业争创世界名牌、中国名牌，持续提升国内外影响力、竞争力和市场占有率，推动贵州产品向贵州品牌转变。

第二，明确全球价值链中高端产业、前沿创新的领域和战略性新兴产业，制定中高端、高质量产品服务及创新的标准，完善统一的高质量标准体系，强化质量标准管理，以高标准来引领产业转型升级。抓住人工智能为技能赋能的重要风口，充分利用智能技术从感知层、分析层和应用层针对金融、教育、数字政务、无人驾驶、零售、智慧城市等各行业，为互联网融合业态进行全面赋能，引领民营经济转型升级进入新赛道。

第三，建立健全民营经济知识产权保护制度，特别是加大对颠覆性、原始性的技术创新和关键核心技术的保护力度，大幅度提高侵权的违法成本，建立与完善知识产权惩罚性赔偿机制。鼓励企业自主创新，设立专项资金，实行科技支持经费与专利产出挂钩，引导企业加大研发投入和新产品开发力度；对技术创新工作中作出突出贡献的企业、科研人员以及技术含量高、经济效益好的新产品进行奖励。

第四，实施民营企业培育行动，开展"专精特新"中小企业培育，不断提高发展质量和水平；借助"中小企业星光"培育行动，开展人才、企业家培育工作。搭建以科技资源密集的自主创新示范区和高新技术开发区为主的创新基础设施和服务平台。加大对创新研发与创新成果转化的财税金融支持。为各类所有制经济的自主创新研发活动实行平等、适度的财政补贴与税收优惠政策以及财政贴息贷款。降低专利权等知识产权的年费负担，减少维护知识产权的制度性成本，减免中小企业的发明专利维护费等费用。

第五，创新民营经济的企业文化。重视民营经济企业文化的作用，在民营企业内部建立与其相适宜的企业文化有助于凝聚员工士气、提高责任感，利于民营企业实现转型升级以及综合竞争力的提高。根据自身发展的需要，因地制宜，在充分分析自身优势的基础上，建设有民营企业自身特色和内涵的企业文化，以提高其综合竞争力。注重员工对企业文化的认同感，只有员工认同企业的文化，并为之奋斗，企业文化才能有效发挥作用，才能有效提升民营企业转型升级的软实力。民营企业家既要以德治企，更要充分尊重员工的主人翁地位，使员工真正认同企业的文化、价值观和理念，并逐步内化到企业员工的思维和行动之中。进行各种形式的企业文化培训，使新老员工在相关企业集体活动、文化娱乐活动中深刻认知企业的价值观和企业文化，提高企业文化认同感并内化于心。

9.6　现代化制度治理企业，多元方式吸引人才

9.6.1　现代化企业管理制度

自党的十四届三中全会以来，以"产权清晰、权责明确、政企分开、管理科学"为特征的现代企业制度改革逐渐深化和完善，有力提升了民营企业的公司治理水平。尽管如此，民营经济市场主体在企业治理中仍然面临股权高度集中、经营决策不科学、管理缺乏有效约束等问题，在与国有企业的合作中也往往会丧失自主权、话语权。引导众多民营企业建立规范的组织框架、科学的决策机制、完善的人才结构，实现以"所有权和经营权分离"为特征的现代公司治理制度，是未来民营经济发展的迫切任务。

第一，推进产权制度创新、完善法人产权制度，有效分离民营企业的所有权与经营权。民营企业家要下决心"放手"，积极引进各类职业经理人，不要事事亲力亲为，要让优秀的专业人才处理专业的事情，使企业部门更加专业化、高素质化；民营企业聘请独立第三方的估值机构进行合理公正的评估并形成法律文书，以此来划分各个投资者的股份，并根据股份大小决定各个投资者在企业的股权、经营权和决策权。针对企业财产和企业家财产情况，借助法律和工商登记管理部门的相关规定来严格区分界定，使两者充分分离。

第二，丰富民营企业产权形式内容，实现投资主体多元化。对企业内部员工开放产

权，借助资金入股、技术入股、绩效奖励入股等多种形式，让有较大贡献的员工参与企业的产权优化和内部治理，这样既能加强企业的监督，提高企业的产权治理效率，也能提高员工工作的积极性。对企业外部开放产权。民营企业可以借助区域性股权交易中心平台优势，以出让部分产权、增资扩股等形式来引进优秀企业或创投基金等战略投资者，这样既能够借助外部战略投资者的优势来完善其内部治理，建立起现代企业制度，也能够筹集到更多的资金以充实技术创新基金。通过建立健全董事会和监事会制度，完善企业内部治理，对企业管理层形成有效的监督和约束，使管理权在合理合法的范围内发挥最大作用，助力所有权和经营权有效分离。

9.6.2 人才发展

推动实体经济实现高质量发展，归根结底要靠人的因素。

一是，重视民营企业引进急需人才政策制定，建立健全民营企业专业技术职称评定和人才评价体系；引导民营企业健全内部人才管理机制，加快建立适应市场要求及企业发展需求的岗位体系；明确岗位职责，畅通晋升通道，推进企业内部人力资源管理科学化。

二是，注重人才引进机制建设。提高人才引进的积极性，建立省内高校与企业产学研相互融合、相互促进的合作机制，加快培育民营企业青年人才；通过专场招聘会和网上招聘等形式，吸引优秀大学生到民营企业就业。切实解决高端人才的现实需求，解决例如住房、户口、上学以及配偶工作等问题，提高人才吸引力。健全人才激励机制，充分运用股权、期权激励等形式，让员工用技术、管理等要素入股，将员工的个人利益与企业经营成果捆绑在一起，提高企业员工为企业创造价值的积极性。

三是，完善人才培养机制。制定员工从入职到退休的全过程人才培养机制。针对民营经济特点，企业可以积极采用"师徒制"制定新员工的岗前培训计划，发挥企业老员工的积极性和实践的优势，弥补新进员工企业实践不足、难以上手的问题。企业可以与高校建立合作关系，根据企业自身的需求并依托高校的学科优势，以理论和实践相结合的形式，实现对企业人力资源的定向和定制培养。民营企业还可以根据自身发展需求和现实问题，制定在岗培训计划，致力于提高企业员工的专业素质。对于高精尖人才，企业可以考虑在其退休后采用"返聘"的形式，聘为技术顾问或者管理顾问，定期培养企业在岗人才。

四是，健全人才选拔机制。民营企业可以通过聘请外部管理专家或者向先进的企业取经，制定合理、透明、通畅的人才晋升与选拔制度，让人才的晋升通道清晰明了，坚决杜绝任人唯亲现象的发生，让人才的选拔机制公平透明，既能提高企业的人才资源水平，也能提高对高端人才的吸引力。

五是，加大对创新技术人才的激励制度。例如减免个人的知识产权转让或许可收入、科研与技术成果奖金和津贴的所得税；对科技研发和技术人员的股票期权等所得长期实行税收减免激励制度；对民营技术创新主体提高研发费用税前扣除比例；制定技术人才落户、科研基金、高薪待遇等激励制度，引进并留住高层次创新人才。

参考文献

［1］ Afsar B. , Badir Y. & Kiani U. S. : Linking spiritual leadership and employee pro-environmental behavior: The influence of workplace spirituality, intrinsic motivation, and environmental passion ［J］. Journal of Environmental Psychology, 2016 (45): 79 – 88.

［2］ Anderson, L. M. , & Bateman, T. S. : Individual environmental initiative: Championing natural environmental issues in US business organizations ［J］. Academy of Management Journal, 2000, 43 (4): 548 – 570.

［3］ Boiral O. & Paillé P. : Organizational citizenship behaviour for the environment: Measurement and validation ［J］. Journal of Business Ethics, 2012, 109 (4): 431 – 445.

［4］ Boiral O. : Greening the corporation through organizational citizenship behaviors ［J］. Journal of Business Ethics, 2009, 87 (2): 221 – 236.

［5］ Chen C. C. , Zhang A. Y. & Wang, H. : Enhancing the effects of power sharing on psychological empowerment: The roles of management control and power distance orientation ［J］. Management and Organization Review, 2014, 10 (1): 135 – 156.

［6］ Chen Y. S. & Chang C. H. : The determinants of green product development performance: Green dynamic capabilities, green transformational leadership, and green creativity ［J］. Journal of Business Ethics, 2013, 116 (1): 107 – 119.

［7］ Clugston M. , Howell J. P. , Dorfman P. W. : Does Cultural Socializations Predict Multiple Bases and Foci of Commitment? ［J］. Journal of Management, 2000, 26 (1): 5 – 30.

［8］ Daily B. F. , Bishop J. W. & Govindarajulu, N. : A conceptual model for organizational citizenship behavior directed toward the environment ［J］. Business & Society, 2009, 48 (2): 243 – 256.

［9］ Dorfman P. W. , & Howell J. P. : Dimensions of national culture and effective leadership patterns: Hofstede revisited ［J］. Advances in International Comparative Management, 1988 (3): 127 – 150.

［10］ Graves L. M. , Sarkis J. & Zhu Q. : How transformational leadership and employee motivation combine to predict employee proenvironmental behaviors in China ［J］. Journal of Environmental Psychology, 2013 (35): 81 – 91.

［11］ Hair J. F. J. , Hult G. T. M. , Ringle C. & Sarstedt M. : A primer on partial least squares structural equation modeling (PLS – SEM) ［M］. Sage Publications, 2016.

［12］ Kirkman B. L. , Chen G. , Farh J. L. , Chen Z. X. & Lowe K. B. : Individual power distance orientation and follower reactions to transformational leaders: A cross-level, crosscultural examination [J]. Academy of Management Journal, 2009, 52 (4): 744 – 764.

[13] Lamm E. , Tosti – Kharas J. & King C. E. : Empowering employee sustainability: Perceived organizational support toward the environment [J]. Journal of Business Ethics, 2015, 128 (1): 207 – 220.

[14] Norton T. A. , Parker S. L. , Zacher H. & Ashkanasy N. M. : Employee green behavior: A theoretical framework, multilevel review, and future research agenda [J]. Organization & Environment, 2015, 28 (1): 103 – 125.

[15] Norton T. A. , Zacher H. & Ashkanasy N. M. : Organisational sustainability policies and employee green behaviour: The mediating role of work climate perceptions [J]. Journal of Environmental Psychology, 2014 (38): 49 – 54.

[16] Ones D. S. & Dilchert S. : Environmental sustainability at work: A call to action [J]. Industrial and Organizational Psychology: Perspectives on Science and Practice, 2012 (5): 444 – 466.

[17] Paille' P. , Chen Y. , Boiral O. & Jin J. : The impact of human resource management on environmental performance: An employee-level study [J]. Journal of Business Ethics, 2014, 121 (3): 451 – 466.

[18] Raineri N. & Paillé P. : Linking corporate policy and supervisory support with environmental citizenship behaviors: The role of employee environmental beliefs and commitment [J]. Journal of Business Ethics, 2016, 137 (1): 129 – 148.

[19] Ramus C. A. & Steger U. : The roles of supervisory support behaviors and environmental policy in employee "eco-initiatives" at leading-edge European companies [J]. Academy of Management Journal, 2000, 43 (4): 605 – 626.

[20] Robertson J. L. & Barling J. : Contrasting the nature and effects of environmentally specific and general transformational leadership [J]. Leadership & Organization Development Journal, 2017.

[21] Robertson J. L. : The nature, measurement and nomological network of environmentally specific transformational leadership [J]. Journal of Business Ethics, 2018, 151 (4): 961 – 975.

[22] Robertson J. L. , & Barling J. : Greening organizations through leaders' influence on employees' pro-environmental behaviors [J]. Journal of Organizational Behavior, 2013, 34 (2): 176 – 194.

[23] Seibert S. E. , Wang G. & Courtright S. H. : Antecedents and consequences of psychological and team empowerment in organizations: A meta-analytic review [J]. Journal of applied psychology, 2011, 96 (5): 981.

[24] Spreitzer G. M. : Psychological empowerment in the workplace: Dimensions, measurement, and validation [J]. Academy of Management Journal, 1995, 38 (5): 1442 – 1465.

[25] Tariq S. , Jan F. A. & Ahmad M. S. : Green employee empowerment: A systematic

literature review on state-of-art in green human resource management［J］. Quality & Quantity, 2016, 50（1）: 237 – 269.

［26］Tian Q. & Robertson J. L. : How and when does perceived CSR affect employees' engagement in voluntary pro-environmental behavior?［J］. Journal of Business Ethics, 2019, 155（2）: 399 – 412.

［27］Tiong Y. Y. , Sondoh Jr. S. L. , Igau O. A. E. & Tanakinjal G. H. : Green employee empowerment and green physical evidence: The green service strategy to enhance firm performance［J］. Asian Journal of Business Research, 2017, 7（2）: 94.

［28］Yang J. , Mossholder K. W. & Peng T. K. : Procedural justice climate and group power distance: An examination of cross-level interaction effects［J］. Journal of Applied Psychology, 2007, 92（3）: 681 – 692.

［29］Zientara P. , & Zamojska A. : Green organizational climates and employee pro-environmental behaviour in the hotel industry［J］. Journal of Sustainable Tourism, 2016, 26（7）: 1142 – 1159.

［30］白永秀、宁启、刘盼、孙丽伟、康鹏辉、辛建生、许钊:"改革开放40年民营经济发展笔谈",《宝鸡文理学院学报（社会科学版）》2019年第1期。

［31］包艳、廖建桥:"权力距离研究述评与展望",《管理评论》2019年第3期。

［32］程俊杰:"制度变迁、企业家精神与民营经济发展",《经济管理》2016年第8期。

［33］程霖、刘凝霜:"经济增长、制度变迁与'民营经济'概念的演生",《学术月刊》2017年第5期。

［34］褚敏、靳涛:"民营经济发展存在体制内阻力吗？——基于政府主导和国企垄断双重影响下的发展检验",《南京社会科学》2015年第8期。

［35］董研林、郭小平、任欣:"包容性增长视域下西部民营经济可持续发展的路径选择",《西安财经学院学报》2016年第2期。

［36］共同发展,"两个毫不动摇"不会变_经济论衡_东南网（fjsen. com）。

［37］管弦:"贵州拿出'30条'支持民企改革发展",《中华工商时报》2020年6月11日。

［38］贵州省人民政府第二次全国经济普查领导小组办公室:《贵州经济普查年鉴》,中国城市出版社2008年版。

［39］贵州省人民政府第三次全国经济普查领导小组办公室:《贵州经济普查年鉴》,中国城市出版社2013年版。

［40］贵州省人民政府第四次全国经济普查领导小组办公室:《贵州经济普查年鉴》,中国城市出版社2018年版。

［41］贵州省人民政府第一次全国经济普查领导小组办公室:《贵州经济普查年鉴》,中国城市出版社2004年版。

［42］贵州省统计局:《贵州统计年鉴》,中国统计出版社2005~2020年版。

［43］郭敬生:"论民营经济高质量发展:价值、遵循、机遇和路径",《经济问题》

2019 年第 3 期。

[44] 郭玉晶、宋林、张礼涛："民营经济与区域经济协调发展的时空特征及驱动机制研究"，《商业研究》2017 年第 9 期。

[45] 国家统计局：《中国统计年鉴》，中国统计出版社 2005～2020 年版。

[46] "毫不动摇""毫不犹豫"支持民营经济发展_ 财经时评_ 中国金融新闻网（financialnews. com. cn）。

[47] 华南、陈晰、王碧清："民营经济 40 年　坚定信心再出发"，《中华儿女》2018 年第 22 期。

[48] 黄文忠："从实例看民营经济发展的历史必然性"，《福建论坛（人文社会科学版）》2017 年第 4 期。

[49] 江必新："为民营企业健康发展提供优质高效司法服务和保障"，《人民司法》2019 年第 4 期。

[50] 雷箐青："贵州民营经济加快发展的问题与对策"，《南国博览》2019 年第 2 期。

[51] 厉以宁：《厉以宁论民营经济》，北京大学出版社 2007 年版。

[52] 厉以宁：《中国经济双重转型之路》，中国人民大学出版社 2013 年版。

[53] 蔺琳、金家飞、贾进："环保组织公民行为的概念、测量及实证发现"，《学术论坛》2015 年第 9 期。

[54] 刘芳、杨可可："权力距离对变革型领导影响员工工作激情的双重调节作用研究"，《德州学院学报》2019 年第 2 期。

[55] 刘现伟、文丰安："新时代民营经济高质量发展的难点与策略"，《改革》2018 年第 9 期。

[56] 刘耀堂："发挥北京律师职能作用　服务北京民营经济发展——专访北京市律师协会会长高子程"，《中国律师》2018 年第 12 期。

[57] 卢现祥："从三个制度维度探讨我国民营经济发展"，《学术界》2019 年第 8 期。

[58] 马嵩：《东北地区经济增长动力转换背景下民营经济发展动力问题研究》，东北师范大学 2016 年版。

[59] 毛畅果、郭磊："组织管理研究中的权力距离倾向：内涵、测量与影响"，《中国人力资源开发》2020 年第 1 期。

[60]《民营经济要走向更加广阔的舞台》，昆明信息港（kunming. cn）。

[61] 彭坚、赵李晶、徐渊、侯楠："绿色变革型领导的影响效果及其理论解释机制"，《心理科学》2019 年第 4 期。

[62] 任志刚、官升东："增长模式选择与东西部地区经济绩效差异——基于陕西和浙江两省的对比研究"，《当代经济科学》2009 年第 3 期。

[63] 史亚洲："民营经济高质量发展的营商环境问题研究"，《人文杂志》2019 年第 9 期。

[64] 汤敏慧、彭坚："绿色变革型领导对团队绿色行为的影响：基于社会认知视角的本土探索"，《心理科学》2019 年第 6 期。

［65］田青、杨华雄、彭达枫、吕玮瑶："如何提升员工的环保组织公民行为？环保利他关注的中介作用及组织认同的调节作用"，《中国人力资源开发》2019 年第 2 期。

［66］童有好："营造民营经济高质量发展环境的若干问题及对策"，《经济纵横》2019 年第 4 期。

［67］王国刚、杨智清："简论小微企业融资难的成因与应对之策"，《农村金融研究》2018 年第 10 期。

［68］王海兵、杨蕙馨："中国民营经济改革与发展 40 年：回顾与展望"，《经济与管理研究》2018 年第 4 期。

［69］王磊：《推动民营经济高质量发展的制度创新研究》，中国社会科学院研究生院 2019 年版。

［70］王曙光："民营经济可持续高质量发展靠什么"，《人民论坛》2019 年第 36 期。

［71］王拓彬："中国共产党对非公有制经济的认识历程论析"，《长江论坛》2019 年第 6 期。

［72］王艳："新冠肺炎疫情对民营经济高质量发展的影响及对策研究"，《管理评论》2020 年第 10 期。

［73］王一鸣、孙学工、刘宏伟、刘翔宇、张岸元、李世刚："贵州民营经济发展调研"，《宏观经济管理》2015 年第 6 期。

［74］王志凯："民营经济对高质量发展的重要意义探析"，《国家治理》2018 年第 4 期。

［75］2018 年 11 月 1 日习近平总书记在民营企业座谈会上的讲话。

［76］"习近平给民营企业吃下'定心丸'：只能壮大、不能弱化！"，《中国军转民》2018 年第 11 期。

［77］习近平主持召开民营企业座谈会，新浪网（sina. com. cn）。

［78］肖文："多措并举助力民营经济健康发展"，《人民论坛》2021 年第 10 期。

［79］许高峰、王巧："论我国民营经济对区域经济建设与发展的作用——以苏南模式、温州模式、珠江模式为例"，《天津大学学报（社会科学版）》2010 年第 11 期。

［80］严曼立："'第二大经济体陷阱'的跨越及其金融对策"，《理论与评论》2019 年第 4 期。

［81］杨静、吴大华、王兴骥、杨晓航、张美涛：《贵州蓝皮书：贵州民营经济发展报告（2015）》，社会科学文献出版社 2016 年版。

［82］杨新铭："促进民营经济发展的政策选择"，《学习与探索》2019 年第 11 期。

［83］叶青："实质性减税与民营经济发展"，《财政监督》2018 年第 24 期。

［84］曾春花、伍国勇："民营企业与生态脆弱地区经济发展作用机制研究"，《经济问题》2014 年第 7 期。

［85］张寒蒙、张丽："民营企业如何挺起区域经济发展的脊梁"，《人民论坛》2020 年第 2 期。

［86］张佳良、刘军："环保组织公民行为研究述评与展望"，《外国经济与管理》2016 年第 10 期。

［87］张佳良、袁艺玮、刘军："伦理型领导对员工环保公民行为的影响"，《中国人力资源开发》2018年第2期。

［88］张进铭："论中国经济发展中的政府主导及其弊端"，《经济评论》2007年第6期。

［89］张维迎：《企业理论与中国企业改革》，北京大学出版社1999年版。

［90］《中央表态政策密集支持民营经济》，新浪网（sina.com.cn）。

［91］周文、司婧雯："当前民营经济认识的误区与辨析"，《学术研究》2021年第5期。

致　谢

本书从选题、章节设置、研究内容和方法到定稿后的审校等统稿工作均由本人负责。在编著过程中，需要收集和整理历年大量统计数据，工作量巨大，因此要首先感谢贵州大学管理学院何跃勇老师及我的研究生徐婧、钟泽昊、李新莎、张廷、王玲和黄文巧对我的大力支持，感谢你们为本书编著工作的无私奉献。

同时，本书还受贵州省教育厅高校人文社会科学国别与区域研究重点项目"'一带一路'沿线中国民营企业社会责任生态化治理的促进机制和实现路径研究"（项目编号：2022GB001）、贵州大学人文社会科学科研项目"贵州资源型国企绿色创新行为的生成机理及激励对策研究"（项目编号：GDYB2020004）、贵州大学引进人才科研项目"经济新常态下传统产业绿色创新内部激励机制研究"（项目编号：2019018）和贵州大学高等教育研究项目"AMO视角下贵州绿色农业创新创业人才培养的促进机制和实现路径研究"（项目编号：GDGJYJ2020009）资助，感谢上诉各项目对本书编著工作提供的经费支持。

最后，由于本人水平有限，书中难免存在错误和不妥之处，敬请广大读者批评指正。

汤美润

2022 年 6 月